Marco de acción para la inversión

Edición 2015

OCDE
MEJORES POLÍTICAS PARA UNA VIDA MEJOR

Este trabajo se publica bajo la responsabilidad del Secretario General de la OCDE. Las opiniones e interpretaciones que figuran en esta publicación no reflejan necesariamente el parecer oficial de la OCDE o de los gobiernos de sus países miembros.

Tanto este documento como cualquier mapa que se incluya en él no conllevan perjuicio alguno respecto al estatus o la soberanía de cualquier territorio, a la delimitación de fronteras y límites internacionales, ni al nombre de cualquier territorio, ciudad o área.

Por favor, cite esta publicación de la siguiente manera:
OCDE (2016), *Marco de acción para la inversión, Edición 2015*, Éditions OCDE, Paris.
http://dx.doi.org/10.1787/9789264251106-es

ISBN 978-92-64-24689-8 (impresa)
ISBN 978-92-64-25110-6 (PDF)

Los datos estadísticos para Israel son suministrados por y bajo la responsabilidad de las autoridades israelíes competentes. El uso de estos datos por la OCDE es sin perjuicio del estatuto de los Altos del Golán, Jerusalén Este y los asentamientos israelíes en Cisjordania bajo los términos del derecho internacional.

Fotografías: Portada © Janne Ahvo/iStock/ThinkStock.com.

Las erratas de las publicaciones de la OCDE se encuentran en línea en: *www.oecd.org/about/publishing/corrigenda.htm*.

Prólogo

El objetivo del Marco de acción para la inversión *(el «*Marco*») es movilizar la inversión privada al servicio de un crecimiento económico estable y de un desarrollo sostenible, contribuyendo con ello al bienestar económico y social de los ciudadanos de todo el mundo. El* Marco *se propone asimismo avanzar en la consecución de los Objetivos de Desarrollo Sostenible y contribuir a movilizar financiación que respalde la Agenda para el Desarrollo después de 2015.*

Apoyándose en las buenas prácticas internacionales, el Marco *ofrece orientación en doce ámbitos de política cuya importancia es crítica para mejorar la calidad de los entornos nacionales que habilitan la inversión. Igualmente, anima a los encargados de la formulación de políticas a plantear preguntas adecuadas sobre sus economías, instituciones y marcos de política a fin de identificar prioridades, poner en práctica un conjunto eficaz de medidas y hacer balance de los progresos realizados.*

El Marco*, elaborado inicialmente en 2006, fue actualizado por un grupo de trabajo internacional bajo los auspicios de los Comités de Inversiones y de Ayuda al Desarrollo de la OCDE, en el contexto del Grupo Asesor de Inversiones y Desarrollo. La actualización tuvo en cuenta las observaciones recibidas de los numerosos usuarios del* Marco *en los niveles nacional y regional desde su elaboración, así como los cambios habidos en el panorama económico mundial.*

El Marco *fue adoptado y desclasificado por el Consejo de la OCDE, el órgano de dirección de la Organización, y recibido con beneplácito por los Ministros en su reunión anual de junio de 2015, junto con una Recomendación del Consejo para fomentar su uso entre la comunidad internacional. La OCDE y sus socios continuarán colaborando, en cooperación con el Grupo del Banco Mundial, las Naciones Unidas y otras instituciones interesadas, y con la participación activa de las organizaciones patronales y sindicales, así como de otras organizaciones de la sociedad civil, con miras a apoyar una utilización y aplicación eficaces del* Marco.

Índice

Actualización del Marco de acción para la inversión 9

Preámbulo 11

Introducción 15

Inversión orientada al crecimiento y al desarrollo 15
¿Por qué importa la productividad? 16
Gobiernos más eficientes y eficaces 17
Costes asociados a la actividad empresarial 18
Gestión de riesgos 19
No discriminación 20
Diversidad del sector privado 20
Promoción de una inversión responsable 21
Dirigir la inversión hacia donde se necesita 21

Políticas y prácticas transversales 23

Preguntas y principios clave 25
Preguntas complementarias 25
Recursos adicionales 26

1. Política de inversión 27

Transparencia y previsibilidad 27
Componentes de la política nacional de inversión 28
Ejecución de contratos y resolución de controversias 31
Acuerdos internacionales en materia de inversión 32
Preguntas y principios clave 34
Preguntas complementarias 36
Recursos adicionales 44

2. Promoción y facilitación de las inversiones 47

Preguntas y principios clave 51
Preguntas complementarias 52
Recursos adicionales 54

3. Política comercial 57

Políticas del país de origen 58
Preguntas y principios clave 58
Preguntas complementarias 59
Recursos adicionales 61

4. Política de competencia 63

Preguntas y principios clave 64

Preguntas complementarias 65
Recursos adicionales 66

5. Política fiscal 67

Uso de la política fiscal para promover objetivos de desarrollo y estrategias de atracción de inversiones 67
Efecto de la política fiscal sobre las decisiones de inversión 68
Uso prudente de los incentivos fiscales 69
Evaluación de los costes y ventajas de los incentivos fiscales 70
Transparencia y buena gobernanza de los sistemas de incentivos fiscales 71
Lucha contra las estrategias abusivas de planificación fiscal en los ámbitos nacional e internacional 72
Preguntas y principios clave 72
Preguntas complementarias 73
Recursos adicionales 75

6. Gobierno corporativo 77

Preguntas y principios clave 83
Preguntas complementarias 84
Recursos adicionales 87

7. Políticas dirigidas a posibilitar un comportamiento responsable de las empresas 89

Los Estados promulgan y aplican leyes y reglamentos que defienden el interés público y respaldan el comportamiento responsable de las empresas. 90
Los gobiernos deben facilitar que las empresas exhiban el comportamiento responsable que se espera de ellas y cumplan sus obligaciones 90
Los gobiernos deben cooperar interna y externamente, con partes interesadas y gobiernos extranjeros, a fin de garantizar la coherencia de las políticas en materia de comportamiento responsable de las empresas y de secundarlas 91
Los gobiernos deben reconocer y apoyar las conductas empresarialmente responsables que contribuyan de manera efectiva al progreso económico, medioambiental y social 91
Los gobiernos deben dar ejemplo exhibiendo un comportamiento empresarialmente responsable en el desempeño de su papel en la economía. 92
Preguntas y principios clave 92
Preguntas complementarias 93
Recursos adicionales 95

8. Desarrollo de recursos humanos para la inversión 99

Preguntas y principios clave 102
Preguntas complementarias 103
Recursos adicionales 106

9. Inversión en infraestructuras 109

Preguntas y principios clave 115
Preguntas complementarias 118
Recursos adicionales 124

10. Financiación de la inversión 127

Preguntas y principios clave 132
Preguntas complementarias 133
Recursos adicionales 135

11. Gobernanza pública ... 139

Marco regulador ... 139
Simplificación administrativa ... 140
Evaluación del impacto regulatorio ... 140
Cumplimiento y aplicación de la regulación ... 141
Gobernanza y estructura institucional ... 141
Coherencia de la regulación entre distintos niveles de gobierno y jurisdicciones ... 142
Transparencia de los gobiernos ... 142
Integridad pública ... 143
Contratación pública ... 145
Transposición a la legislación nacional de normas internacionales para prevenir la corrupción y reforzar la integridad ... 145
Aplicación y ejecución de leyes y reglamentos para combatir la corrupción ... 146
Mecanismos para valorar el desempeño en la lucha contra la corrupción ... 147
Iniciativas internacionales para combatir la corrupción ... 147
Preguntas y principios clave ... 148
Preguntas complementarias ... 148
Recursos adicionales ... 151

12. Marco de inversión para un crecimiento ecológico ... 153

Preguntas y principios clave ... 156
Preguntas complementarias ... 157
Recursos adicionales ... 160

Actualización del Marco de acción para la inversión

El *Marco de acción para la inversión* se elaboró por primera vez en 2006 en el seno de un grupo de trabajo constituido por funcionarios de alrededor de sesenta gobiernos. Al tratarse de uno de los pocos instrumentos de política elaborado por gobiernos para respaldar el diálogo, la cooperación y las reformas en el ámbito de la política de inversión internacional, el *Marco* se ha aplicado en docenas de países de todas las regiones del mundo.

Esta experiencia ha permitido extraer numerosas enseñanzas sobre el modo en que podría mejorarse el *Marco*, en concreto con miras a reforzar la Agenda para el Desarrollo después de 2015 mediante la obtención de financiación para soluciones en materia de desarrollo y la consecución de los Objetivos de Desarrollo Sostenible. Por otra parte, el entorno de política a escala mundial ha cambiado considerablemente desde que el *Marco* fuera adoptado en la Reunión del Consejo Ministerial de la OCDE de 2006. Nuevas fuerzas han remodelado el panorama inversor, entre otras la crisis económica y financiera que comenzara en 2008, la aparición de importantes inversores en el exterior y la amplitud adquirida por las cadenas de valor mundiales. Todo ello llevó a los Ministros de la OCDE a solicitar la actualización del *Marco*.

La actualización consistió en un proceso inclusivo en el que tomaron parte diversas partes interesadas, dirigido por un grupo de trabajo integrado por países de todos los niveles de desarrollo y presidido conjuntamente por Myanmar (Sr. Aung Naing Oo, Director General adscrito a la Dirección de Inversión y Administración de Empresas del Ministerio de Planificación Nacional y Desarrollo Económico) y Finlandia (S. E. el Sr. Okko-Pekka Salmimies, Embajador ante la OCDE y la UNESCO), y que contó además con la participación del Grupo Asesor de Inversiones y Desarrollo de la OCDE, un órgano mixto de los Comités de Inversiones y de Ayuda al Desarrollo.

Participaron en la actualización del *Marco* el Grupo del Banco Mundial, la Conferencia de las Naciones Unidas sobre Comercio y Desarrollo (UNCTAD), la Comisión Económica y Social de las Naciones Unidas para Asia y el Pacifico (CESPAP), la Comisión Europea y otros organismos internacionales, principalmente a través de reuniones del grupo de trabajo y la celebración de consultas regionales en Indonesia, Sudáfrica, Perú y Sri Lanka. Comunidades regionales, como el Foro de Cooperación Económica Asia-Pacífico, la Asociación de Estados del Asia Sudoriental, la Comunidad para el Desarrollo del África Austral y los países de la región de Oriente Medio y Norte de África, también contribuyeron significativamente a la actualización. Con miras a abordar la puesta en práctica del *Marco* se organizó en Washington D.C. una reunión conjunta del grupo de trabajo con el Grupo del Banco Mundial. El proceso se enriqueció con los aportes del Comité Consultivo Económico e Industrial de la OCDE (BIAC), la Comisión Sindical Consultiva ante la OCDE (TUAC), OECD Watch y de otros representantes de la comunidad empresarial, organizaciones no gubernamentales y grupos de estudio en el marco de numerosas consultas públicas y en línea.

Además de los Comités de Inversiones y de Ayuda al Desarrollo, participaron en la actualización del *Marco* otros trece órganos de la OCDE, a saber: el Grupo de Trabajo sobre Comportamiento Responsable de las Empresas; el Grupo de Trabajo del Comité de Comercio; el Grupo de Trabajo sobre Clima, Inversión y Desarrollo; el Comité de Gobernanza Pública; el Comité de Política Regulatoria; el Grupo de Trabajo sobre Política Fiscal; el Comité de Asuntos Fiscales; el Comité de Gobierno Corporativo; el Comité de Empleo, Trabajo y Asuntos Sociales; el Comité de Competencia; el Grupo de Trabajo de PYME e Iniciativa Empresarial; el Comité de Mercados Financieros; y el Comité de Seguros y Pensiones Privadas.

En el seno de la Secretaría de la OCDE, la gestión de la actualización correspondió a la División de Inversiones, con aportaciones de las Divisiones de Competencia, Lucha contra la Corrupción, Asuntos Corporativos y Asuntos Financieros de la Dirección de Asuntos Financieros y Empresariales. Para la actualización se tuvieron en cuenta los valiosos aportes de la Dirección de Cooperación para el Desarrollo; el Centro de Política y Administración Tributaria; el Programa sobre Fiscalidad y Desarrollo; la Dirección de Medio Ambiente; la Dirección de Ciencia, Tecnología e Innovación; la Dirección de Comercio y Agricultura; la Dirección de Empleo, Trabajo y Asuntos Sociales; la Dirección de Gobernanza Pública y Desarrollo Territorial; el Centro de Iniciativa Empresarial, PYME y Desarrollo Local; y la Secretaría de Relaciones Mundiales.

Preámbulo

El objetivo del *Marco* es movilizar la inversión privada al servicio de un crecimiento económico estable y de un desarrollo sostenible, contribuyendo con ello al bienestar económico y social de los ciudadanos de todo el mundo.

El *Marco* es un instrumento que propone una lista de comprobación de cuestiones de política clave que cualquier gobierno interesado en propiciar un entorno favorable para todo tipo de inversiones y en potenciar los frutos para la sociedad del desarrollo asociado a la inversión debería examinar. De este modo, el *Marco* tiene asimismo por objetivos avanzar en la consecución de los Objetivos de Desarrollo Sostenible y contribuir a movilizar financiación para el desarrollo.

El *Marco* se integra dentro del contexto más amplio de los esfuerzos multilaterales llevados a cabo recientemente para reforzar el medio internacional y nacional de la actividad económica. Su denominador común con estas iniciativas es promover la transparencia y un reparto apropiado de funciones y responsabilidades entre los gobiernos, las empresas, la sociedad civil y el resto de actores que trabajan en pro del desarrollo y la lucha contra la pobreza, apoyándose a tal fin en los valores universales de la democracia y del respeto de los derechos humanos.

El objetivo central del *Marco* es animar a los encargados de la formulación de políticas a plantear preguntas adecuadas acerca de sus economías, instituciones y marcos de políticas con miras a identificar prioridades, poner en práctica un conjunto eficaz de medidas y hacer balance de los progresos realizados. El *Marco* no es un compendio de recetas «prefabricadas» ni tiene carácter vinculante. Antes bien, es un instrumento flexible que permite contextualizar y evaluar los importantes retos de política que los países afrontan en sus esfuerzos por impulsar el desarrollo a través de la inversión.

En 2006, un grupo de trabajo compuesto por funcionarios de unos sesenta países Miembros y No miembros de la OCDE elaboró el contenido y la estructura del *Marco* a través de consultas regionales en África, Asia, América Latina y Europa Sudoriental. A la formulación del *Marco* contribuyeron asimismo el Banco Mundial, las Naciones Unidas y otras instituciones internacionales, así como organizaciones patronales y sindicales, y otras organizaciones de la sociedad civil.

Desde su elaboración, el *Marco* ha sido empleado en todo el mundo: lo utiliza la OCDE en sus *Exámenes de las políticas de inversión nacionales*, en aplicaciones a nivel subnacional y en numerosos programas y diálogos regionales sobre inversión, y ha sido asimismo adoptado por agrupaciones regionales tales como la Asociación de Estados del Asia Sudoriental y la Comunidad para el Desarrollo del África Austral, y el G–20. Igualmente, se ha utilizado profusamente en actividades encaminadas al fortalecimiento de capacidades, los exámenes por pares y el intercambio de conocimientos, así como en labores consultivas técnicas sobre inversión y desarrollo. El *Marco* también ha conocido aplicaciones sectoriales, como el *Policy Framework for Investment in Agriculture* y las *Policy Guidance for Investment in Clean Energy Infrastructure*.

A fin de tener en cuenta esta experiencia y los cambios habidos en el entorno económico mundial, un grupo de trabajo presidido conjuntamente por Myanmar y Finlandia llevó a cabo la actualización del *Marco* en 2014 y 2015. El Grupo Asesor de Inversiones y Desarrollo de la OCDE también participó en la actualización del *Marco*, que fue asimismo objeto de diversas consultas públicas, diálogos en línea y seminarios.

El *Marco* actualizado, pese a su amplitud, no tiene pretensión de exhaustividad. Además de la estabilidad macroeconómica, la previsibilidad normativa, la cohesión social y el respeto de los principios del Estado de derecho, que son condiciones previas para un desarrollo sostenible, el *Marco* incorpora, de manera articulada y apoyándose en las buenas prácticas internacionales, numerosas esferas de política, a saber: política de inversión; promoción y facilitación de las inversiones; política comercial; política de competencia; política fiscal; gobernanza pública; gobierno corporativo; políticas dirigidas a posibilitar un comportamiento responsable de las empresas; desarrollo de recursos humanos; un marco de inversión para un crecimiento ecológico; inversión privada en infraestructuras y financiación de la inversión. El *Marco* ayuda a los gobiernos a tener presente el conjunto de estos ámbitos de acción en aras de la coherencia de sus políticas y de la consecución de sus objetivos económicos, sociales y medioambientales.

Otras cuestiones, como el desarrollo rural, el fomento de las pequeñas y medianas empresas, la innovación, el equilibrio de género y el espíritu emprendedor, también influyen en el medio empresarial. Si bien el *Marco* no aborda estos asuntos en una sección específica, con la inserción en algunas de ellas de preguntas concretas al efecto se pone expresamente de relieve la importancia que tales aspectos tienen para el entorno inversor y el desarrollo sostenible.

El *Marco*, al fomentar un proceso estructurado de formulación y de aplicación de políticas en todos los niveles de gobierno, puede utilizarse de diferentes formas en el contexto de las estrategias de desarrollo nacionales y regionales. Las autoevaluaciones, los exámenes por pares, la cooperación regional y los debates multilaterales pueden beneficiarse de las informaciones que ofrece el *Marco* y contribuir así a definir las prioridades de las reformas de la política de inversión necesarias para el logro de un desarrollo sostenible. El *Marco* también puede servir de referencia para los programas de fortalecimiento de capacidades desarrollados por organizaciones internacionales, para los organismos de promoción de las inversiones, para los proveedores de fondos que ayudan a los países en desarrollo socios a mejorar el entorno de inversión y para las organizaciones patronales y sindicales, y otras organizaciones no gubernamentales, en su diálogo con los poderes públicos. Tal y como se desprende de los resultados de su aplicación desde 2006, el *Marco* puede adaptarse con flexibilidad a las necesidades y contextos económicos, sociales, legales y culturales específicos de cada economía, cualquiera que sea su nivel de desarrollo. Y puede igualmente servir de base para la cooperación internacional en cuestiones relacionadas con la inversión, incluso a través de iniciativas de integración regional y de iniciativas de política desplegadas por los países de origen.

La OCDE, en colaboración con países Miembros y No miembros, organizaciones asociadas, donantes y otras partes interesadas prestará asistencia metodológica —especialmente en lo que respecta al desarrollo de indicadores de progreso— y en el ámbito del fortalecimiento de capacidades institucionales a fin de contribuir a una utilización eficaz del *Marco* que tenga en cuenta las diferentes necesidades y contextos. El *Marco* se inspira asimismo en la experiencia y los instrumentos que la OCDE atesora en los ámbitos de acción contemplados, así como en el diálogo mundial y regional establecido por sus comités con países No miembros. Complementa asimismo iniciativas recientes de la OCDE dirigidas a los sectores gubernamental y empresarial, como las *Líneas directrices de la OCDE para empresas multinacionales*, revisadas en 2011, y podrá ser aplicado coordinadamente con la labor que el Comité de Ayuda al Desarrollo de la OCDE lleva a cabo en pro de un crecimiento sostenible impulsado por el sector privado.

Introducción

El *Marco* aborda la cuestión de un desarrollo sostenible e inclusivo impulsado por el sector privado. Una perspectiva centrada en el clima de inversión proporciona una forma coherente e integral de abordar los retos de crecimiento y desarrollo, centrando la cuestión a nivel micro y desde la óptica del principal responsable de la mejora de la productividad: la empresa. Dicha perspectiva no supone conceder primacía a los intereses de los inversores privados: los retornos privados y sociales de la inversión no siempre van de la mano y las agendas para el desarrollo de los gobiernos se sitúan obviamente más allá del tema de la rentabilidad de las empresas. Sin embargo, esta perspectiva sí ofrece un marco para comprender el modo en que las políticas interactúan y repercuten en los resultados, al tiempo que subraya la importancia crítica de una gobernanza pública.

El *Marco* comprende todas las formas de inversión y abarca todo tipo de empresas. Un clima de inversión propicio ofrece oportunidades a todos los inversores: públicos y privados, grandes y pequeños, nacionales y extranjeros. La heterogeneidad de inversores, la diversidad de factores que condicionan las decisiones de inversión y los múltiples objetivos de política de los poderes públicos exigen adoptar una perspectiva común a todos los niveles de gobierno para acentuar la coherencia de las políticas. Dicha coherencia resulta de aplicación a todos y cada uno de los componentes del clima inversor, ya fomenten la inversión extranjera, promuevan vínculos y beneficios tecnológicos colaterales, aumenten la capacitación de los trabajadores, mejoren las infraestructuras o incidan en cualquier otro ámbito.

El *Marco* no tiene carácter vinculante: no existe un enfoque universal del desarrollo del sector privado apto para todo tipo de países, sectores y coyunturas. Reconoce la importancia que la competencia tiene para estimular el crecimiento de la productividad, así como el principio conexo de no discriminación y trato nacional, si bien también que la eficiencia económica constituye tan sólo uno de los elementos de la ecuación.

La gobernanza pública es tan importante para el clima inversor como las políticas. El *Marco* no solamente examina las políticas en sí mismas, sino también el modo en que se formulan, coordinan, aplican, evalúan y, en último término, modifican. Invertir entraña hacer juicios sobre el futuro. Lo que importa a los inversores son todos los principios que el concepto de Estado de derecho encarna: previsibilidad, transparencia, credibilidad, rendición de cuentas e imparcialidad. El *Marco* se creó en respuesta a esta complejidad con el fin de impulsar un enfoque flexible y compartido a todos los niveles de gobierno que reconozca que, con miras a mejorar el clima de inversión, no solamente deben reformarse las políticas, sino también el modo en que los poderes públicos realizan su labor.

Inversión orientada al crecimiento y al desarrollo

La inversión es esencial para el crecimiento y un desarrollo sostenible: incrementa la capacidad productiva de la economía y estimula la creación de empleo y el crecimiento de los ingresos. Si bien son las empresas nacionales las que llevan a cabo la mayor parte de las inversiones, la inversión internacional puede proporcionar ventajas adicionales más allá de su contribución al stock de capital. Puede servir de vehículo para la difusión de avances tecnológicos y conocimientos especializados —por ejemplo, creando vínculos con proveedores locales y mejorando el acceso a los mercados internacionales.

El *Marco* entiende la inversión en su sentido más amplio. La inversión puede adoptar múltiples formas: desde activos materiales hasta capital humano o intelectual; puede incrementar la capacidad o simplemente mejorar la eficiencia de activos ya existentes — por ejemplo, mediante un cambio de titularidad—. Dándose las condiciones adecuadas, eleva la producción total a través de la acumulación de factores productivos y la introducción de técnicas y procesos nuevos que impulsan la productividad y, en última instancia, el nivel de vida de un país.

La inversión no debe concebirse como fin en sí misma. De hecho, puede que algunos sectores y economías presenten en determinados momentos excesos inversores que originen excedentes de capacidad y dispendio de recursos. La inversión puede asimismo dirigirse hacia sectores que no resulten productivos, socialmente provechosos o cuya actividad resulte perjudicial para el medio ambiente. El crecimiento y el desarrollo asociados dependerán tanto, si no más, de la calidad como del volumen de la inversión.

Al igual que sucede con el concepto de inversión, el de clima inversor debe interpretarse de manera amplia. Un clima de inversión propicio contribuye a movilizar capital, capacidades, tecnología e insumos intermedios y permite a las empresas crecer. Ayuda a canalizar recursos hacia usos más productivos y, por el efecto de la presión de la competencia y de la disciplina que imponen accionistas y acreedores, asegura que todas las empresas se esfuercen por ser más eficientes, permitiendo la salida del mercado de las ineficientes. Debe permitir a las empresas invertir de manera productiva y rentable, si bien no se trata solamente de reducir los costes asociados al desarrollo de su actividad y elevar la rentabilidad empresarial, pues debe asimismo garantizarse que la inversión procure la mayor incidencia económica y social posible.

El *Marco* abarca los ámbitos de acción clave que contribuyen a un clima inversor propicio tanto para los inversores como para la sociedad en general. Cada conjunto de políticas influye en las decisiones de los inversores y en los retornos sociales y económicos por diferentes vías. A fin de comprender los motivos de la selección de esos ámbitos de acción y el modo en que interactúan con el clima inversor es preciso entender la forma en que la inversión contribuye al crecimiento y eleva los niveles de vida a través de la mejora de la productividad.

¿Por qué importa la productividad?

El *crecimiento de la productividad* es fundamental para mejorar a largo plazo los niveles de vida. Lograr las mejoras de eficiencia necesarias para dicho crecimiento —en el seno de los diferentes sectores y en las propias empresas— es un reto al que se enfrentan todos los países, tanto en desarrollo como más avanzados. En las fases iniciales de desarrollo, la productividad aumenta a medida que los trabajadores abandonan sectores como la agricultura de subsistencia en favor de actividades manufactureras más productivas. Sin embargo, el crecimiento de la productividad provendrá en último término de la mejora de la eficiencia en el seno de los diferentes sectores, pues los competidores más eficientes aumentan su cuota de mercado a costa de los más rezagados —eficiencia en la asignación— y la competencia presiona a todas las demás empresas del sector para que mejoren su desempeño—eficiencia empresarial—.

La consecución de estas ganancias de productividad incumbe a numerosos ámbitos del *Marco*. Las reformas en un ámbito que no aborden con carácter más general obstáculos sistémicos podrían no obrar los efectos deseados en términos de eficiencia.

- La *eficiencia en la asignación* requiere disponer de mercados de capitales que funcionen bien; regímenes laborales que, al tiempo que protejan los derechos de los trabajadores y respeten normativas laborales que cuenten con reconocimiento internacional, no impidan por ello las reestructuraciones empresariales necesarias; leyes concursales; una política de competencia que vele por que los operadores tradicionales, en ocasiones públicos, no restrinjan la entrada en el mercado, y políticas de inversión y de fomento que faciliten el acceso de la inversión extranjera y la respalden.
- Es la competencia la que hace principalmente posible las mejoras en términos de *eficiencia empresarial*. Sin la presión de la entrada de nuevos competidores, las empresas tienen menos alicientes para innovar y mejorar su eficiencia. Según diferentes estudios, el crecimiento de la productividad es más rápido en los sectores en los que la competencia es mayor. La competencia puede venir de la mano de competidores nacionales o de empresas internacionales que exporten al mercado nacional o bien inviertan directamente en él. La política de competencia es fundamental para imprimir en los mercados la característica de «contestabilidad» y, por tanto, para impulsar la productividad.

La competitividad de las empresas también aumenta por disponer de factores de producción en mayor número y de mejor calidad, concretamente capital, mano de obra capacitada o especializada, tecnología e infraestructuras. Estas cuestiones se tratan a lo largo del *Marco*. La difusión tecnológica, por ejemplo, es una de las formas en que las empresas adquieren conocimientos técnicos con los que aprender formas nuevas y mejores de desarrollar su actividad. Ello dependerá de las oportunidades que se presenten para el desarrollo de capacidades técnicas a escala nacional y para incorporar tecnología extranjera vía importaciones e inversión directa extranjera; de la capacidad que tengan las empresas y trabajadores locales para asimilar esos conocimientos mediante el establecimiento de los correspondientes vínculos; y de la disposición de las empresas extranjeras a compartir sus conocimientos mediando una adecuada protección de sus derechos de propiedad intelectual y la posibilidad de mantener el pleno control de la empresa asociada.

Gobiernos más eficientes y eficaces

Estas ganancias de eficiencia en las empresas se sustentan en un sistema de gobernanza pública eficaz y eficiente, que fundamentalmente se atiene a los principios del Estado de derecho. En el Recuadro 1 se enumeran algunas de las características de lo que suele entenderse por Estado de derecho. El *Marco* aborda la calidad de las instituciones públicas y la capacidad de la función pública y tiene en cuenta el modo en que se formulan y aplican las leyes, incluyendo el ciclo completo de elaboración, consulta, aplicación, evaluación y revisión de las políticas.

Recuadro 1. **Elementos del Estado de derecho**

1. Las leyes deben ser accesibles, comprensibles y previsibles.
2. Las cuestiones de derecho y responsabilidad legales deben resolverse por la vía ordinaria aplicando las leyes, no de manera discrecional.
3. Todos deben ser iguales ante la ley, salvo que diferencias objetivas y claramente definidas justifiquen la discriminación.
4. Los ministros, los miembros del poder judicial y los funcionarios de cualquier categoría han de ejercer sus facultades de buena fe, de manera equitativa y para los fines para los cuales les fueran conferidas, dentro de los límites que les sean aplicables y de un modo razonable.
5. La ley debe proteger adecuadamente los derechos humanos fundamentales, así como los de propiedad.
6. Los procedimientos judiciales instaurados por el Estado deben ser justos, no entrañar un coste prohibitivo y no dilatarse excesivamente en el tiempo.
7. El Estado debe cumplir las obligaciones que le incumban con arreglo al Derecho internacional y nacional.

Adaptación de Bingham, T. (2010), *The Rule of Law*, Penguin Books

Una carga administrativa elevada para los inversores, que aumente el coste asociado al desarrollo de la actividad empresarial y merme la eficiencia y la eficacia de la propia administración pública, constituiría un claro ejemplo de mala gobernanza. Una regulación excesiva puede acarrear un elevado coste a los inversores, especialmente en el caso de las pequeñas y medianas empresas, y podría ser uno de los factores que expliquen la elevada incidencia de la economía informal en algunos países o su escasa atracción de inversión directa extranjera.

El *Marco* reconoce el derecho que asiste a los gobiernos de regular por razones de interés público y con miras a alcanzar los objetivos de política establecidos, y no presupone que siempre sea preferible la menor regulación posible. Una regulación bien diseñada mejora el clima inversor creando un marco eficiente y garantizando un Estado de derecho en alto grado. Ahora bien, una buena regulación no significa necesariamente regular menos; antes bien, el Marco sugiere que la carga administrativa debe racionalizarse en aquellos ámbitos en que resulte necesario, que los objetivos regulatorios han de ser transparentes y que su efectividad debe ser controlada y evaluada con regularidad.

Costes asociados a la actividad empresarial

Numerosos ámbitos de acción del *Marco* abordan los costes de ejercer una actividad empresarial. Los posibles inversores deben sopesar dichos costes con el retorno esperado de su inversión y, en el caso de proyectos orientados a la exportación, también con los costes en jurisdicciones alternativas. Deben considerarse, entre otros, los siguientes costes:

- capital (endeudamiento y recursos propios);
- mano de obra (cualificada y no cualificada; coste ajustado por la productividad);
- insumos intermedios (tanto locales como importados);

- infraestructuras (transporte, telecomunicaciones, energía, etc.);
- suelo;
- costes administrativos (cumplimiento normativo);
- fiscalidad;
- corrupción; y
- costes de información y búsqueda.

El *Marco* examina maneras de favorecer el acceso a la financiación, de garantizar que los mercados de trabajo provean de trabajadores con las capacidades requeridas por los inversores, de que las políticas comerciales que facilitan el acceso a insumos intermedios importados mejoren la competitividad en los mercados de exportación y de canalizar la inversión hacia los sectores de infraestructuras. En lo tocante a los costes administrativos y la fiscalidad de las empresas, el *Marco* se centra en la forma de mejorar la eficiencia del sistema. El *Marco* aborda asimismo el modo de hacer frente a la lacra de la corrupción, que en algunos mercados puede llegar a representar un importante coste operativo. La sección dedicada a la promoción de la inversión trata asimismo de los costes de información que los inversores han de afrontar en su proceso de búsqueda de oportunidades de inversión y de unos proveedores locales adecuados.

Gestión de riesgos

Toda inversión supone comprometer recursos en el presente para obtener un retorno incierto en el futuro. Si bien el riesgo comercial es parte consustancial de la actividad empresarial, un cambio imprevisto de políticas podría afectar significativamente a la viabilidad de un proyecto. La previsibilidad normativa es una de las inquietudes que con mayor frecuencia refieren los inversores.

Los gobiernos pueden mitigar el riesgo regulatorio ofreciendo a los inversores mayor certidumbre en forma de transparencia y de consultas cuando se emprenden reformas de políticas, así como en cuanto al modo en que se diriman las posibles controversias. Los inversores conceden gran importancia al riesgo regulatorio, que compensan ajustando al alza la rentabilidad exigida para llevar a cabo los proyectos, lo cual se traduce en una menor eficiencia, aun cuando la inversión se ejecute por lo elevado de las rentabilidades esperadas.

Una forma de reforzar la previsibilidad normativa es garantizar que los posibles cambios sean fruto de consultas públicas exhaustivas celebradas durante su fase de redacción con el sector privado, las organizaciones de trabajadores y otras partes interesadas. Toda economía con un Estado de derecho firmemente enraizado permitirá confiar a los eventuales inversores en que los conflictos que puedan plantearse, con socios comerciales o los poderes públicos, se dirimirán de manera justa con pleno respeto de los derechos del inversor.

Los gobiernos pueden ofrecer asimismo otras formas de resolver eventuales diferencias a través de tratados bilaterales en materia de inversión o de forma individualizada. Si los poderes públicos deciden ratificar tratados de inversión, deberán adoptar medidas complementarias dirigidas a sensibilizar al conjunto de las administraciones públicas acerca de los compromisos contraídos, reforzar su capacidad para hacer frente a esos compromisos y establecer mecanismos —como la oficina de un mediador de inversiones— que ayuden a evitar controversias.

No discriminación

El debate en torno al concepto de Estado de derecho mismo persigue dilucidar, entre otras cuestiones, si todos los agentes económicos, públicos o privados, son iguales ante la ley. Sin embargo, en numerosos casos, las leyes favorecen a ciertos inversores sobre otros. Esta discriminación puede darse entre agentes nacionales y extranjeros, públicos y privados, de grandes y de pequeñas dimensiones, operadores tradicionales o nuevos, e incluso entre diferentes categorías de accionistas de una misma empresa.

Prácticamente todos los gobiernos discriminan de una u otra manera, a veces de forma deliberada y otras sin pretenderlo. Por ejemplo, en ocasiones se imponen a los inversores extranjeros limitaciones sobre la titularidad de empresas locales, en especial las adscritas a sectores estratégicos. A veces, las empresas públicas están excluidas del ámbito de aplicación del Derecho de competencia y cabe que las PYME también gocen de un trato favorable, ya sea en forma de incentivos fiscales o de exenciones regulatorias. Las pérdidas de productividad pueden afectar no solamente al sector incumbido, sino también a sectores localizados más adelante en la cadena de producción que dependan de los insumos del sector protegido.

El *Marco* aborda la cuestión de la discriminación en muchos de sus ámbitos de acción e identifica sus costes potenciales en términos de ganancias de eficiencia e inversiones perdidas, si bien sin cuestionar el derecho que asiste a los poderes públicos de favorecer a determinados inversores con el propósito de alcanzar otros objetivos sociales, económicos o medioambientales. No obstante, cabe que los gobiernos deseen estudiar si las medidas no discriminatorias son adecuadas para afrontar problemáticas específicas. Cuando sea preciso adoptar políticas discriminatorias, éstas deberán ser proporcionadas —sin exceder de lo necesario ni entrar en cuestiones más generales—, definirse en función de objetivos cuantificables y evaluarse periódicamente con respecto a dichos objetivos. Podría alentarse la realización de evaluaciones periódicas imponiendo la exigencia de que las restricciones discriminatorias tengan que ser periódicamente renovadas.

Diversidad del sector privado

La cuestión de la discriminación pone de relieve que en las economías no existe un único clima inversor, sino varios. No solamente se enfrentan algunas empresas a más restricciones que otras, sino que los costes y los riesgos antes descritos no afectan por igual ni en la misma medida a las empresas que operan en los diferentes sectores. Determinados ámbitos de política revisten mayor importancia para unos inversores que para otros. Un clima de inversión atractivo tiene en cuenta esta heterogeneidad de empresas en una economía: públicas y privadas, nacionales y extranjeras, de dimensiones grandes o pequeñas, así como formales e informales.

Incluso para empresas similares, cabe que el marco de políticas difiera significativamente en función del lugar donde se emplace la actividad —por ejemplo, por ubicarse en zonas económicas especiales con menores cargas y obstáculos regulatorios que en el resto de la economía—. El marco de políticas puede asimismo diferir en gran medida en función de los sectores y las provincias considerados.

Aun cuando las empresas estén sujetas a idéntica regulación, la aplicación de ésta puede variar enormemente. Como resultado de ello, las diferencias dentro de una economía en cuanto a la facilidad para ejercer la actividad empresarial pueden llegar a ser tan considerables como las existentes entre países. Las empresas locales de grandes dimensiones y bien conectadas y los inversores en sectores prioritarios suelen ser los actores que se enfrentan a menos obstáculos en términos de aplicación. Un trato diferenciado *de facto* puede constituir un impedimento tan importante para el crecimiento de la productividad y, más en general, para un clima inversor adecuado como la discriminación normativa.

Promoción de una inversión responsable

La sostenibilidad y la inversión responsable son parte integral de un clima de inversión propicio y deben tenerse presente desde un principio y no dejar su consideración para el último momento. Los principios inherentes a un Estado de derecho relacionados en el Recuadro 1 contribuirán, de hallarse adecuadamente instaurados, a que las empresas actúen de manera responsable, por cuanto permitirán saber lo que se espera de ellas y las sanciones a las qué habrá ineludiblemente lugar en caso de que no respondan a esas expectativas. Los gobiernos podrán asimismo adherirse a normas internacionales, como las *Líneas directrices de la OCDE para empresas multinacionales*, o crear centros de enlace sobre conducta empresarial responsable que contribuyan a velar por que los inversores extranjeros situados en su territorio y sus propias empresas que inviertan en el extranjero actúen con responsabilidad.

En determinadas situaciones, como las posteriores a un conflicto, cabe que los gobiernos no sólo no colmen las expectativas internacionales en cuanto a leyes que garanticen un comportamiento responsable de los inversores, sino que de entrada carezcan de la capacidad administrativa necesaria para aplicar dichas normas.

La responsabilidad no es únicamente relevante para los inversores extranjeros interesados en mantener su reputación internacional: actualmente concierne a todas las empresas que participan en las cadenas de suministro, tanto nacionales como extranjeras. Un entorno inversor que no prevé el respeto de determinadas normas de conducta empresarialmente responsable, como las relacionadas con normas laborales y medioambientales internacionalmente aceptadas, se arriesga al rechazo de inversores internacionales y clientes extranjeros.

Dirigir la inversión hacia donde se necesita

Buena parte del debate se ha centrado hasta ahora en eliminar de la economía cualquier impedimento innecesario a la inversión. Ahora bien, garantizar un desarrollo inclusivo y sostenible exige en ocasiones canalizar la inversión hacia actividades o sectores concretos. Proceder de este modo quizás exija respaldar a empresas familiares de pequeñas dimensiones o actividades que favorezcan la igualdad de género entre el personal. Esa inversión puede orientarse hacia sectores específicos —como, por ejemplo, el de infraestructuras— o proponerse impulsar un crecimiento ecológico a través de inversiones en infraestructuras respetuosas con el medio ambiente, gestión sostenible de los recursos o promoción del sector de bienes y servicios medioambientales.

Canalizar este tipo de inversión exigirá, entre otras cosas, suprimir obstáculos específicos de cada sector, ya traigan causa de políticas preexistentes o de la propia estructura de mercado del sector. Estos esfuerzos podrían complementarse con el diseño de unos incentivos equilibrados y dirigidos, si bien, con carácter más general, también precisarán de políticas que garanticen a los inversores que la rentabilidad del sector es suficiente para incentivarlos a invertir.

Políticas y prácticas transversales

Una política de inversión eficaz se asienta sobre unas instituciones sólidas y una gobernanza pública también eficaz. Entre los requisitos previos clave para la política de inversión cabe citar el respeto de los principios del Estado de derecho, una regulación de calidad, transparencia y apertura, e integridad. La eficacia en estos ámbitos alentará la inversión y reducirá los costes asociados al ejercicio de la actividad empresarial. Contar con unas instituciones robustas contribuye a mantener un entorno previsible y transparente para los inversores.

Un clima de confianza favorece la política de inversión. Un nivel de confianza elevado puede contribuir a la observancia de leyes y reglamentos, fortalecer la confianza de los inversores y reducir la aversión al riesgo. Por término medio, sólo el 40% de los ciudadanos de la OCDE afirma confiar en sus gobiernos, al tiempo que el 57% considera que la corrupción es una práctica generalizada en el sector empresarial (Encuesta Mundial de Gallup, 2013). Esto no es sino herencia de una a crisis resultado de numerosos errores de regulación y gestión —no sólo de los gobiernos, sino también de las empresas— que han minado la confianza. Recuperar la confianza de los ciudadanos exigirá a los poderes públicos demostrar que son legisladores y reguladores capaces y fiables, y que sus decisiones son justas y están libres de influencias indebidas. La confianza se basa en la expectativa de que los agentes públicos exhibirán un alto grado de integridad; en concreto, que los asuntos sobre conflictos de intereses se dirimirán con rigor, que se respetarán las directrices sobre grupos de presión y que la corrupción y el fraude en ámbitos de alto riesgo, como la contratación pública, se afrontarán de manera eficaz.

Los enfoques sobre política de inversión comunes a todos los niveles de gobierno mejorarán los resultados y el aprovechamiento de los recursos públicos. La política de inversión —al igual que la competitividad, la mitigación del cambio climático, la gestión del cambio demográfico y la innovación— es una cuestión que exige respuestas de política que no atañen estrictamente a un único departamento o agencia gubernamental. Los inversores aspiran cada vez más a unas políticas y servicios públicos perfectamente acoplados y capaces de dar respuesta a sus necesidades, y que no vengan definidos por estructuras administrativas estancas. Todo buen gobierno trata ahora de emprender actuaciones conjuntas en cuyo marco las administraciones públicas trabajan de manera coordinada y colaboran más allá de los límites a los que están sujetas. Una mala coordinación puede elevar el riesgo de duplicaciones y la ineficiencia en el gasto, mermar la calidad del servicio y concretarse en unas metas y objetivos contradictorios, factores todos ellos que podrían mermar la confianza de los inversores. Los enfoques «comunes a todos los niveles de gobierno» en materia de diseño y ejecución de políticas han pasado a ser un objetivo compartido por multitud de administraciones públicas, que recurren a ellos como un medio de integrar perspectivas interdisciplinarias en sus políticas, mejorar la coordinación y facilitar la puesta en común de recursos. Al unísono con ellos deberían asimismo adoptarse mecanismos de ventanilla única que faciliten los trámites de los inversores ante las administraciones públicas. Las políticas de inversión, que encarnan múltiples objetivos e incumben a numerosos agentes económicos —desde PYME a multinacionales—, son un ejemplo claro de la necesidad que hay de adoptar un enfoque común a todos los niveles de gobierno. La coherencia es un aspecto especialmente importante de la regulación, que constituye uno de los pilares fundamentales de toda política de inversión eficaz.

Coordinación intergubernamental. El solapamiento y, en ocasiones, los conflictos entre normas, procedimientos y reglamentos de ministerios y otras instancias de la administración, también entre sus niveles central y local, así como entre autoridades nacionales y supranacionales, pueden imponer una pesada carga administrativa a los inversores. Los distintos países optarán por diferentes niveles de descentralización, si bien la experiencia de los países Miembros de la OCDE sugiere que es esencial cierta coordinación centralizada para una adecuada gobernanza regulatoria.

La transparencia y el compromiso pueden alumbrar políticas mejores con un mayor respaldo de las partes interesadas. La transparencia es actualmente un componente fundamental de una gobernanza adecuada. Unos procesos de formulación de políticas más abiertos e inclusivos contribuyen a garantizar una mejor adecuación de las mismas a las necesidades y expectativas de los ciudadanos y empresas. Una mayor participación de las partes interesadas en el diseño y ejecución de las políticas permitirá afinarlas y dotarlas de una mayor eficacia. El concepto de «gobierno abierto» está transformando rápidamente la manera en que las instituciones públicas realizan su labor, tanto internamente como en su relación con los ciudadanos, las empresas y las organizaciones de trabajadores. Recabar los puntos de vista de los inversores y demás partes interesadas durante el proceso de formulación y revisión de las políticas redunda en su legitimidad y eficacia. Por otra parte, las políticas serán previsiblemente más sólidas y no llevarán aparejados efectos colaterales indeseados si se conciben de manera estructurada y transparente y con la participación de todos los interesados.

Innovación y mejora en el diseño y la ejecución de políticas. La reorientación hacia gobiernos abiertos supone un importante incentivo para que las administraciones públicas mejoren su desempeño. Las empresas, los inversores y los ciudadanos están mejor situados para valorar los resultados de las políticas públicas, abordar sus errores y deficiencias, y exigir mejoras a los poderes públicos. Con el tiempo, este planteamiento ha empezado a imprimir un decidido impulso reformista y modernizador en la forma en que se prestan los servicios públicos, aprovechando al máximo las nuevas tecnologías de la información y la comunicación. Partes interesadas ajenas a los poderes públicos participan cada vez más en el diseño y ejecución de las políticas e incluso en su seguimiento. A través de sitios web, datos de fácil manejo y herramientas de información, las administraciones públicas pueden integrar a los diferentes actores en la adopción y evaluación de las políticas públicas. La aplicación de enfoques innovadores en todas las fases del ciclo normativo debería asimismo beneficiar a las políticas de inversión.

La cooperación internacional puede complementar e incluso reforzar las medidas nacionales dirigidas a mejorar el clima empresarial. Cuanto mayores sean la armonización y el reconocimiento mutuo de normas entre países, mayor será la facilidad con la que las empresas podrán invertir y operar a escala internacional. Los acuerdos internacionales en materia de comercio e inversión pueden añadir transparencia en lo tocante a la regulación de la inversión extranjera en los países signatarios.

Preguntas y principios clave

1. ¿Son las disposiciones legales y reglamentarias y su aplicación y ejecución claras, transparentes y fácilmente accesibles? ¿Y las cuestiones de procedimiento? ¿Son también transparentes?
2. ¿De qué modo garantiza el Estado que las leyes y reglamentos no impongan cargas innecesarias a los inversores? ¿Existe algún mecanismo integrado para revisar de forma periódica estas cargas? ¿Se miden y cuantifican dichas cargas?
3. ¿De qué modo garantiza el gobierno a los inversores un grado suficiente de previsibilidad normativa? ¿Existe algún procedimiento de revisión de las decisiones administrativas?
4. ¿Tienen instaurados los poderes públicos mecanismos y procedimientos efectivos de consulta pública, incluidos requisitos de notificación previa, que deban observarse con anterioridad a la adopción de cualquier nueva ley o reglamento?
5. En el ejercicio de su derecho de regular y prestar servicios públicos, ¿cuenta el Estado con mecanismos para garantizar la transparencia de cualquier medida discriminatoria de cualquier grupo de inversores y para revisar de manera periódica su coste respecto de la finalidad pública pretendida?
6. ¿Qué mecanismos existen para gestionar y coordinar la política regulatoria entre los diferentes niveles de las administraciones públicas a fin de garantizar una aplicación de la normativa reglamentaria coherente y transparente?

Preguntas complementarias

Transparencia	• ¿Qué medidas ha adoptado el gobierno para sensibilizar acerca de la importancia que la transparencia tiene para el conjunto de las administraciones públicas? • ¿Existen requisitos legales en materia de transparencia? ¿Se aplican tanto a la legislación primaria como a la legislación derivada? ¿En los ámbitos nacional y subnacional? • ¿Existe también transparencia en lo tocante a las sentencias y resoluciones judiciales? • ¿Por qué cauces pueden acceder con facilidad los inversores extranjeros a las leyes y los reglamentos nacionales o solicitar su consulta? ¿Existen versiones disponibles de la legislación nacional en inglés u otros idiomas? ¿Desempeñan los organismos de promoción de inversiones alguna función al respecto? • ¿Cómo se abordan las dificultades específicas a las que las PYME se enfrentan a la hora de conseguir información? • ¿Están las excepciones al régimen de transparencia (p. ej., por motivos de seguridad nacional o confidencialidad) claramente definidas y acotadas? • ¿Se encuentran los criterios reguladores del ejercicio de las potestades discrecionales de las autoridades a cargo de la contratación pública claramente articulados y a disposición del público? • ¿Se lleva un registro de la normativa reglamentaria vigente o en fase de proyecto? • ¿Se distribuye por vía electrónica el material regulatorio?
Consulta pública	• ¿Se notifican habitualmente a las partes interesadas el objeto y la naturaleza de los cambios regulatorios que les afecten y se les consulta por adelantado al respecto? ¿Qué cauces principales se utilizan con tal fin? ¿Están codificados los procedimientos de notificación y de formulación de observaciones? • ¿Se publicitan y organizan adecuadamente los procedimientos de consulta pública, son fácilmente accesibles y se llevan a cabo de manera oportuna y puntual? • ¿Disfrutan todas las partes interesadas, incluidos los inversores extranjeros, las PYME y las organizaciones de trabajadores, de acceso suficiente a esas consultas? • ¿Se transmiten directrices claras a los organismos reguladores sobre el modo en que deben llevarse a cabo esas consultas? • ¿Se consulta asimismo a otras instancias del Estado y a los ministerios incumbidos?

Estabilidad y previsibilidad normativas	• ¿Qué medida ha tomado el gobierno para favorecer la estabilidad y la previsibilidad normativas? • ¿Se tienen en cuenta los intereses de los inversores preexistentes a la hora de modificar la regulación? • Véanse también las secciones 1 y 3 sobre acuerdos internacionales de inversión y comercio.
Evaluación y revisión periódicas	• ¿Se revisan periódicamente las políticas para comprobar si han servido a sus objetivos? • ¿Se contemplan medidas alternativas para lograr los mismos objetivos? • ¿Se exigen evaluaciones de impacto regulatorio para la elaboración o modificación de leyes? ¿También cuando se trata de revisar el acervo legislativo en vigor?

Recursos adicionales

Principios, normas

APEC-OCDE (2005), APEC-OECD Integrated Checklist on Regulatory Reform, OCDE y Cooperación Económica Asia-Pacífico, www.oecd.org/regreform/34989455.pdf .

OCDE Framework for Investment Policy Transparency, Publicaciones de la OCDE, París. www.oecd.org/investment/investment-policy/16793978.pdf .

OCDE (2003), Public Sector Transparency and the International Investor, Publicaciones de la OCDE, París. www.oecd.org/investment/investment-policy/18546790.pdf .

OCDE Reference Checklist for Regulatory Decision-Making, Publicaciones de la OCDE, París. www.oecd.org/regreform/regulatory-policy/35220214.pdf .

Herramientas, directrices y manuales

OCDE (2003), Un gobierno abierto: fomentar el diálogo con la sociedad civil, Publicaciones de la OCDE, París.
DOI: http://dx.doi.org/ 10.1787/9789264019959-sum-es.

OCDE (2013), Panorama de las Administraciones Públicas 2013, Publicaciones de la OCDE, París. DOI: http://dx.doi.org/10.1787/9789264223547-es.

OCDE (2001), Participación ciudadana: Manual de la OCDE sobre información, consulta y participación en la elaboración de políticas públicas, Publicaciones de la OCDE, París. DOI: http://dx.doi.org/10.1787/9789264195578-en.

Comisión Europea (2005), Consulta a las partes interesadas acerca de la formulación de las políticas nacionales y regionales que afectan a las pequeñas empresas, Informe final del grupo de expertos, Comisión Europea, Bruselas http://ec.europa.eu/DocsRoom/documents/2114/attachments/1/translations/es/renditions/native.

Banco Mundial (2006), Business licensing reform: a toolkit for development practitioners, Banco Mundial, Washington D.C.

Indicadores, referencias

Banco Mundial, Indicadores sobre la facilidad de hacer negocios, www.doingbusiness.org/.

Banco Mundial, Indicadores mundiales de buen gobierno, http://info.worldbank.org/governance/wgi/index.aspx#home.

1. Política de inversión

El *Marco* interpreta en sentido amplio el concepto de política de inversión. Con él se estaría aludiendo no solo a las disposiciones legales y reglamentarias y a las políticas en materia de admisibilidad de inversores, la normativa aplicable una vez establecidos éstos y la protección de sus activos, sino también a los objetivos y expectativas respecto de la contribución de su inversión a un desarrollo sostenible, como los que se prevén en los planes nacionales de desarrollo. Al igual que sucede con otros ámbitos del *Marco*, la forma en que se formula y modifica la política de inversión afecta a las decisiones de los inversores. La inversión es, de suyo, prospectiva, por lo que la transparencia, previsibilidad y credibilidad de las políticas son aspectos trascendentes. Las políticas cambian lógicamente con el tiempo; lo que reviste más importancia para los inversores es el modo en que se acometen sus cambios, según se explica seguidamente.

La política de inversión se integra en ocasiones en una única ley específica aplicable tanto a inversores nacionales como a inversores extranjeros; en otras, coexisten dos leyes por separado. La política de inversión puede abordar el grado de apertura a la inversión y la protección que se ofrece a los inversores; con frecuencia, incluye una lista de sectores en los que existen restricciones a la inversión en virtud de lo que se establece en la propia ley o en sus reglamentos de aplicación. Tal «lista negativa» puede citar sectores o subsectores en los que toda inversión privada esté prohibida o restringida, sectores reservados a PYME y sectores en que se restringe la inversión extranjera. Por sus beneficios efectos sobre la transparencia y la previsibilidad, una ley de inversiones puede también servir como señalizador automático de un país y contribuir así a promocionarlo como destino inversor.

Numerosos países, incluidos Miembros de la OCDE, carecen de leyes específicas de inversión. Este tipo de ley no garantiza la existencia de un marco de política sólido en materia de inversiones ni constituye un requisito previo de ese marco. La política de inversión puede recogerse en otros textos legislativos como, por ejemplo, las constituciones nacionales, leyes reguladoras del comportamiento de las empresas o legislaciones sectoriales específicas. Si bien una ley de inversiones puede favorecer la transparencia del régimen inversor aplicable, también podría sembrar incertidumbre si entra en conflicto con otras normas. Los acuerdos internacionales en materia de inversión, que se abordan por separado al final de esta sección, complementan la política de inversión de un país, pues prestan protección adicional a los inversores extranjeros comprendidos en su ámbito de aplicación.

Transparencia y previsibilidad

Un marco regulador de la inversión equitativo, transparente, claro y previsible es un criterio determinante de las decisiones de los inversores y su contribución al desarrollo. Es especialmente importante para las PYME, que suelen hacer frente a retos específicos cuando entran a formar parte de la economía formal y se someten a sus normas. También es importante para los inversores extranjeros, que en ocasiones han de lidiar con sistemas regulatorios, culturas y marcos administrativos muy diferentes de los suyos. La incertidumbre en torno a la exigibilidad de los derechos y obligaciones legales eleva el coste del capital y, con ello, lastra la competitividad de las empresas y reduce la inversión. La ambigüedad del sistema jurídico puede asimismo alentar la corrupción, pues es posible que mueva a los inversores a recurrir al soborno para proteger o favorecer sus intereses y que los agentes públicos traten de obtener ventajas ilegítimas.

Los gobiernos pueden mejorar la calidad del marco regulador de la inversión mediante la celebración de consultas con las partes interesadas, la simplificación y codificación legislativas—incluidas legislaciones sectoriales específicas—, la redacción en un lenguaje comprensible de los textos normativos, la creación de registros de toda normativa reglamentaria vigente o en fase de proyecto, un mayor recurso a la distribución por medios electrónicos de material regulatorio, y la publicación y revisión de las decisiones administrativas. La aplicación efectiva del marco regulador de la inversión también podría mejorarse asegurando que los funcionarios responsables de su aplicación cuenten con las credenciales adecuadas, hayan recibido la formación necesaria, perciban salarios justos y dispongan de los recursos necesarios para llevar a cabo su labor. Los funcionarios deben responder plenamente de sus actuaciones, en particular de aquellas que entrañen la adopción de decisiones discrecionales.

Componentes de la política nacional de inversión

El principio de no discriminación, el grado de apertura a la inversión extranjera, la protección de los derechos de propiedad de los inversores y los mecanismos de resolución de controversias en materia de inversión son cuestiones clave de la política de inversión que apuntalan los esfuerzos encaminados a crear un entorno inversor de calidad para todos.

No discriminación

La ausencia de discriminación constituye uno de los ejes principales sobre los que se articula todo entorno de inversión dinamizador. El principio de no discriminación exige que todos los inversores que se encuentren en circunstancias similares reciban el mismo trato con independencia de la estructura de propiedad que presenten. Como principio general, puede venir recogido en el texto constitucional o en disposiciones normativas de rango inferior, como una ley de inversiones, y su ámbito de aplicación puede variar significativamente. Uno de los conceptos que se derivan del principio de no discriminación en el contexto de la inversión extranjera es el de trato nacional, que exige que los poderes públicos dispensen a las empresas extranjeras o controladas por nacionales de otros países un trato que no sea menos favorable que el que reciben las empresas nacionales en situaciones similares.

Ningún gobierno aplica el trato nacional en todos los casos, ni siquiera los países Miembros de la OCDE, donde las restricciones a la inversión extranjera suelen ser, por término medio, menores que en otras partes del mundo. Si otros elementos del clima inversor resultan propicios, es posible que los inversores continúen llegando, aun cuando tengan que afrontar algunas restricciones operativas una vez establecidos; con todo, se ha demostrado que las restricciones a la inversión directa extranjera se traducen en un menor volumen de este tipo de inversiones. Además de su impacto sobre la inversión directa extranjera, las políticas que favorecen a algunas empresas en detrimento de otras entrañan un coste, concretamente una menor competencia y, por tanto, una menor eficiencia empresarial. Por este motivo, es necesario evaluar las exenciones del principio de no discriminación con vistas a determinar si su motivación original (p. ej., la protección basada en el argumento de la industria naciente) sigue siendo válida de acuerdo con una evaluación de costes y beneficios que incluya una valoración de la proporcionalidad de la medida. Una evaluación amplia de esos costes y beneficios revestirá especial importancia en el caso de los sectores de servicios que secundan una amplia variedad de actividades económicas.

Las excepciones al trato nacional se recogen muy frecuentemente en una lista negativa anexa a la ley de inversiones. En ausencia de dicha lista, los inversores extranjeros habrán de atender a la legislación sectorial aplicable. A continuación se enumeran las principales tipos de restricciones a que se enfrentan estos inversores:

- Mecanismos de autorización para inversores extranjeros
- Límites a la titularidad del capital por inversores extranjeros
- Personal clave (gestores, expertos técnicos y consejeros extranjeros)
- Repatriación de beneficios y capital
- Titularidad del suelo a efectos empresariales
- Limitaciones a la apertura de sucursales
- Requisitos de reciprocidad
- Requisitos de capital mínimo distintos de los aplicables a las empresas nacionales
- Exigencias de contenido local
- Acceso a financiación local
- Contratación pública favorable a las empresas nacionales en detrimento de las extranjeras

La posible discriminación entre inversores nacionales y extranjeros puede operar en ambos sentidos. Cabe que existan incentivos para los inversores extranjeros a los que no tengan acceso los inversores nacionales. Las opciones de política para una gestión responsable de dichos incentivos se abordan en secciones posteriores del presente *Marco*.

Protección de los derechos de propiedad

Expropiación

El concepto de expropiación incluye la *expropiación directa*, que entraña la transmisión formal a favor del Estado de la titularidad del bien o su incautación física, y la *expropiación indirecta*, que comporta la injerencia del Estado en el uso o el disfrute de un bien sin mediar incautación alguna del mismo y sin que la titularidad legal de dicho bien se vea afectada. El nivel de protección contra la expropiación indirecta previsto en las leyes nacionales varía significativamente de un país a otro, incluso entre Miembros de la OCDE. Deberá determinarse caso por caso si una regulación entraña una expropiación indirecta por la que deba pagarse la oportuna indemnización. Para determinar automáticamente que existe un acto de expropiación no basta con que la regulación considerada merme el beneficio. Alguna legislación establece que, salvo en circunstancias poco frecuentes, las medidas regulatorias no discriminatorias encaminadas a proteger objetivos legítimos de bienestar público, como la salud, la seguridad y el entorno públicos, no se consideran expropiaciones.

Seguridad en la tenencia del suelo

Unos derechos ciertos y claramente definidos sobre el suelo favorecen la afluencia de nuevas inversiones y el mantenimiento de las ya existentes, así como una gestión sostenible de este tipo de activo. Los inversores deben poder confiar en que sus derechos sobre el suelo serán adecuadamente reconocidos y protegidos frente a eventuales desalojos forzosos en los que no medie indemnización. La seguridad en la tenencia del suelo no exige necesariamente una propiedad privativa ni titularidad formal. Los derechos convencionales de uso del suelo, como los de arrendamiento, pueden proporcionar seguridad en su tenencia si son claros y de duración limitada, y si además el contrato no puede resolverse de manera unilateral. La seguridad en esa tenencia no emana tanto de la calificación jurídica de los derechos de que se es titular, cuanto del consenso social sobre su legitimidad y la fiabilidad de los mecanismos establecidos para resolver las controversias que puedan plantearse.

Con el fin de garantizar unos derechos de tenencia del suelo ciertos, las administraciones públicas competentes deben ser accesible y proceder de manera fiable y transparente. Las competencias respectivas del gobierno central y de las administraciones locales deben estar claramente definidas a fin de favorecer la eficiencia, reducir la corrupción e impulsar la aplicación y la observancia de las leyes. Si se acompaña de mecanismos adecuados de fortalecimiento de capacidades y de financiación a escala local, la descentralización de la atribución y administración de este tipo de derechos puede asegurar un mayor grado de rendición de cuentas en su gestión, así como facilitar la participación de las comunidades locales en el proceso de toma de decisiones.

La administración territorial debe contribuir activamente a la planificación del uso del suelo a fin de garantizar unas inversiones sostenibles y un desarrollo territorial equilibrado, así como a conciliar los diferentes objetivos inherentes al aprovechamiento de este tipo de activo. Los planes de ordenación del territorio deben emanar de todos los niveles de los poderes públicos y actualizarse con regularidad con una amplia participación pública que minimice el riesgo de litigios sobre tierras, así como garantizar la toma en consideración de las prioridades y los intereses de las comunidades locales. Asimismo, deberán tener en cuenta la pluralidad de funciones económicas, sociales, culturales, medioambientales y políticas que desempeña la tierra.

Si se instaura de manera adecuada, un registro de la propiedad podría favorecer la seguridad en la tenencia del suelo al dar fe pública de los derechos individuales y colectivos existentes, facilitando con ello la transmisión de este tipo de derechos y otorgando a los inversores la posibilidad de solicitar reparaciones legales en caso de verlos vulnerados. Los títulos de propiedad del suelo permiten a sus beneficiarios utilizarlo como garantía para acceder al crédito. Los registros de la propiedad y los sistemas de información catastral deben llevarse y publicitarse adecuadamente. Contar con unos registros de la propiedad exhaustivos y actualizados puede acortar los plazos para la adquisición de derechos sobre el suelo, reducir la corrupción y facilitar la recaudación fiscal. De no llevarse adecuadamente, en cambio, los registros de la propiedad podrían elevar la probabilidad de que se susciten litigios sobre tierras.

La adquisición de derechos sobre el suelo suele ser un proceso complejo y lento para los grandes inversores, por lo que la aplicación de medidas orientadas a facilitar la adquisición de suelo podría favorecer de hecho la inversión. Por otra parte, los derechos legítimos de tenencia en vigor deberían poder acogerse a salvaguardias adecuadas que aseguren, por ejemplo, que las negociaciones o las transacciones sobre terrenos no lleven aparejados desplazamientos de población, la pérdida de medios de vida o una mayor limitación del acceso al suelo por parte de la población local. La legislación puede prever evaluaciones de impacto medioambiental y social *ex ante* y *ex post* para aquellas adquisiciones de terrenos que superen determinada superficie y garantizar con ello que su asignación se atenga a unos procedimientos transparentes e inclusivos.

Los derechos de tenencia de suelo constituyen una causa habitual de conflicto; por ejemplo, entre inversores y comunidades locales debido a disputas sobre terrenos sobre las que esas comunidades gocen de derechos informales de uso y por la falta de transparencia, en especial acerca de las condiciones y procedimientos a los que se somete su adquisición. Deben establecerse instituciones competentes, eficientes, transparentes e independientes que resuelvan este tipo de diferencias. La negociación, la mediación y el arbitraje pueden ser cauce de una justicia equitativa y accesible.

Protección de los derechos de propiedad intelectual

Los derechos de propiedad intelectual incentivan a invertir en investigación y desarrollo, lo que fomenta la creación de productos y procesos innovadores. También infunden a sus titulares la confianza necesaria para compartir nuevas tecnologías a través de, por ejemplo, sociedades mixtas o contratos de licencia. De este modo, las innovaciones de éxito se difunden dentro de las economías y entre ellas, con el consiguiente incremento de la productividad y el crecimiento.

La propiedad intelectual puede revestir un valor significativo, por lo que es crucial disponer de unos sistemas de registro idóneos. Más importante es que la protección que se conceda a la propiedad intelectual logre establecer un equilibrio entre la necesidad de fomentar la innovación y la competitividad en los mercados, y el interés de la sociedad en disponer de productos nuevos a precios asequibles.

El régimen de derechos de propiedad intelectual incumbe no solamente a las empresas multinacionales y de gran dimensión, sino también a las PYME. Las PYME son uno de los motores que impulsan la innovación, aunque no siempre exploten plenamente su potencial de inversión en actividades innovadoras. Estas empresas tienden a infrautilizar el sistema de propiedad intelectual. Las medidas que amplían el acceso a este sistema podrían, por tanto, contribuir a atraer una mayor inversión en investigación y desarrollo, y a transmitir a la sociedad los positivos efectos colaterales asociados a este tipo de inversión.

La inversión directa extranjera puede ser un importante vehículo de transferencia de tecnología entre países, al tiempo que la solidez del régimen de propiedad intelectual incidirá en el deseo de invertir de los titulares de tecnología extranjeros. La evidencia empírica sugiere que en las jurisdicciones con derechos sólidos, las empresas extranjeras se muestran no sólo más dispuestas a invertir, sino también a compartir sus tecnologías con socios locales y a emprender actividades de investigación y desarrollo a escala local.

Ejecución de contratos y resolución de controversias

La capacidad de celebrar y ejecutar contratos y de resolver controversias es fundamental para el correcto funcionamiento de los mercados. La existencia de unos procedimientos de ejecución eficaces hace más previsibles las relaciones comerciales, pues garantiza a los inversores la puntual tutela de sus derechos contractuales por parte de los tribunales locales. Las empresas podrían restringir sus actividades si los procedimientos de ejecución contractual son demasiado burocráticos y engorrosos o las controversias contractuales no pueden dirimirse de forma rápida y económica. En tales casos, los agentes económicos podrían apoyarse más en conocidos y familiares, las entidades de crédito reducirán la financiación que conceden al cuestionarse su capacidad para cobrar las deudas u obtener el control de los bienes constituidos en garantía en operaciones de préstamo y las operaciones podrían tender a realizarse exclusivamente en efectivo. Todo ello limitaría la financiación disponible para el crecimiento de las empresas y ralentizaría el comercio, la inversión, el crecimiento económico y el desarrollo.

El sistema judicial desempeña un papel fundamental en la ejecución de contratos y la resolución de controversias, tanto entre partes privadas como entre inversores y poderes públicos, proveyendo un bien público clave como es el de la interpretación de las disposiciones legales. La eficiencia, eficacia, integridad e independencia de los órganos jurisdiccionales revisten importancia para todos los inversores, en particular para las empresas extranjeras y PYME. El sistema judicial podría hacerse más atractivo para los inversores si la independencia de la magistratura, la eficiencia y previsibilidad de los procedimientos judiciales y la efectiva ejecución de las sentencias se vieran reforzadas. Numerosos Estados han creado salas especializadas en la resolución de litigios de naturaleza mercantil.

Existen mecanismos alternativos para la resolución de controversias como, por ejemplo, el arbitraje, la mediación y la conciliación, a los que se recurre cada vez más para dirimir controversias de naturaleza mercantil. Tales procedimientos pueden ser confidenciales, en cuyo caso no contribuirán, a diferencia de los procedimientos judiciales, al desarrollo del Derecho. Las leyes del país deben garantizar que, cuando las diferencias se sometan a arbitraje en el extranjero, los tribunales nacionales reconocerán y ejecutarán los laudos resultantes de conformidad con la normativa internacional aplicable.

Acuerdos internacionales en materia de inversión

El propósito general de los acuerdos internacionales de inversión es la promoción y protección de las inversiones que, procediendo de una de las partes contratantes, se llevan a cabo en el territorio de la otra parte contratante. Tales acuerdos prevén, con matices en cuanto a su alcance y contenido, normas relativas al tratamiento que se administrará a los inversores y a sus inversiones, entre otras las siguientes:

- trato nacional;
- garantías contra expropiaciones sin indemnización;
- garantías de trato justo y equitativo o requisitos mínimos de trato internacional;
- protección y seguridad plenas;
- mecanismos de resolución de controversias entre el Estado y los inversores que permitan a los inversores extranjeros sujetos al acuerdo iniciar procedimientos arbitrales contra los gobiernos de los países receptores cuando entiendan vulneradas las garantías establecidas en los tratados.

Los enfoques sobre celebración de tratados de inversión varían de un país a otro y con el tiempo, así como entre los tratados bilaterales de inversión más habituales y los acuerdos de libre comercio dotados de un capítulo específicamente dedicado a la inversión. El *Marco* no entra a considerar si los gobiernos deben o no suscribir acuerdos de inversión ni qué aspectos deben abordarse en ellos, sino que plantea preguntas que ayuden a las autoridades a tener presente algunas de las cuestiones más trascendentes de política que plantean esos acuerdos, así como las medidas con las que podrían acompañar su decisión al objeto de brindar determinadas salvaguardias a los inversores internacionales. Antes de decidirse a celebrar un acuerdo internacional de inversión, los gobiernos deberán ante todo cerciorarse de que poseen la capacidad necesaria para honrar sus compromisos y negociar unas condiciones que les aseguren la consecución de unos objetivos de desarrollo sostenible.

Los acuerdos en materia de inversión proporcionan a los inversores extranjeros sujetos a sus disposiciones un nivel extra de seguridad y cabe incluso que prevean el recurso al arbitraje internacional en materia de inversiones en caso de conflicto entre el Estado y los inversores. Éstos necesitan contar con ciertas garantías de que las controversias con los gobiernos se resolverán de forma justa y rápida, en especial en aquellos países que presentan unos sistemas judiciales de fiabilidad e independencia cuestionables. Estos acuerdos pueden ayudar también a que los países mejoren su legislación nacional en la materia. Todas estas consideraciones se han traducido en la negociación y celebración de más de 3.000 tratados bilaterales de inversión, en especial durante la década de 1990.

La proliferación de tratados bilaterales y regionales de inversión y la multiplicación de los laudos arbitrales han añadido complejidad al panorama normativo en materia de inversión internacional. Cada vez son menos los tratados bilaterales que se suscriben, concentrándose ahora cada vez más los esfuerzos en la elaboración de acuerdos regionales de comercio con capítulos dedicados a la inversión. Existe una tendencia, tanto en los países desarrollados como en los países en desarrollo, hacia la mejora y modernización de la estructura y del contenido de los tratados de inversión con medidas como la de dotar de una mayor claridad a sus principales estipulaciones, como las relativas a la definición de inversión, el trato justo y equitativo, y las que regulan las controversias entre el Estado y los inversores.

La exposición de los gobiernos al arbitraje internacional de inversiones concita una atención cada vez mayor. Aunque el número de casos sigue siendo discreto en comparación con los ingentes volúmenes de inversión internacional que están sujetos a sus disposiciones, el arbitraje puede entrañar un elevado coste para los Estados demandados, no solamente en concepto de honorarios de arbitraje, sino también por las indemnizaciones a las que podrían tener que hacer frente, de cientos e incluso miles de millones de dólares estadounidenses. En una mesa redonda sobre libertad de inversión organizada por la OCDE se abordaron y debatieron a fondo los diferentes mecanismos de resolución de controversias entre los Estados y los inversores, elaborándose a tal efecto una base de datos de estipulaciones contempladas en un amplio elenco de tratados de inversión.

Independientemente del enfoque que los poderes públicos adopten en relación con los acuerdos internacionales de inversión, la adopción de medidas complementarias podría contribuir a garantizar la coherencia de los tratados con las prioridades nacionales y a reducir el riesgo de conflictos que puedan derivar en procedimientos de arbitraje internacional. Todos los ministerios incumbidos deben participar en el proceso de negociación a fin de garantizar que todas las instancias del gobierno conozcan los compromisos asumidos y de detectar posibles incoherencias entre esos compromisos y la legislación nacional. Al igual que en cualquier otro ámbito de acción, los gobiernos deberían celebrar amplias consultas con todas las partes interesadas, incluidos los inversores extranjeros, y valorar la adopción de mecanismos que permitan evitar conflictos institucionales —por ejemplo, ofreciendo a los inversores los servicios de una oficina de mediación a fin de resolver cualquier problema antes de que pueda derivar en una controversia formal—.

No obstante las potenciales ventajas de tener suscritos acuerdos internacionales de inversión, los gobiernos deben abstenerse de utilizarlos de pretexto para no introducir mejoras de calado en sus entornos empresariales nacionales. Todo enfoque activo que aborde la celebración de tratados internacionales debe ir acompañado de medidas orientadas a mejorar la capacidad, eficiencia e independencia del sistema judicial nacional, la calidad del marco legal del país y la solidez de las instituciones nacionales responsables de aplicar y hacer cumplir dicha legislación.

Preguntas y principios clave

Marco legal general de inversión

1. ¿Tiene instaurado el Estado un marco legal y regulatorio claro y exhaustivo para el desarrollo de las actividades empresariales y de inversión?
2. ¿Qué medidas ha adoptado el Estado para garantizar que las leyes y reglamentos reguladores de la inversión y su aplicación y ejecución sean coherentes, claras, transparentes y fácilmente accesibles y no impongan cargas innecesarias?
3. ¿Cómo armoniza el gobierno la necesidad de contar con un marco de políticas flexible con sus esfuerzos tendentes a incrementar la estabilidad y previsibilidad normativas y el objetivo de potenciar al máximo la contribución de la inversión al desarrollo?
4. ¿Se consulta a las partes interesadas durante los procesos de elaboración de leyes, tratados y reglamentos y participan en dichos procesos todos los ministerios y demás organismos públicos incumbidos?

No discriminación y trato nacional

5. ¿Ha adoptado el gobierno la no discriminación como principio general inspirador de las leyes y reglamentos en materia de inversión de manera acorde con su estrategia general de desarrollo?
6. ¿Se revisa periódicamente el impacto económico de las restricciones que todavía existen, incluido su efecto sobre la atracción de inversiones, para evaluar su coste respecto de la finalidad pública pretendida?
7. ¿Se han planteado las autoridades otros medios no discriminatorios de garantizar la consecución de sus objetivos de política?
8. Las restricciones vigentes (p. ej., procedimiento de evaluación previa, límites a la titularidad del capital por inversores extranjeros, personal clave y repatriación de beneficios), ¿son fácilmente identificables por los inversores y se formulan de manera transparente?

Tenencia del suelo

9. ¿Es clara y fácilmente accesible para los usuarios de suelo su legislación reguladora? ¿Resulta eficiente y transparente la gestión de este activo? ¿Cómo se asignan, se

administran y se protegen los derechos sobre el suelo en los ámbitos nacional y subnacional?

10. ¿Qué medidas se han adoptado para mejorar la seguridad de los usuarios de suelo nacionales y extranjeros, grandes o pequeños, en la tenencia de este activo?

Derechos de propiedad intelectual

11. ¿Ha ratificado el gobierno convenios internacionales y adoptado leyes y reglamentos para la protección de los derechos de propiedad intelectual?
12. ¿Cómo se armonizan el objetivo de fomentar la innovación y la inversión en investigación y desarrollo con el interés público de tener acceso a bienes, servicios y conocimientos?
13. ¿Ofrece el régimen de propiedad intelectual la protección suficiente para alentar y garantizar la transferencia de tecnología de las empresas extranjeras a las nacionales?
14. ¿Qué estrategias, políticas y programas se han desarrollado para satisfacer las necesidades de las PYME en materia de propiedad intelectual?

Ejecución de contratos, mecanismos nacionales de resolución de controversias y arbitraje mercantil

15. ¿Es el sistema de resolución de controversias eficaz y ampliamente accesible a todos los inversores, incluidos los extranjeros, y las PYME?
16. ¿Con qué sistemas alternativos de resolución de controversias se cuenta para dirimir diferencias de naturaleza mercantil y en materia de inversión?
17. ¿Ha ratificado y adoptado el Estado convenios internacionales de arbitraje mercantil? ¿Aplican los tribunales nacionales de conformidad con la normativa internacional los laudos arbitrales mercantiles que se dictan en el extranjero?

Régimen de expropiación

18. ¿Qué límites expresos y bien definidos a la facultad de expropiar ha introducido el gobierno en las disposiciones legales y en la práctica?
19. ¿Qué salvaguardias constitucionales o legales garantizan que las expropiaciones únicamente se efectuarán de manera no discriminatoria, por causa de utilidad pública, con el debido proceso legal y mediando una indemnización justa?
20. ¿Qué mecanismos de recurso en vía judicial y administrativa existen para revisar o impugnar las decisiones de expropiación y la cuantía de la indemnización?
21. ¿Qué diferencias hay entre la protección que el Derecho nacional otorga frente a la expropiación y la que confieren los tratados de inversión?

Política sobre tratados en materia de inversión

22. ¿Cuál es la política del gobierno sobre acuerdos internacionales de inversión? ¿Cuál es la política oficial en materia de resolución de controversias entre el Estado y los inversores?
23. ¿Ha ratificado y adoptado el gobierno el Convenio sobre Arreglo de Diferencias Relativas a Inversiones entre Estados y Nacionales de Otros Estados del Centro Internacional de Arreglo de Diferencias Relativas a Inversiones (CIADI)?

24. ¿Cómo concilia el Estado su derecho soberano de regular con la importancia de otorgar seguridad jurídica a los inversores?
25. ¿Trata el gobierno de evaluar los efectos que su enfoque en materia de acuerdos internacionales de inversión tiene en la entrada de inversiones extranjeras y el desarrollo económico general?

Preguntas complementarias

Marco jurídico general de inversión

Marco legal	• ¿Qué leyes y reglamentos se han adoptado para proteger y regular las actividades empresariales y de inversión? • ¿Existe una ley de inversiones específica? En caso afirmativo, ¿regula conjuntamente tanto las inversiones nacionales como las extranjeras? ¿Incluye disposiciones en materia de protección? ¿Qué disposiciones reguladoras de la inversión prevé?
Transparencia y previsibilidad	• ¿Existen mecanismos de consulta bien establecidos que permitan a los inversores y otras partes interesadas participar en el diseño y el seguimiento de las leyes y reglamentos en materia de inversión? • ¿Cómo se hacen públicas las modificaciones de las disposiciones legales y los proyectos de ley? • ¿Cómo se informa a los inversores —incluidos los extranjeros— sobre los trámites necesarios para constituir una sociedad? • ¿Qué medidas se han adoptado para garantizar y controlar la coherencia de las diferentes disposiciones legales y reglamentarias que conforman el marco regulador de la inversión? • ¿Qué instituciones participan en el diseño y aplicación de la política de inversión? ¿Qué funciones tienen atribuidas?

No discriminación y trato nacional

Trato equivalente	• ¿Prevé la legislación nacional el principio general de no discriminación del inversor extranjero? De ser así, ¿con qué alcance y modalidades de aplicación? Por ejemplo, ¿cumplen las autoridades del ámbito subnacional el requisito de trato nacional? • ¿De qué discrecionalidad gozan los funcionarios públicos para aplicar restricciones a la inversión extranjera? ¿Existen salvaguardias que eviten un ejercicio arbitrario de esa discrecionalidad? • ¿De qué modo armoniza el gobierno la impartición del trato nacional con la defensa de los intereses nacionales, en particular el fomento del desarrollo de las empresas locales?
Naturaleza de las excepciones al trato nacional	• ¿Se aplica alguna de las siguientes restricciones a la inversión extranjera? • procedimiento de evaluación previa de la inversión directa extranjera entrante (con carácter general o por sectores); • requisitos de concesión de licencias más estrictos para los inversores extranjeros que para los inversores nacionales; • umbrales máximos de capital extranjero en diferentes sectores; • límites al acceso por empresas extranjeras a financiación e incentivos locales (p. ej., exenciones fiscales); • restricciones de acceso al suelo para inversores extranjeros; • restricciones legales de establecimiento (p. ej., filiales o sucursales); • límites de acceso a determinados mercados (p. ej., contratación pública, privatizaciones); • requisitos de carácter operativo (p. ej., normas en materia de contenido local); • otras prácticas discriminatorias (p. ej., restricciones a la nacionalidad de los miembros del Consejo de Administración y limitaciones aplicables al personal clave).
Evaluación previa de la inversión extranjera	• Si el gobierno somete a evaluación previa la inversión extranjera (estas preguntas no se aplican a la evaluación exclusivamente basada en motivos de seguridad nacional): • ¿Cuáles son los criterios de autorización? ¿Son claros y pueden estimarse los plazos y los costes aparejados? • Si el interés nacional es uno de los criterios de selección, ¿de qué modo se define?

- Si se aplica el test del beneficio económico neto, ¿la carga de la prueba recae en el inversor o en el gobierno?
- ¿Con qué grado de discrecionalidad cuentan las autoridades? ¿Se aplican medidas dirigidas a impedir y a detectar cualquier soborno que tenga por objetivo influir en el ejercicio de esa discrecionalidad?
- ¿Ha de comunicarse la decisión dentro de un determinado plazo?
- ¿Es competente el organismo responsable para evaluar el cumplimiento de los criterios?
- ¿Se publican los motivos por los que se rechaza un proyecto?
- ¿Puede el inversor recurrir la decisión ante un órgano administrativo o jurisdiccional independiente?
- ¿Se somete a seguimiento el cumplimiento de los compromisos contraídos por los inversores una vez autorizado el proyecto? De ser así, ¿qué procedimiento sancionador sería el aplicable a un eventual incumplimiento de dichos compromisos?
- ¿Se someten a revisión periódica la eficacia y la pertinencia de las políticas en materia de evaluación previa?
- ¿De qué forma reducen al mínimo los poderes públicos las cargas administrativas que los inversores sujetos a esta evaluación previa han de soportar?
- ¿Cuántos proyectos se rechazan o modifican cada año por término medio?
- ¿Se mantiene en suspenso la inversión hasta la conclusión del procedimiento de evaluación?

Transparencia y revisión periódica de las restricciones discriminatorias de la inversión extranjera

- ¿Existe una lista negativa públicamente disponible de sectores y actividades a los que se aplican restricciones a la inversión extranjera? En caso afirmativo, ¿se revisa de manera periódica y existen mecanismos para flexibilizar progresivamente en el tiempo tales restricciones?
- ¿Es dicha lista completa y suficientemente exhaustiva por sectores? ¿Recoge las leyes y los reglamentos en que se basa?
- ¿Qué objetivos de política se abordan cuando se discrimina en función de la titularidad del capital de los proyectos?
- ¿Se plantea el gobierno si podrían lograrse los mismos objetivos de manera más eficaz por otras vías como, por ejemplo, apoyando el desarrollo de PYME? (Véase la sección Promoción y facilitación de las inversiones.)
- ¿Compara el país el alcance de las restricciones discriminatorias observadas en sus leyes y prácticas con las de economías similares?
- ¿En qué posición se encuentra el país con respecto a otros de su misma región o de parecido nivel de desarrollo económico en lo que respecta a medidas discriminatorias?
- ¿Actualiza periódicamente la lista de restricciones en función de una estimación de sus costes y beneficios o de una evaluación de su impacto regulatorio más afinada?
- ¿Recaba el gobierno los puntos de vista de los inversores, nacionales y extranjeros, y de otras partes interesadas afectadas acerca de la pertinencia de esas restricciones?

Libre transferencia de capitales

- ¿Se aplican restricciones a la transferencia de beneficios y capitales relacionados con la inversión? En caso afirmativo, ¿en qué consisten?
- ¿A qué tipos de transferencias resultan aplicables (p. ej., percepción de beneficios, dividendos, intereses y regalías, capital inicial, plusvalías, producto de liquidaciones, indemnizaciones por expropiación, cuantías dirimidas en el marco de procedimientos de resolución de controversias o remuneraciones de personal contratado en el exterior)?
- ¿Se aplican tanto a inversores nacionales como a inversores extranjeros?
- ¿Se aplica esta normativa tanto a las inversiones preexistentes como a las nuevas?
- ¿Existe un procedimiento formal para la notificación de transferencias de capital?
- ¿Se aplica esta normativa tanto a las inversiones entrantes como a las salientes?
- ¿Dándose qué tipo de condiciones podrían imponerse nuevas restricciones (p. ej., en situaciones de crisis de balanza de pagos)?
- ¿Ha revisado el gobierno estas restricciones y la forma en que repercuten en la afluencia de inversión internacional?
- ¿Se han quejado los inversores de su elevado coste (p. ej., unos gastos por operaciones de cambio excesivos) o de retrasos injustificados (p. ej., por la existencia de numerosos y complejos procedimientos de verificación)?
- ¿Cuál es el alcance de las decisiones discrecionales en materia de transferencias de capitales relacionados con la inversión (p. ej., elección de los tipos de cambio aplicables)?

Propiedad y registro del suelo

Seguridad en la tenencia del suelo	• ¿Existen normas que determinan claramente la medida, el alcance y la naturaleza de las operaciones autorizadas sobre derechos de tenencia de suelo? ¿Cómo se autorizan las transmisiones que superan un determinado umbral? ¿Está sujetos este tipo de derechos a alguna limitación temporal? • ¿Se aplican restricciones o condiciones de uso en función de las diferentes categorías de suelo consideradas (p. ej., cultivo de tierras en zonas agrícolas)? ¿Qué medidas se adoptan cuando los titulares de estos derechos incumplen esas condiciones? • ¿Están las personas físicas o jurídicas extranjeras sujetas a restricciones específicas en lo relativo a la adquisición de derechos de tenencia de suelo? ¿Han de someterse a procedimientos administrativos específicos? • ¿Qué medidas se han adoptado para proteger los derechos legítimos de tenencia de suelo, como derechos públicos o privados, comunales, colectivos, de comunidades indígenas o consuetudinarios?
Registro de la propiedad	• ¿A qué dificultades se enfrenta la administración territorial a la hora de registrar las superficies no inmatriculadas? ¿Qué procedimientos deben observarse en los ámbitos nacional y subnacional para registrar tierras? • ¿A qué organismos compete la formulación de los planes de ordenación territorial y el registro de la propiedad? ¿Tienen atribuidos estos organismos unas competencias claras y bien definidas que aseguren la fluidez en la planificación del territorio y el registro de la propiedad? • ¿Qué proporción de tierras se encuentra cartografiada o formalmente registrada (por categorías)? ¿Cuánto se tarda en registrar una superficie y cuánto cuesta? • ¿Hasta qué punto es fiable y preciso el registro de la propiedad? ¿Es fácilmente accesible? • ¿Cuánto se tarda en recalificar un terreno y cuánto cuesta? • ¿Qué medidas se han adoptado para garantizar que todos los usuarios de suelo, grupos vulnerables incluidos, puedan registrarlo?
Mercado del suelo	• ¿Qué medidas se han adoptado para respaldar el desarrollo de un mercado del suelo que funcione correctamente y que garantice al tiempo un acceso justo y equitativo al suelo? • ¿Se han desplegado últimamente esfuerzos encaminados a fomentar la transparencia en la gestión del suelo? • ¿Existen restricciones a la venta, la transmisión, el arrendamiento o el legado de derechos de tenencia de suelo, su gravamen con hipoteca o su constitución de otro modo en garantía? ¿Cuánto se tarda en vender, transmitir, legar o hipotecar derechos sobre el suelo y cuánto cuesta? • ¿Existen planes nacionales de ordenación territorial? ¿Qué partes interesadas participan en su negociación? • ¿Pueden acceder fácilmente los usuarios de suelo a los planes de ordenación territorial?
Suelo litigioso	• ¿A qué organismos compete dirimir las controversias relacionadas con el suelo? ¿Tienen atribuidas esos organismos unas competencias claras y bien definidas que garanticen una pronta resolución de este tipo de controversias? • ¿Enfrentan dichos organismos retos a la hora de administrar un sistema equitativo, asequible y eficiente para la resolución de esas controversias? ¿Cuánto se tarda en dirimirlas y cuánto cuesta? • ¿Cuáles son las causas más comunes de conflictos relacionados con el suelo?
Comportamiento responsable de las empresas	• ¿Qué medidas se han adoptado para asegurar la transparencia y la comunicación de información acerca de las inversiones en suelo, incluidas las condiciones de los contratos de arrendamiento o concesión? • ¿Qué mecanismos hay en vigor que permitan llevar a cabo consultas provechosas, eficaces y de buena fe con los titulares de derechos sobre el suelo, en especial las comunidades indígenas y locales? • ¿Qué medidas se aplican para reducir al mínimo el desplazamiento físico o económico de los titulares de derechos legítimos de tenencia de suelo? ¿En qué circunstancias pueden los poderes públicos expropiar a estos titulares de derechos? • ¿Qué medidas se aplican para garantizar que los titulares de derechos de tenencia de suelo reciben sin demora una indemnización adecuada y justa en caso de expropiación? ¿Cómo se calcula el importe de esa indemnización y el valor del suelo? • ¿Qué medidas hay en vigor que reduzcan al mínimo el impacto medioambiental y fomenten un aprovechamiento económico sostenible del suelo?

Derechos de propiedad intelectual

Marco legal	• ¿Qué leyes y reglamentos para la protección de los derechos de titularidad de activos intelectuales hay en vigor? • ¿Qué grado de protección y cobertura ofrece esa normativa? ¿Contemplan esas leyes y reglamentos disposiciones que protejan la propiedad intelectual más allá de los mínimos exigidos por el Acuerdo sobre los Aspectos de los Derechos de Propiedad Intelectual Relacionados con el Comercio (ADPIC) de la OMC? • ¿De qué modo garantiza el país la debida observancia de los acuerdos ADPIC? • ¿Es el país parte en tratados y convenios internacionales en materia de propiedad intelectual, como los relativos a patentes y derechos de autor? De no ser así, ¿qué le impide serlo?
Registro eficiente	• ¿En qué medida es eficiente el proceso de registro en términos de costes y plazos de inscripción? ¿Es fiable y seguro? • ¿Qué procedimientos se siguen para gestionar la propiedad intelectual registrada en otras jurisdicciones? • ¿Con qué medios cuenta la oficina de la propiedad intelectual para resolver dificultades administrativas y de procedimiento relacionadas con el proceso de solicitud (p. ej., disponibilidad de servicios regionales, servicios de información en la propia oficina de PI, folletos informativos, sitios en Internet y procedimientos de registro en línea)? • ¿En qué medida recurren las empresas al sistema y qué porcentaje de las solicitudes que presentan se aprueba? ¿Pueden hacer uso de él únicamente las grandes empresas? En el marco de sus actividades de innovación ¿solicitan las universidades y los institutos públicos de investigación protección para su propiedad intelectual? • ¿Qué costes lleva aparejado solicitar y obtener el reconocimiento de derechos de propiedad intelectual (p. ej., tasas de solicitud, publicación y mantenimiento, o costes de traducción cuando la protección se solicita en otros mercados), así como su conservación y observancia? • ¿Cuánto se tarda en registrar derechos de propiedad intelectual? • ¿Qué estrategias se han desplegado que den respuesta a las necesidades específicas de las PYME? ¿Se aplican tasas reducidas para favorecer el registro y la observancia de derechos de propiedad intelectual por este tipo de empresas?
Sensibilización	• La oficina de propiedad intelectual: • ¿Organiza seminarios y campañas de información en materia de propiedad intelectual y proporciona fortalecimiento de capacidades en lo relativo a cómo solicitar protección para la propiedad intelectual? • ¿Elabora guías prácticas sobre propiedad intelectual y otros materiales dirigidos a grupos de clientes específicos? • ¿Recaba y difunde estudios de casos que ilustren buenas prácticas relacionadas con la presentación de solicitudes de protección de propiedad intelectual y su observancia? • ¿Qué programas hay en vigor para mejorar el acceso a conocimientos ya existentes, especialmente entre las PYME?
Mecanismos de ejecución y resolución de controversias	• ¿De qué mecanismos se dispone para hacer valer el sistema de propiedad intelectual de un país y para la resolución de controversias? ¿Limitan esos mecanismos el coste para las empresas de hacer valer sus derechos de propiedad intelectual y controlar su uso y hacen del sistema de propiedad intelectual un sistema más accesible? • ¿Qué sanciones civiles y penales se aplican por infringir las leyes en materia de propiedad intelectual? • ¿Aparece el país en listas de control basadas en percepciones externas de la medida en que se hacen observar de un modo efectivo los derechos de propiedad intelectual en el país (p. ej., los Informes Especiales 301 del Representante de los Estados Unidos de América para las Cuestiones Comerciales Internacionales)? • ¿Es eficiente el sistema judicial para abordar los conflictos de propiedad intelectual? ¿Existen tribunales especializados para conocer de casos relacionados con la propiedad intelectual y se cuenta con jueces expertos en la materia? • ¿Hay instaurados procedimientos para transar extrajudicialmente controversias en materia de propiedad intelectual? • ¿En qué medida puede acudirse a la mediación para transar casos relacionados con la propiedad intelectual? • ¿Ha creado el gobierno instituciones específicas para transar controversias en materia de propiedad intelectual? De ser así, ¿cuál es su eficiencia y cuántos casos abordan cada año?

	¿Recurren habitualmente a ellas las PYME y otras entidades de pequeña dimensión?
	• ¿Se dispone de un mercado de seguros de la propiedad intelectual que ayude a reducir las costas procesales? De no ser así, ¿está previsto su desarrollo?
	• ¿Están bien definidas las competencias de los diferentes organismos incumbidos?
Marco de políticas de innovación armonizado	• ¿Cómo se concilia la estrategia general de innovación del país con sus leyes y reglamentos en materia de propiedad intelectual? ¿Se encargan las instituciones de propiedad intelectual únicamente de hacer observar los derechos de propiedad intelectual objeto de protección o también tienen una función que desempeñar en la promoción de las políticas de innovación?
	• ¿Fomenta el gobierno una colaboración estrecha entre universidades y empresas de cara a la comercialización de invenciones y de nuevas tecnologías (p. ej., con leyes que permitan a las universidades compartir las regalías correspondientes a innovaciones de producción conjunta)? (Véanse también las secciones Promoción y facilitación de las inversiones y Desarrollo de recursos humanos para la inversión.)
	• ¿Existen disposiciones específicas que definan las circunstancias en las que el Estado podrá usar patentes al margen de la normativa ordinaria de la protección por patente por razones de interés público general?
	• ¿Cómo valora el gobierno la eficacia de su marco de innovación para desarrollar capacidades nacionales en I+D y en nuevas tecnologías?
	• ¿En qué medida facilita el marco en vigor la transferencia de tecnología entre empresas? (Véase también la sección Promoción y facilitación de las inversiones.)

Ejecución de contratos y resolución de controversias en materia de inversión

Ejecución eficaz de contratos	• ¿Define claramente el Derecho nacional cuál es la jurisdicción competente para conocer de controversias contractuales (p. ej., contratos entre entidades extranjeras, el Estado y empresas públicas) y concreta ante qué órganos jurisdiccionales (p. ej., tribunales locales, especializados, para reclamaciones de menor cuantía o administrativos)?
	• ¿Son transparentes los límites aplicables a las facultades jurisdiccionales y ejecutivas (p. ej. la prohibición de embargar bienes públicos para dar cumplimiento a sentencias judiciales)?
	• ¿Definen las leyes nacionales las condiciones que deben cumplir las sentencias y los laudos arbitrales que se dictan en el extranjero para gozar de validez y fuerza ejecutiva? Facilítense referencias a disposiciones legales concretas.
Requisitos institucionales que respaldan las ejecuciones contractuales	• ¿Existen órganos jurisdiccionales especializados en Derecho mercantil? De no ser así, ¿han recibido los jueces formación específica que les permita conocer de pleitos mercantiles complejos?
	• ¿Existen encuestas imparciales sobre la integridad y la independencia del poder judicial?
	• ¿Cuál es el grado de eficiencia del sistema judicial (p. ej., carga de trabajo de los jueces, número de causas pendientes, nivel dotacional y capacidad de los jueces)?
	• ¿Cómo gestiona el sistema judicial los casos (p. ej., uso de tecnologías de la información para el registro y seguimiento de los casos, para aplicar normas procesales y jurisdiccionales, y para registrar y difundir casos prácticos razonados)?
	• ¿Ejecutan los tribunales acuerdos tanto contractuales como transaccionales?
Costes de las ejecuciones contractuales	• ¿Cuál es el coste estimado de las ejecuciones contractuales (p. ej., en concepto de tasas y costas procesales)?
	• ¿Existen tribunales para reclamaciones de menor cuantía? En caso afirmativo, ¿son accesibles para las PYME? ¿Se encuentran disponibles a escala local?
	• ¿Cuál es el plazo medio necesario para instar el cumplimiento de un contrato por la vía judicial?
	• Qué costas deben asumir las partes en la fase previa al juicio y durante el mismo en virtud de las disposiciones legales (p. ej., normas probatorias y períodos de reflexión) o la reglamentación interna de los tribunales (p. ej., plazos de prescripción de las acciones judiciales y para la aportación de pruebas) y qué otros costes soportan las partes de acuerdo con la normativa procesal para incoar un procedimiento, durante el juicio o con posterioridad a él, así como para ejecutar la sentencia?
	• ¿Dependen las normas procesales de la naturaleza de la controversia y del tribunal que esté examinando el caso (p. ej., tribunales para reclamaciones de menor cuantía)?
Mecanismos alternativos de resolución de controversias	• ¿Reconocen las leyes nacionales mecanismos alternativos de resolución de controversias (p. ej., comisiones de conciliación y tribunales de arbitraje extranjeros) y se respetan y ejecutan sus resoluciones?
	• ¿Se alienta el recurso a mecanismos alternativos de resolución de controversias (como el

	arbitraje, la mediación y la conciliación) para dirimir controversias en materia de inversión? • ¿Se reconoce a los inversores el derecho a elegir un mecanismo alternativo de resolución de controversias (p. ej., arbitraje mercantil o de inversiones internacional)? • ¿Cuáles son los costes y la eficacia relativa de las alternativas disponibles y los métodos de participación del sector oficial en la ejecución de acuerdos transaccionales? • ¿De qué forma evita o limita la normativa procesal aplicable en controversias mercantiles las prácticas de «búsqueda del foro más favorable» y las actuaciones dilatorias?
Arbitraje mercantil	• ¿Afectan las prácticas o restricciones previstas en los acuerdos de sometimiento de controversias a arbitraje al uso y eficacia de este método de resolución de diferencias (p. ej., procedimientos obligatorios para sustanciar el arbitraje o reglamentos que limiten quién puede ejercer como árbitro)? • ¿Pueden los tribunales nacionales interferir en procedimientos arbitrales en curso (p. ej., al aceptar conocer de una controversia que las partes ya hayan acordado someter a arbitraje internacional)? • ¿En qué medida resulta clara la legislación nacional de apoyo en esta materia?

Régimen de expropiación

Definición de la facultad de expropiar	• Las leyes que permiten confiscar bienes, ¿acotan expresamente las condiciones en que el Estado puede expropiar la propiedad privada por razones de interés público? • ¿Existe alguna normativa legal para determinar cuándo tiene lugar un acto de expropiación? • ¿Las leyes que permiten la expropiación discriminan por razón, por ejemplo, de nacionalidad? • ¿Prevén dichas leyes el derecho a percibir una indemnización adecuada? • ¿Estipulan dichas leyes algún procedimiento de recurso? • ¿Existen procedimientos para el cálculo de indemnizaciones (p. ej., especificando los factores y métodos que pueden utilizarse, como el precio de compraventa, el valor de reventa, la depreciación, el fondo de comercio, etc.)? • Si bien no es posible enumerar la totalidad de circunstancias en que el Estado puede expropiar la propiedad privada por razones de interés público, ¿han realizado esfuerzos las autoridades por definir el concepto de «interés público» y su alcance? • ¿Debe responder la expropiación de suelo o de otros bienes por parte del Estado a alguna causa de utilidad pública? • ¿Contempla el Estado mecanismos alternativos a la expropiación como, por ejemplo, el reconocimiento a su favor de un derecho de tanteo en operaciones de compraventa de suelo?
Indemnización en caso de expropiación	• ¿Cómo se calcula el importe de la indemnización? • ¿Qué factores se tienen en cuenta a tal efecto (p. ej., valor de activos inmateriales, depreciación, quebranto patrimonial ocasionado)? • ¿Qué disposiciones legales se aplican y qué prácticas se observan (p. ej., recurso a las valoraciones de tasadores independientes, pago de intereses)? • En los casos en que no puede disponerse fácilmente de un precio de mercado, ¿cómo evita el Estado la arbitrariedad en los procedimientos? • ¿Cuál es el plazo medio para percibir la indemnización tras una expropiación? • ¿Realiza el gobierno una evaluación comparativa con otras economías de su entorno en cuanto a la rapidez con que se indemniza a los inversores? • ¿Cómo se pagan las indemnizaciones? ¿Con absoluta garantía de liquidez (p. ej., pago en efectivo) y libre transmisibilidad (p. ej., convertible en otra moneda o pagadero en una divisa fuerte)? • En los casos en que se ofrece el pago de una indemnización no pecuniaria (p. ej., el realojo de personas desplazadas), ¿consulta el Estado a las partes directamente afectadas? ¿Se realoja a dichas personas cerca del lugar en que se encontraban? ¿Ofrece el nuevo emplazamiento una calidad y unas utilidades similares? • ¿Se presenta el historial de casos de expropiación a comisiones o tribunales arbitrales y se someten a estudio las consultas con las partes interesadas para conocer y recibir comentarios sobre el proceso? • ¿Existe un número desproporcionado de casos en un sector determinado o que afecten a

	empresas extranjeras?
	• ¿Cómo garantiza el gobierno el pago de una indemnización adecuada en los casos de adquisición de tierras y de realojo en el marco de proyectos de inversión a gran escala (p. ej., proyectos mineros, centrales hidroeléctricas, agricultura o plantaciones industriales)?
Actos normativos equivalentes a una expropiación	• ¿Reconoce el Derecho nacional los conceptos de expropiación indirecta o de acto normativo equivalente? ¿Están esas normas razonablemente claras? ¿Orienta el gobierno a los organismos públicos sobre el modo de distinguir aquellas prácticas que podrían resultar constitutivas de una expropiación indirecta? • ¿Recaba, sintetiza y comunica el Estado sus motivos a partir de casos pertinentes? • En aquellos casos que se determinaron constitutivos de expropiación indirecta, ¿se indemnizó al propietario? Y de ser así, ¿en qué medida?
Instancias independientes para la revisión o impugnación de las decisiones de expropiación	• ¿Qué procedimientos administrativos y judiciales existen para la revisión de las decisiones de expropiación? • ¿Está algún organismo jurisdiccional nacional o supranacional facultado para revisar esas decisiones de expropiación y para hacer cumplir sus resoluciones? • ¿Qué restricciones han de observar, en su caso, las personas con derecho a impugnar un acto de expropiación? • ¿De qué diferentes maneras puede presentarse recurso contra una decisión de expropiación o impugnarse dicha decisión? • ¿Con qué capacidad técnica cuenta el órgano jurisdiccional que conoce de los casos de impugnación de expropiaciones? • El organismo ante el que se recurre, ¿es independiente del que ordena la expropiación? ¿Es competente para revisar y, en caso necesario, revocar la decisión de ese organismo en lo tocante tanto al acto de expropiación mismo como a la indemnización concedida a los propietarios? • ¿Son claros y transparentes los motivos por los que puede impugnarse una decisión de expropiación (p. ej., por constar en normas procesales documentadas)?

Política sobre tratados de inversión

Política sobre tratados de inversión	• ¿Se han suscrito tratados bilaterales de inversión o acuerdos de libre comercio dotados de un capítulo específicamente dedicado a la inversión? ¿Se encuentran en vigor? ¿Con qué países o regiones? ¿Incluyen a los países de los principales inversores? • ¿Prevén los acuerdos internacionales de inversión la liberalización de los flujos de inversión o únicamente la protección de los inversores ya establecidos? ¿Son aplicables a los compromisos de liberalización los mecanismos de resolución de controversias entre el Estado y los inversores? ¿Ha evolucionado el enfoque de los poderes públicos sobre su política en materia de tratados? ¿Existen diferencias sustanciales entre los diferentes acuerdos internacionales de inversión? ¿Ha elaborado el gobierno un tratado bilateral de inversión modelo? De ser así, ¿cómo ha evolucionado con el tiempo? ¿Cómo se desarrollaron las negociaciones en que se empleó? • ¿Qué normas de trato prevé el gobierno en sus acuerdos internacionales de inversión? ¿Ha integrado el gobierno en sus tratados aspectos de desarrollo sostenible y otras consideraciones de bienestar público (como normas sobre el comportamiento responsable de las empresas, derechos laborales o políticas medioambientales y de salud pública)? • Algunas de las cuestiones abordadas por otras preguntas de la presente sección y recogidas en otras (p. ej., las medidas de inversión relacionadas con el comercio de la sección Política comercial) guardan relación con las estipulaciones recogidas en los acuerdos internacionales de inversión.
Expropiación y trato nacional	• Los acuerdos internacionales de inversión, ¿contienen estipulaciones en materia de expropiación? • ¿Incluyen disposiciones sobre expropiación indirecta? ¿Se define claramente el alcance de la protección en caso de expropiación indirecta (p. ej., clarificando el significado de dicho concepto)? • ¿Forma parte el trato nacional de los acuerdos internacionales de inversión suscritos por el país y, en caso afirmativo, en qué momento resulta de aplicación (es decir, antes o después de que se establezca el inversor)? ¿Otorgan dichos acuerdos a inversores e inversiones el trato de la nación más favorecida? De ser así, ¿en qué momento (es decir, antes o después del establecimiento del inversor)? • ¿Se hace depender el trato nacional de un compromiso recíproco o se aplaza a un momento posterior?

	• ¿Estipulan los acuerdos internacionales de inversión excepciones generales al principio de trato nacional (p. ej., por motivos de salud pública o de seguridad nacional)? • ¿Prevén esos acuerdos excepciones para asuntos específicos (p. ej., propiedad intelectual o convenios tributarios)? • ¿Estipulan esos acuerdos excepciones para sectores específicos (p. ej., servicios financieros o transporte)? • ¿Se basan estas excepciones en criterios expresos, bien definidos y pormenorizados? • En virtud de los acuerdos internacionales suscritos por el país, ¿se aplica el trato nacional únicamente a los ámbitos y sectores identificados en una «lista positiva» (p. ej., los acuerdos en el marco del Acuerdo General sobre el Comercio de Servicios (AGCS) de la OMC?
Otras cláusulas de protección de los inversores	• ¿Definen los acuerdos internacionales de inversión el tipo de inversiones que regulan? ¿Excluyen expresamente determinadas modalidades de inversión? • ¿De qué modo abordan los acuerdos internacionales de inversión la liberalización de las inversiones? • ¿Incluyen dichos acuerdos cláusulas de trato de la nación más favorecida? ¿Queda claro su ámbito de aplicación? (p. ej., al respecto de si se limitan a medidas nacionales o se extienden a otros tratados de inversión; o, si fueran aplicables a otros tratados, de si se limitan a disposiciones sustantivas o se extienden a disposiciones en materia de procedimiento) • ¿Ha tenido en cuenta el gobierno el posible impacto de las cláusulas de trato de la nación más favorecida sobre los esfuerzos dedicados a la reforma de las prácticas de los tratados? • ¿Incluyen los tratados cláusulas de trato justo y equitativo o requisitos mínimos de trato internacional? ¿Qué grado de discrecionalidad se reserva a los árbitros a la hora de aplicar esas cláusulas? ¿Conocen las autoridades competentes su alcance potencial (p. ej., su posible aplicación, en algunas versiones, a los «compromisos» no contractuales contraídos por funcionarios públicos)? • ¿Permiten los acuerdos internacionales de inversión formular a los accionistas reclamaciones por perjuicios indirectos? (Este tipo de perjuicio para los accionistas tiene su causa en un daño infligido a «su» empresa en forma, habitualmente, de un descenso de la valoración de sus acciones; este concepto suele contraponerse al de perjuicio directo a los derechos de los accionistas, como la injerencia en el ejercicio de sus derechos de voto) ¿En qué condiciones? • ¿Contienen los acuerdos internacionales de inversión cláusulas «paraguas»? ¿Está claramente definido su ámbito de aplicación? ¿Lo conocen y lo comprenden los poderes públicos incumbidos? ¿Existen diferencias sustanciales entre los diferentes acuerdos internacionales de inversión suscritos por el país en cuanto al grado de protección que ofrecen a los inversores extranjeros?
Cláusula de resolución de controversias entre el Estado y los inversores	• ¿Prevén los acuerdos internacionales de inversión cláusulas de resolución de controversias entre el Estado y los inversores? ¿Hasta qué punto contemplan esos acuerdos este tipo de cláusulas? ¿Qué grado de regulación presentan comparativamente frente a las prácticas de los tratados en otros países, en particular a la vista de lo analizado en el transcurso de la mesa redonda sobre libertad de inversión? • ¿Ha sido el gobierno objeto de reclamaciones en virtud de acuerdos internacionales de inversión? ¿Sobre qué estipulaciones de los tratados en concreto? ¿Cuál fue el resultado? ¿Qué opinión le merecen al gobierno estos procesos y cuál fue su manera de reaccionar ante esas reclamaciones?
Instrumentos de arbitraje internacional	• ¿Ha ratificado el gobierno el Convenio sobre Arreglo de Diferencias relativas a Inversiones entre Estados y Nacionales de Otros Estados de 1966 («Convenio del CIADI» o «Convenio de Washington») y la Convención de las Naciones Unidas sobre el Reconocimiento y la Ejecución de las Sentencias Arbitrales Extranjeras de 1958 («Convención de Nueva York»)? • Si el país no fuera parte del CIADI, ¿se hace uso de su Mecanismo Complementario? • ¿Han adoptado los poderes públicos disposiciones legales y procesales nacionales a fin de que sus tribunales reconozcan y ejecuten los laudos arbitrales extranjeros sin retrasos indebidos? • ¿Participa el gobierno en foros intergubernamentales que fomenten el arbitraje y otras modalidades de resolución de controversias que afecten a Estados (p. ej., el Tribunal Permanente de Arbitraje)?
Transparencia	• ¿De qué modo abordan los acuerdos internacionales de inversión la cuestión de la transparencia de las cláusulas de resolución de controversias entre el Estado y los inversores?

	• En la práctica, ¿hay transparencia sobre los casos (p. ej., respecto de las alegaciones de las partes y las sentencias y laudos arbitrales)? • ¿Se ha comprometido el gobierno a aplicar a los tratados de inversión ya en vigor el reglamento de la Comisión de las Naciones Unidas para el Derecho Mercantil Internacional (CNUDMI) sobre transparencia en los arbitrajes de inversión? • En los casos en que la transparencia dependa del acuerdo de las partes en conflicto, ¿se llega con frecuencia a acuerdos para publicar los laudos? • ¿Se difunde ampliamente la información relativa a los casos de los que el país es parte (p. ej., a través de los correspondientes sitios web públicos)?
Fortalecimiento de capacidades	• ¿Quién está facultado y es competente para iniciar negociaciones? • ¿Existe una unidad específicamente encargada de evaluar la experiencia con acuerdos preexistentes? ¿Fundamentan sus informes la posición del gobierno en relación con los nuevos acuerdos? • ¿Cómo refuerza el gobierno la capacidad de la función pública de negociar tratados? • ¿Atesoran los poderes públicos los conocimientos especializados y la capacidad necesarios para responder con eficacia a las reclamaciones que los inversores formulen al amparo de los tratados? • ¿Ha tratado el gobierno de identificar y formar a personas adecuadas para ejercer como árbitros especializados en la ley de inversiones? ¿Ha propuesto a árbitros idóneos para integrar paneles permanentes (p. ej., en el seno del CIADI)?
Cumplimiento efectivo de los acuerdos internacionales de inversión	• ¿Cómo garantiza el gobierno la coherencia entre los compromisos contraídos en el marco de acuerdos internacionales de inversión y la legislación nacional? • ¿Qué medidas se han tomado para comunicar a los organismos gubernamentales la incidencia de los acuerdos internacionales de inversión en sus respectivos ámbitos competenciales (p. ej., directrices de aplicación)?

Recursos adicionales

Sitios web

OCDE, Inversión, *www.oecd.org/investment.*

OCDE

Gaukrodger, D. (2013), «Investment Treaties as Corporate Law: Shareholder Claims and Issues of Consistency», documento de trabajo de la OCDE sobre inversión internacional, núm. 2013/03, Publicaciones de la OCDE, París. DOI: *http://dx.doi.org/10.1787/5k3w9t44mt0v-en.*

Gaukrodger, D. y K. Gordon (2012), «Investor-State Dispute Settlement: A Scoping Paper for the Investment Policy Community», documento de trabajo de la OCDE sobre inversión internacional, núm. 2012/03, Publicaciones de la OCDE, París. DOI: *http://dx.doi.org/10.1787/5k46b1r85j6f-en.*

DOI: http://dx.doi.org/10.1787/5k46b1r85j6f-en.

Gordon, K. y J. Pohl (2011), «Environmental Concerns in International Investment Agreements: A Survey», documento de trabajo de la OCDE sobre inversión internacional, núm. 2011/01, Publicaciones de la OCDE, París. DOI: *http://dx.doi.org/10.1787/5kg9mq7scrjh-en.*

Gordon, K., J. Pohl y M. Bouchard (2014), «Investment Treaty Law, Sustainable Development and Responsible Business Conduct: A Fact Finding Survey», documento de trabajo de la OCDE sobre inversión internacional, núm. 2014/01, Publicaciones de la OCDE, París. DOI*: http://dx.doi.org/10.1787/5jz0xvgx1zlt-en*.

OCDE (2014), Policy Framework for Investment in Agriculture, Publicaciones de la OCDE, París. DOI: *http://dx.doi.org/10.1787/9789264212725-en.*

OCDE (2015), Índice de la OCDE de restricción reglamentaria de la inversión directa extranjera, *www.oecd.org/investment/fdiindex.htm.*

Pohl, J., K. Mashigo y A. Nohen (2012), «Dispute Settlement Provisions in International Investment Agreements: A Large Sample Survey», documento de trabajo de la OCDE sobre inversión internacional, núm. 2012/02, Publicaciones de la OCDE, París. DOI: *http://dx.doi.org/10.1787/5k8xb71nf628-en.*

UNCTAD

UNCTAD (2012), *Investment Policy Framework for* Sustainable *Development*, Conferencia de las Naciones Unidas sobre Comercio y Desarrollo, Ginebra.

APEC

APEC (2011), *Principios No Vinculantes sobre Inversión* de *la APEC*, Cooperación Económica Asia-Pacífico, Investment Experts' Group.

Otros

CSA (2014), *Principios para la inversión responsable en la agricultura y los sistemas alimentarios*, Comité de Seguridad Alimentaria Mundial (CSA).

FAO (2012), *Directrices voluntarias sobre la gobernanza responsable de la tenencia de la tierra, la pesca y los bosques*, Organización de las Naciones Unidas para la Alimentación y la Agricultura.

ICC (2012), *ICC Guidelines for International Investment*, International Chamber of Commerce, París.

2. Promoción y facilitación de las inversiones

Aunque las medidas de promoción y de facilitación de la inversión pueden ser instrumentos muy eficaces para atraer nuevos inversores y potenciar al máximo su contribución al desarrollo, su éxito dependerá de la calidad de las políticas de inversión y del clima inversor en su conjunto. Que la promoción logre su objetivo exige llevar a cabo un cálculo minucioso, a partir de evaluaciones de costes y beneficios, de cómo emplear los recursos de la manera más eficaz, ya que las estrategias de promoción y facilitación de inversiones mal diseñadas pueden salir caras y resultar ineficaces. Por otra parte, la promoción y la facilitación de inversiones dependen en gran medida de la calidad de las políticas de inversión.

Esta sección tiene por objeto presentar los principios clave sobre los que se articula toda promoción y facilitación de inversiones eficaz, como la necesaria coordinación y evaluación de las actividades de promoción, así como ofrecer alternativas para reforzar el impacto que la inversión tiene en el desarrollo a través del impulso que imprime a las empresas locales. Examina, pues, vías para alcanzar el doble objetivo de atraer inversión responsable y fomentar el desarrollo local.

Promover y facilitar la inversión son dos actividades muy diferentes. Una consiste en presentar un país o una región como destino inversor, mientras que la otra persigue favorecer el establecimiento de los inversores o la ampliación de sus inversiones existentes. Una promoción eficaz de la inversión amplifica los puntos fuertes del entorno inversor de un país, realza las oportunidades de inversión rentable y ayuda a identificar socios locales. En lo que respecta a la facilitación, la eficacia de los servicios centralizados de ventanilla única puede ser un criterio determinante de las decisiones de inversión, en especial si propicia una reducción de los costes de transacción para el inversor, ya que unas cargas administrativas complejas constituyen una importante barrera. Una facilitación efectiva de la inversión puede también atenuar el riesgo de corrupción al reducir el número de actuaciones aparejadas al proceso de toma de decisiones. Un elemento fundamental de cualquier mandato de facilitación de la inversión es colmar las carencias informativas derivadas de políticas incoherentes o imprecisas. Las actividades de facilitación de la inversión pueden, por tanto, proporcionar a los inversores la tan ansiada claridad en su interacción con las administraciones y las políticas públicas.

Las administraciones públicas pueden adoptar diferentes estructuras de promoción y facilitación de las inversiones. En caso de crearse un organismo de promoción de inversiones, el mismo podría quedar integrado en un ministerio o constituirse como agencia independiente. Debe tener conferido un mandato claro y su personal debe atesorar experiencia en el sector privado. Su estructura debe ser sencilla y eficiente y su consejo deben integrarlo representantes de los sectores tanto público como privado. Con todo, muchas de las funciones de este tipo de organismos pueden subsumirse en estructuras preexistentes, haciendo así innecesaria la creación de nuevas y costosas agencias. Los organismos de promoción de inversiones se centran en atraer primeras inversiones, si bien sus esfuerzos por promover las reinversiones y las expansiones empresariales pueden ser considerables, en concreto en relación con actividades de mayor valor añadido. Los organismos de promoción de inversiones no buscan promover fusiones y adquisiciones, si bien suelen prestar servicios de información para facilitar este tipo de operaciones cuando están justificadas.

No existen soluciones universales, por lo que diferentes enfoques pueden resultar idóneos para diferentes países y empresas objetivo (p. ej., empresas grandes o pequeñas, adscritas a la economía formal o informal, de diferentes sectores, gestionadas por mujeres o grupos minoritarios, etc.). Algunos países han optado por subcontratar las tareas de prospección de inversiones, con resultados dispares. Aquellos que disponen de presupuestos limitados deberían centrarse en facilitar la inversión aliviando la carga que recae sobre los inversores. Aunque son muchos los organismos de promoción de inversiones que utilizan los incentivos fiscales como herramienta de promoción, el presente *Marco* aborda su figura en la sección *Política fiscal* dado su impacto sobre los esfuerzos que realizan los gobiernos por movilizar recursos nacionales.

Por lo que respecta a los instrumentos de promoción, la experiencia demuestra que las misiones selectivas de promoción en el exterior centradas en mercados y sectores de crecimiento minuciosamente identificados son más eficaces que las costosas campañas internacionales de marketing. Dichas misiones deben gestionarse y coordinarse cuidadosamente con los organismos de promoción de inversiones de ámbito subnacional para evitar duplicidades. Los países deberían asimismo valerse de sus representaciones en el exterior, como sus legaciones diplomáticas. Establecer un sistema para gestionar las consultas de los inversores podría contribuir a velar por que se preste una atención adecuada a los inversores ya existentes o potenciales. Algunos organismos de promoción de inversiones han llegado a establecer cuentas clave para inversiones específicas al objeto de poder afrontar de manera más eficaz cuellos de botella normativos y operativos. Un sitio de Internet bien diseñado y periódicamente actualizado es ya una herramienta imprescindible para estos organismos, pues brinda una plataforma en la que presentar la economía y las oportunidades de inversión que ofrece.

Los servicios de atención al inversor tras su establecimiento son esenciales, en especial para su retención, de manera similar a como las funciones de posventa del sector privado buscan fidelizar a los clientes. Al mismo tiempo, dichos servicios añaden valor al producto o al servicio más allá del punto de venta, pues influyen directamente sobre la decisión de invertir o reinvertir. Numerosos países han tenido dificultades para retener a los inversores tras un auge de la inversión. Atraer nuevos inversores resulta más complejo y costoso que fomentar la reinversión y la expansión, que representan una parte significativa del conjunto de la actividad inversora. Una buena atención posterior al establecimiento y la promoción de políticas adecuadas, como la transmisión de las observaciones de los inversores con miras a la adopción de unas medidas de política más eficaces, pueden ser factores determinantes de una decisión de reinversión y contribuir a abordar los retos asociados al clima inversor. Los organismos más eficaces de promoción de inversiones destinan abundantes recursos a impulsar políticas efectivas y a resolver las quejas de los inversores.

Los países que logran atraer inversiones se atienen a un enfoque común a todos los niveles de gobierno en materia de promoción y facilitación de inversiones. La efectiva coordinación de las diferentes autoridades con mandatos de promoción de inversiones, incluidos las de ámbito local, y los organismos de ejecución (ya se ocupen de la promoción de inversiones, el fomento de las exportaciones o del comercio, las zonas económicas especiales, el registro de empresas o las adjudicaciones de suelo) es una tarea francamente ardua. Muchas economías han adoptado reformas orientadas a descentralizar la promoción y la facilitación de las inversiones. Delegar algunas funciones de los organismos de promoción de inversiones en entidades de ámbito subnacional podría contribuir a agilizar la gestión de las solicitudes de inversión. Estas experiencias han deparado resultados dispares, detectándose importantes problemas de coordinación entre los diferentes organismos, concretamente cuando se abordan las capacidades —por lo general más limitadas— de las administraciones provinciales y se intenta asegurar la coherencia entre los planes nacionales y subnacionales de desarrollo.

La promoción de inversiones puede alentar la participación de los países en la economía global. La atracción de inversión directa extranjera orientada a la exportación ha permitido a algunos países avanzar rápidamente hacia la industrialización de unas economías que empiezan a crecer propulsadas por el rápido incremento de sus exportaciones. La lectura de estos resultados de exportación habla por sí misma, pero también el fallo manifiesto en numerosos casos a la hora de traducir dicho éxito exportador basado en la inversión directa extranjera en efectos más amplios y duraderos para las economías receptoras. Las exportaciones no solamente se han limitado a un número reducido de productos (habitualmente, intermedios) y sectores, sino que también esos sectores exportadores prácticamente se han convertido, en diferente medida, en enclaves extranjeros en los países receptores, caracterizados a menudo por un escaso valor añadido y una exigua transferencia de tecnología. Esto subraya la importancia que tiene integrar las actividades de promoción de la inversión en estrategias más amplias de desarrollo económico que prevean invertir en personal y competencias, mejorar la conectividad de las empresas y los mercados y crear un entorno empresarial abierto a fin de ayudar a los países a aprovechar las cadenas de valor mundiales, promoviendo al mismo tiempo una inversión responsable (véase la sección *Políticas dirigidas a posibilitar un comportamiento responsable de las empresas*). A este respecto, existen también oportunidades de promoción y facilitación de las inversiones a escala regional y subregional, pues las empresas multinacionales suelen organizar sus cadenas de suministro entre diferentes economías.

Conservar a los inversores mediante el establecimiento de vínculos estrechos con la economía local es una estrategia eficaz de retención que puede complementar la atención que se les presta tras su establecimiento. Priorizar al inversor y prestarle unos servicios de atención una vez establecido pueden atraer nuevos inversores y contribuir a mantener su nivel de satisfacción, si bien el objetivo —más amplio, sofisticado y complejo— de reforzar el ecosistema de inversiones será el que verdaderamente determine la competitividad de un país o de una región. Esto incluye presentar a los inversores proveedores locales competitivos, facilitar el establecimiento de vínculos con empresas locales, desarrollar las infraestructuras físicas e inmateriales necesarias y velar por la estabilidad de los parámetros macroeconómicos fundamentales y de las políticas.

Los vínculos empresariales entre las compañías multinacionales y las empresas nacionales, en particular los proveedores más pequeños, contribuyen significativamente al desarrollo local. Dichos vínculos pueden favorecer la transferencia de tecnología y de conocimientos y habilidades técnicas y de gestión, dependiendo del marco de políticas existente y de la permeabilidad de los proveedores nacionales. A este respecto, la existencia de un entorno proclive al crecimiento y la competitividad de las PYME revestirán una importancia fundamental. Ello puede requerir la adopción de medidas de promoción y respaldo para PYME: desde simplificar la regulación empresarial hasta favorecer un determinado tipo de formación profesional, pasando por prestar servicios de desarrollo para empresas (véase la sección *Desarrollo de recursos humanos para la inversión*) y proporcionar a las PYME conocimientos técnicos sobre la adopción de medidas eficaces para un comportamiento empresarial responsable. Todas estas medidas deben acompañar a otras —cruciales— orientadas a promover la financiación de las PYME.

Las empresas multinacionales no necesariamente establecen vínculos de manera automática con los proveedores nacionales. Muchas de ellas están sujetas a acuerdos de contratación internacional con proveedores internacionales, lo que priva de eficacia a las políticas públicas para el fomento de la creación de vínculos con entidades locales. Por tanto, la atención debe centrarse en aquellos inversores que, en su afán de prosperar, habitualmente trabajan con proveedores locales y los respaldan.

El establecimiento de relaciones robustas a largo plazo entre empresas multinacionales y PYME suele entrañar cierta transferencia de tecnología y de conocimientos exclusivos. A menos que se les otorguen salvaguardias contra la piratería intelectual y la difusión ilícita de sus conocimientos técnicos, las multinacionales serán reacias a compartir su tecnología, por lo que la protección de la propiedad intelectual deberá ser central en las políticas encaminadas a fomentar el establecimiento de vínculos empresariales (véase la sección *Política de inversión*). Al mismo tiempo, los inversores a la búsqueda de nuevos mercados suelen propender más a establecer vínculos —incluso de cara al futuro y con los positivos efectos colaterales que ello conlleva— que los inversores que únicamente buscan recursos o los orientados a la exportación. La inversión directa extranjera centrada en las fases anteriores del proceso productivo se ha relacionado en ocasiones con una mayor productividad del sector manufacturero nacional y con el aumento del aprovisionamiento local, lo cual favorece la competitividad exterior del país.

Numerosos gobiernos optan por establecer zonas económicas especiales para atraer inversores, crear empleo e incrementar sus ingresos de exportación. Algunas características comunes son su acotamiento a un área geográfica determinada y la simplificación de procedimientos —aduanas, regulaciones especiales, vacaciones fiscales—, habitualmente bajo la dirección de una única autoridad administrativa. Puede que una estrategia basada en zonas consiga atraer inversores a corto plazo, pues ofrecerá unas infraestructuras y servicios idóneos y acceso libre de impuestos a bienes de equipo y otros insumos. Sin embargo, estas zonas suelen estancarse en lo que respecta al sostenimiento de la innovación y la competitividad, así como decaer en el avance tecnológico y la creación de industrias. Su contribución general al desarrollo nacional es a menudo cuestionada, sobre todo cuando las normas laborales o ambientales en dichas zonas son por la ley, o en la práctica, menos exigentes que en la economía en general. La actividad económica en las zonas de libre comercio, que prevén medidas para reducir los costes de exportación e importación, tenderá también a presentar vínculos débiles con el resto de la economía de no integrarse decididamente en un programa de desarrollo más amplio que contemple, entre otros aspectos, una conectividad adecuada con el resto de agentes económicos y barreras reducidas a la inversión. Los países con estrategias basadas en estas zonas deben procurar asegurarse de que el marco legal y regulatorio en pro de un comportamiento empresarial responsable y las medidas para combatir la corrupción se apliquen a las empresas adscritas a dichas zonas con el mismo grado de diligencia que en el resto del país.

Varias economías han ejecutado un tipo de estrategia más elaborada y exhaustiva consistente en el desarrollo de agrupaciones o clústeres empresariales. La existencia de clústeres empresariales a escala local constituye un importante factor de localización para muchas empresas multinacionales. El dinamismo de este tipo de agrupaciones estriba en la fluida interacción de diferentes factores clave de política pública e iniciativa empresarial que se da en su seno. Los clústeres empresariales suelen presentar las siguientes características, decisivas para que en ellos se generen tecnologías, innovación y creación de empresas:

- una participación decisiva del gobierno —federal o estatal— en el fomento de la estabilidad y las infraestructuras básicas;
- un entorno institucional que estimula la adquisición y la transferencia de tecnología, en particular mediante la protección de los derechos de propiedad intelectual, unas políticas de ciencia y tecnología bien diseñadas y la participación en ellos de institutos de investigación y desarrollo;
- la conectividad global de estas agrupaciones a través de las cadenas de valor y los mercados;
- la presencia de organizaciones de intermediación competentes que fomentan la conectividad horizontal y la coordinación entre los diferentes agentes y partes interesadas.

Una mano de obra cualificada que satisfaga las necesidades de los inversores es fundamental para el ecosistema de inversión. Crear un marco integrado para la mejora de las competencias es complicado, pues normalmente tendría que abordar simultáneamente las particularidades de un sector exportador altamente cualificado, una economía interna medianamente capacitada y un sector informal de la economía informal de escasa cualificación. El sector privado desempeña en muchas economías un importante papel en el desarrollo de capacidades, ya que son las empresas quienes mejor conocen qué capacidades necesitan. En la sección *Desarrollo de recursos humanos para la inversión* se analiza más a fondo las diferentes opciones de política relacionadas con el desarrollo de competencias.

Preguntas y principios clave

1. ¿De qué modo contribuye la estrategia del gobierno de promoción y facilitación de las inversiones a la consecución de las metas de desarrollo generales del país y de sus objetivos de crecimiento?
2. ¿Cómo se diseñan, aplican, coordinan y evalúan las medidas de promoción y facilitación de las inversiones?
3. ¿Cuáles son las principales medidas e instrumentos con que se cuenta para promover una inversión responsable y sostenible?
4. ¿De qué manera intenta el gobierno simplificar los procedimientos administrativos para facilitar la actividad empresarial y reducir el coste de invertir?
5. ¿En qué medida promueve y mantiene el gobierno mecanismos de diálogo con los inversores y de fomento de políticas que sirvan para fundamentar su proceso de formulación?
6. ¿De qué modo promueve el gobierno el establecimiento de vínculos empresariales, concretamente entre filiales extranjeras y empresas locales, en especial PYME nacionales?

7. ¿Cómo contribuye la estrategia del gobierno de promoción de la inversión a la integración en las cadenas de valor mundiales y regionales?
8. ¿Ha hecho uso el gobierno de redes internacionales y regionales para promover la inversión?

Preguntas complementarias

Papel de la inversión en la estrategia de desarrollo	• ¿Incorporan los planes y los objetivos nacionales de desarrollo la inversión y los beneficios que ésta reporta a la economía? ¿Qué función específica se espera que desempeñe la inversión directa extranjera? • ¿Cuenta el gobierno con una estrategia coherente para atraer inversión extranjera de manera acorde con las prioridades nacionales de desarrollo económico? • ¿Cómo se aborda y cuantifica el impacto que la inversión privada tiene sobre los objetivos económicos y de desarrollo generales del país? • ¿Existe alguna estrategia tendente al desarrollo de un entorno empresarial sólido y de base amplia? ¿Qué función desempeñan las medidas de promoción y facilitación de las inversiones dentro de esta estrategia? • ¿Qué metodología se utiliza para medir los flujos de entrada de inversiones en el país? • ¿De qué modo se asegura el gobierno de disponer de datos fidedignos sobre las decisiones de establecimiento de nuevas inversiones o de ampliación de las ya existentes en los que basar el proceso de formulación de políticas?
Aplicación de medidas de promoción y facilitación de las inversiones	• ¿Qué organismos tienen conferido el mandato de promover y facilitar la inversión? ¿Cuál es el marco institucional que rige la promoción y facilitación de las inversiones, velando así por una adecuada coordinación de las actividades? • ¿En qué medida la estructura, la misión y la forma jurídica de esos organismos han estado basadas y han tomado como referencia las buenas prácticas internacionales? • ¿De qué manera se estructuran los organismos de promoción de inversiones y quién los supervisa? • ¿Cómo se coordinan las diferentes medidas de promoción y facilitación de las inversiones entre los diferentes organismos y niveles de la administración (enfoques nacionales y subnacionales, enfoques sectoriales)? • ¿Qué medidas hay instauradas para garantizar que los distintos organismos están suficientemente capacitados para desempeñar con eficacia las funciones propias de la promoción y facilitación de las inversiones? • ¿Cómo se coordinan las actividades de promoción de la inversión con las que fomentan los intercambios comerciales? • ¿Cómo se financian los organismos de promoción de inversiones? ¿A través de los servicios que prestan? • ¿Cómo evalúa el gobierno la eficiencia y la eficacia de estos organismos o programas? • ¿Se comparan los resultados del gobierno en términos de atracción de inversiones con los de otras economías?
Promoción de la inversión	• ¿Cuáles son los principales objetivos y funciones más importantes de los organismos de promoción de inversiones? • ¿Qué instrumentos se han elaborado y utilizado para promover la inversión? ¿En qué medida se inspiró su formulación en las buenas prácticas internacionales y en normas internacionalmente reconocidas? • ¿Cómo se garantiza la coherencia entre las medidas de promoción de la inversión y otras políticas (p. ej. políticas comercial, de innovación y desarrollo de competencias, de desarrollo de infraestructuras y empleo, de seguridad, medio ambiente o de lucha contra la corrupción)? • ¿Se ha evaluado la eficacia relativa de las diferentes estrategias e instrumentos? • ¿Prioriza la estrategia de promoción de la inversión a sectores, mercados e inversores concretos? De ser así, ¿en función de qué criterios? ¿Se valora a tal efecto el historial de los inversores potenciales en cuanto a comportamiento empresarialmente responsable, concretamente en lo referente a cuestiones medioambientales y sociales? • ¿Cómo asegura el gobierno la flexibilidad de su estrategia dirigida para responder y adaptarse a las demandas y oportunidades de los nuevos mercados? • ¿Ha valorado el gobierno el impacto de esa estrategia en otros sectores, incluidos aquellos

subsectores que puedan servir de apoyo a los sectores objetivo?

- ¿Despliega el gobierno misiones de promoción de la inversión en el exterior?
- ¿Se estimulan las inversiones en el exterior? En caso afirmativo, ¿cómo se coordina su promoción?
- ¿Qué mecanismos ha establecido el gobierno para evaluar los costes y las ventajas de los incentivos a la inversión, su duración conveniente y su transparencia? (Véase la sección Política fiscal para un tratamiento más detallado de los incentivos a la inversión.)

Facilitación de la inversión

- ¿De qué forma se han racionalizado los procedimientos administrativos para minorar el coste de invertir, simplificar los procedimientos de registro de empresas y luchar contra la corrupción en procesos relacionados?
- ¿Cómo se garantiza la efectividad de la comunicación con el sector privado para resolver cuestiones relacionadas, por ejemplo, con la constitución de una empresa y la obtención de licencias?
- Con el fin de retener las inversiones responsables y alentar la reinversión, ¿ofrecen el gobierno o sus organismos especializados servicios adecuados tras el establecimiento inspirados en las buenas prácticas internacionales?
- ¿Dispone el gobierno de mecanismos de ventanilla única orientados a la inversión? De ser así, ¿cómo se valora su eficiencia? ¿Utiliza el gobierno tecnologías e instrumentos en línea para facilitar la aplicación de los reglamentos y procedimientos que afectan a las empresas?
- ¿Cómo se comparan las medidas de facilitación de la inversión con las de países competidores?
- ¿Se concentran los esfuerzos de promoción en unos pocos sectores o ámbitos prioritarios? De ser así, ¿qué criterios se tienen en cuenta?

Diálogo entre los sectores público y privado

- ¿Cuáles son las principales plataformas de consulta entre el sector público y el sector privado? ¿Con qué mecanismos y canales formales se cuenta para el diálogo entre los poderes públicos y los inversores?
- ¿Participan los organismos de promoción de inversiones en la formulación de políticas y se les consulta sobre aquellas cuestiones que afectan a la inversión?
- ¿Ofrece el gobierno servicios de defensa de los derechos del sector privado?
- ¿Cómo se aprovechan las observaciones formuladas por los inversores para fundamentar la elaboración, redacción y aplicación de las políticas?

Promoción de vínculos empresariales

- ¿Cómo fomenta el gobierno los vínculos entre empresas, en especial entre filiales extranjeras y empresas locales?
- ¿Se organizan reuniones y mesas redondas para forjar contactos entre los inversores y las empresas locales (en particular, PYME) que puedan convertirse en proveedores? ¿Se facilitan a los inversores extranjeros bases de datos de potenciales proveedores? ¿Qué otras actividades y medidas concretas adopta el gobierno para promover el establecimiento de vínculos?
- ¿Qué función desempeñan las zonas económicas especiales en la promoción de inversiones y el establecimiento de vínculos?
- ¿Es el marco que rige las zonas económicas especiales coherente con los objetivos generales de desarrollo económico y no da pie a la creación de enclaves económicos? El marco legal y regulatorio para evitar y sancionar la comisión de delitos societarios, como el de evasión fiscal, o la infracción de normas laborales, medioambientales, de seguridad y de lucha contra la corrupción, ¿se aplica a las empresas radicadas en zonas económicas especiales con el mismo grado de diligencia que en el resto del país?
- ¿Promueve el gobierno las agrupaciones o clústeres empresariales?
- ¿De qué modo se fraguan las relaciones entre el gobierno, el sector privado y las instituciones de apoyo a PYME —como institutos de formación técnica y profesional— para propiciar el establecimiento de vínculos?
- ¿Qué estrategia general para la promoción de PYME se aplica? ¿Cuáles son las principales iniciativas y programas públicos orientados a su promoción? ¿Con qué principales mecanismos y planes de financiación de PYME se cuenta? (Véase la sección Financiación de la inversión.)
- ¿Ha impulsado el gobierno servicios de desarrollo empresarial para ayudar a los inversores nacionales a abordar retos específicos (p. ej., formación, acceso a información de mercado y a financiación, información sobre oportunidades de negocio)?
- ¿Qué iniciativas para el establecimiento de vínculos auspiciadas por el sector privado existen (p. ej., impartición por empresas de formación entre sus proveedores o apoyo a la financiación de las actividades de éstos)?

Integración en las cadenas de valor mundiales	• ¿Guarda la estrategia de promoción de la inversión sintonía con los objetivos de integración en las cadenas de valor regionales y mundiales? ¿Se centran las actividades de generación de nuevas inversiones en el tipo de inversor y de actividad adecuados? • ¿Cómo se identifican los obstáculos con los que las empresas locales tropiezan para mejorar su integración en las cadenas de valor regionales y mundiales? • ¿Contribuyen los inversores extranjeros y las grandes empresas nacionales al desarrollo de las firmas locales (en particular, PYME), reforzando así la base de suministro y potenciando la creación de valor a escala local? • ¿Cómo se encauza la demanda de capacidades del sector privado, también la de los inversores extranjeros, hacia los sistemas de educación superior y de formación profesional y técnica a fin de evitar una carencia de cualificaciones o una inadecuación de las mismas? ¿Qué medidas se aplican en apoyo de la formación in situ? (Véase la sección Desarrollo de recursos humanos para la inversión.) • ¿Cómo respalda el gobierno la transferencia de tecnología y de conocimientos entre empresas? (Véase la sección Política de inversión.) • ¿Qué medidas se aplican para promover la internacionalización de las PYME? (Véase la sección Política comercial.)
Redes regionales e internacionales para la promoción de inversiones	• ¿Recurre el gobierno a su propia red internacional —como sus legaciones diplomáticas— para promover la inversión? ¿Existen funcionarios expertos en comercio e inversión destacados en las embajadas clave? ¿Cómo se asegura su coordinación con los funcionarios en la capital? • ¿En qué medida se promueve la inversión a escala regional con miembros pertenecientes a la misma agrupación económica regional? • ¿Se aplica la estrategia nacional de promoción de la inversión en colaboración con entidades subnacionales (p. ej., con organismos de promoción de inversiones locales, provinciales o regionales) a fin de evitar la fatiga del inversor y el elevado coste asociado a la duplicación de esfuerzos? • ¿Ha recurrido el gobierno a iniciativas regionales e internacionales destinadas a fortalecer los conocimientos especializados en materia de promoción de inversiones? ¿Se ha unido el organismo de promoción de inversiones a redes regionales e internacionales?

Recursos adicionales

Sitios web

OCDE, Inversión, *www.oecd.org/investment/.*

Global Enterprise Registration, *http://ger.co/.*

PublicPrivateDialogue.org, *www.publicprivatedialogue.org.*

SME Toolkit, *www.smetoolkit.org.*

Bolsa de subcontratación y alianzas industriales, *www.unido.org/spx.*

Asociación Mundial de Organismos de Promoción de las Inversiones, sitio web oficial, *www.waipa.org* Grupo del Banco Mundial, Herramientas para la generación de inversiones, *www.wbginvestmentclimate.org/toolkits/investment-generation-toolkit.*

Herramientas, directrices y manuales

Sistema de reglamentación electrónica, *www.theiguides.org/media/website/The_EREGULATIONS_SYSTEM_brochure.pdf.*

Millennium Cities Initiative y Vale Columbia Center (2009), Handbook for Promoting Foreign Direct Investment in Medium-Size, Low Budget Cities in Emerging Markets, Millennium Cities Initiative, Nueva York.

OCDE (2011), *Attractiveness for Innovation: Location Factors for International Investment,* Publicaciones de la OCDE, París. DOI: *http://dx.doi.org/10.1787/9789264104815-en.*

OCDE (2007), *Competitive Regional Clusters: National Policy Approaches,* OECD Reviews of Regional Innovation, Publicaciones de la OCDE, París. DOI: *http://dx.doi.org/10.1787/9789264031838-en.*

OCDE, OMC, Banco Mundial (2014), *Global Value Chains: Challenges, Opportunities and Implications for Policy.*

UNCTAD (2010), *Creating Business Linkages: A Policy Perspective,* Conferencia de las Naciones Unidas sobre Comercio y Desarrollo, Ginebra.

UNCTAD (2008), *Evaluating Investment Promotion Agencies,* Conferencia de las Naciones Unidas sobre Comercio y Desarrollo, Ginebra.

UNCTAD (2007), *Aftercare: A Core Function in Investment Promotion,* Conferencia de las Naciones Unidas sobre Comercio y Desarrollo, Ginebra

UNCTAD (2007), *Investment Promotion Agency as Policy Advocates,* Conferencia de las Naciones Unidas sobre Comercio y Desarrollo, Ginebra.

ONUDI (2011), *Africa Investor Report 2011,* Organización de las Naciones Unidas para el Desarrollo Industrial, Viena.

ONUDI (2003), *Guidelines for Investment Promotion Agencies: Foreign Direct Investment Flows to Developing Countries,* Organización de las Naciones Unidas para el Desarrollo Industrial, Viena.

Banco Mundial (2012), *Estudio sobre las Mejores Prácticas Mundiales para la Promoción de Inversiones 2012,* Grupo del Banco Mundial, Washington D.C.

Banco Mundial (2009), *Estudio comparativo mundial de la promoción de inversiones 2009: Panorama general,* Grupo del Banco Mundial, Washington D.C.

Banco Mundial (2008), *Special Economic Zones: Performance, Lessons Learned, and Implications for Zone Development (2008),* Grupo del Banco Mundial, Washington D.C.

Banco Mundial (2004), *The Effectiveness of Promotion Agencies at Attracting Foreign Direct Investment*, Documento ocasional, Servicio de asesoría sobre inversión extranjera (FIAS), Grupo del Banco Mundial, Washington D.C.

Banco Mundial (2003), *Does a country need a promotion agency to attract foreign direct investment? A small analytical model applied to 58 countries*, Documento de trabajo sobre investigaciones relativas a políticas de desarrollo, Grupo del Banco Mundial, Washington D.C.

Banco Mundial (2000), *Marketing a Country: Promotion as a Tool for Attracting Foreign Investment*, Documento ocasional, Servicio de asesoría sobre inversión extranjera (FIAS), Grupo del Banco Mundial, Washington D.C.

Indicadores

Banco Mundial, Indicadores sobre la facilidad de hacer negocios, *www.doingbusiness.org.*

AT Kearney, Global Services Location Index, *www.atkearney.com/research-studies/global-services-location-index.*

3. Política comercial

Las políticas comerciales inciden en la dimensión de los mercados —de la que depende la producción de las empresas— y, por ende, pueden determinar tanto la inversión nacional como la inversión extranjera. La influencia de estas políticas en el clima de inversión ha aumentado con el tiempo. Los avances tecnológicos, la liberalización de las políticas de comercio e inversión de los países receptores y la creciente importancia adquirida por los intercambios comerciales en el seno de las cadenas mundiales de producción han contribuido a hacer de la política comercial un ingrediente esencial de cualquier estrategia encaminada a alentar la inversión, tanto nacional como extranjera, y a potenciar al máximo la aportación de esa inversión al desarrollo.

Las medidas de liberalización del comercio, ya se adopten de manera unilateral o en el marco de acuerdos multilaterales preferenciales de comercio e inversión vinculantes, pueden mejorar la eficiencia en la asignación, brindar acceso a mercados de mayores dimensiones y posibilitar un mayor aprovechamiento de las economías de escala, con la consiguiente reducción de los costos.

Continuar siendo competitivos en un mundo donde las cadenas de valor mundiales constituyen un rasgo preponderante del comercio internacional requiere también de unas políticas comerciales y de inversión abiertas, predecibles y transparentes. Más de la mitad de las importaciones industriales y el 70% de las importaciones de servicios a escala mundial corresponden a bienes y servicios intermedios. Cuando la producción se fragmenta de tal modo y los bienes y servicios cruzan las fronteras en reiteradas ocasiones, los aranceles, las barreras no arancelarias y demás medidas restrictivas afectan no solamente a los proveedores extranjeros, sino también a los productores nacionales (véanse las preguntas sobre vínculos empresariales recogidas en la sección *Promoción y facilitación de las inversiones*). Resulta especialmente importante contar con unas aduanas y procedimientos fronterizos ágiles y eficientes, así como con unos servicios de transporte, logística, finanzas y de comunicaciones, y otros servicios empresariales y profesionales que funcionen adecuadamente. Unos regímenes abiertos de comercio e inversión, y en especial unos procedimientos aduaneros simplificados y eficientes contribuyen a garantizar la competitividad en precio de los insumos y a reducir los costes comerciales.

Garantizar que las políticas y prácticas comerciales contribuyan plenamente a un clima inversor propicio exige también poner el mismo énfasis en la transparencia, en la estabilidad y previsibilidad normativas, en la consulta pública y la necesidad de una evaluación y revisión periódicas que en otros ámbitos de acción cuya descripción se recoge en la sección introductorio del presente *Marco*. Los poderes públicos deben además garantizar que las normas y reglamentos aduaneros y los procedimientos administrativos relacionados con el comercio no resulten más engorrosos de lo imprescindible para poder cumplir así sus objetivos de política declarados, reduciendo al tiempo los costes de transacción para las empresas. La agilidad y facilidad del intercambio transfronterizo de bienes y servicios incide directamente en el atractivo para los inversores de economías y sectores concretos, en especial en el contexto de las cadenas de valor regionales y mundiales.

Los gobiernos recurren en ocasiones a instrumentos de política comercial, como los aranceles a las importaciones (crestas y progresiones arancelarias) y otras medidas (exigencias de contenido local y restricciones a las exportaciones) para fomentar la inversión en sectores escogidos. Sin embargo, la creciente interdependencia de las economías y los vínculos sectoriales que se establecen en su seno —p. ej., la función que desempeñan unos servicios de calidad en cuanto que refuerzo de la competitividad del sector industrial— exigen una mayor concienciación de los encargados de la formulación de políticas sobre los costes y ventajas de utilizar la política comercial para lograr objetivos a los que otros instrumentos de política más eficientes en los ámbitos del mercado de trabajo, formación, innovación y políticas de desarrollo de PYME podrían servir mejor.

Políticas del país de origen

Además de brindarse acceso recíproco a los mercados a través de acuerdos comerciales, los miembros de la comunidad internacional puede contribuir a otros ámbitos de la política comercial a fin de mejorar, tanto cuantitativa como cualitativamente, la inversión en un determinado país. En el caso de los países menos desarrollados, el acceso preferencial a mercados de mayores dimensiones mediante la relajación de las condiciones que se aplican a la entrada de sus bienes y servicios puede estimular la participación de esos países en el comercio mundial.

Los gobiernos también pueden prestar a un determinado país asistencia en forma de ayudas para el comercio y de otro tipo a fin de facilitar que las empresas de ese país cumplan las normas sanitarias, fitosanitarias y de otra índole aplicables, fortalecer su capacidad para negociar y aplicar acuerdos comerciales y abordar otras restricciones por el lado de la oferta que afecten al entorno comercial, además de otros posibles fallos del mercado relacionados con la financiación al comercio y las garantías y seguros de crédito. Otros mercados que facilitan las operaciones transfronterizas, como los mercados que cubren los riesgos asociados a la fluctuación de los tipos de cambio y de impago, seguros de tránsito y financiación a la exportación, pueden ayudar también a incrementar los flujos de comercio y de inversión.

Preguntas y principios clave

1. ¿Qué esfuerzos recientes ha realizado el gobierno para reducir los costes de cumplimiento de las normas y reglamentos aduaneros y demás procesos administrativos en las fronteras?
2. ¿En qué medida se ha interesado el gobierno por las barreras al comercio existentes tras las fronteras, en particular la normativa reguladora de los servicios?
3. ¿Ha evaluado el gobierno el modo en que las políticas comerciales podrían aplicarse a fin de facilitar la participación de las empresas locales en las cadenas de valor mundiales, en concreto a través de una reducción del coste de los insumos?
4. ¿En qué medida trabaja activamente el gobierno para incrementar las oportunidades de inversión a través de acuerdos comerciales internacionales que amplíen los

mercados y en salvaguardar la coherencia de sus políticas con los compromisos contraídos en el marco de la OMC?

5. ¿Utiliza el gobierno la política comercial para favorecer las inversiones en algunos sectores y frenarlas en otros? ¿Cómo se evalúan estas políticas con miras a reducir los costes asociados a tales distorsiones? ¿Qué esfuerzos realiza el gobierno para garantizar la coherencia de dichas políticas con los compromisos que el país tiene contraídos en el marco de la OMC y en virtud de otros acuerdos comerciales internacionales?

6. ¿Saca partido el gobierno del acceso de sus exportaciones al mercado y contribuye a reforzarlo de manera que las perspectivas de exportación alienten la inversión nacional y extranjera en el país? ¿Hay disponibles ayudas para el comercio y promueve el gobierno unas condiciones adecuadas que permitan aprovechar las ayudas de este tipo ya concedidas para hacer frente a restricciones por el lado de la oferta y sacar así provecho de las oportunidades de acceso al mercado?

7. ¿De qué modo contribuyen los países de origen a abordar los fallos del mercado susceptibles de inhibir las exportaciones procedentes de economías en desarrollo o emergentes (p. ej., financiación a la exportación, capital circulante y seguros a la importación)?

Preguntas complementarias

Medidas de facilitación del comercio	¿Qué medidas ha adoptado el gobierno para reducir los costes de transacción de las empresas que participan en el comercio? • Simplificación y mejora de la transparencia y previsibilidad de los procedimientos aduaneros y otros procedimientos fronterizos; • Adopción de técnicas de gestión de riesgos para optimizar el control fronterizo (criterios de selectividad y auditorías posteriores al despacho); • Introducción de sistemas electrónicos de despacho aduanero y de una ventanilla única para el comercio; • Homogeneización y simplificación de la documentación necesaria y racionalización de los procedimientos; • Auditoría periódica de reglamentos y de las cláusulas de caducidad que incorporen a fin de tener en cuenta los cambios de contexto; • Realización de exámenes ex ante de los proyectos de reglamentos y consulta con las partes interesadas para garantizar un óptimo diseño de los mismos; • Aplicación de estándares internacionalmente acordados y simplificación de los procedimientos de evaluación de la conformidad; • Cooperación con homólogos regionales e internacionales.
Normativa reguladora de los servicios y otros ámbitos	• ¿Qué medidas ha tomado el gobierno para reducir las barreras al comercio de servicios? • ¿En qué segmentos específicos concretos del sector servicios se han reducido estas barreras? • ¿Ha introducido el gobierno barreras al comercio de servicios? De ser así, ¿en qué segmentos? • ¿Garantiza el gobierno que las medidas regulatorias (i) se basan en criterios objetivos y transparentes, como la competencia y la capacidad para prestar los servicios, (ii) no son más engorrosas de lo necesario en aras de la calidad de los servicios y (iii) en el caso de los procedimientos de concesión de licencias, no constituyen en sí mismas una restricción a la prestación de los servicios? ¿Ha celebrado el gobierno acuerdos con otros Estados para cooperar en los asuntos regulatorios que afectan al comercio? Véanse también las preguntas sobre reforma regulatoria incluidas en la sección *Gobernanza pública*.

Liberalización del comercio y acuerdos comerciales internacionales

- ¿Qué importancia tiene la liberalización multilateral, regional y unilateral del comercio de bienes y servicios en la estrategia desplegada por el gobierno para incrementar las oportunidades de mercado?
- ¿Qué medidas está tomando el gobierno a fin de incrementar la capacidad y los recursos necesarios para negociar y aplicar los acuerdos comerciales?
- ¿En qué medida consulta el gobierno con las partes interesadas las propuestas de reforma relacionadas con el comercio?
- ¿Estima el gobierno por adelantado los costes y ventajas asociados a la asunción de los compromisos legales recogidos en los acuerdos comerciales internacionales? (Véanse las preguntas sobre acuerdos internacionales de inversión incluidas en la sección Política de inversión.)
- ¿Qué hace el gobierno para ayudar a las empresas (en particular, PYME) a identificar y aprovechar las oportunidades de comercio y de inversión que brindan los acuerdos comerciales?

Promoción del comercio

- ¿Dispone el gobierno de un mecanismo para evaluar los obstáculos a las exportaciones de las empresas locales y de medios para hacerlos frente? ¿Existe un mecanismo equivalente para las importaciones? ¿Cómo contribuyen los programas del gobierno al objetivo de diversificar los productos y mercados de suministro y exportación?
- ¿Qué medidas ha tomado el gobierno para impulsar la cooperación entre los organismos de promoción de inversiones y los que fomentan el comercio, en especial proporcionando a las PYME variados sistemas de inteligencia de mercado?
- ¿De qué manera identifica el gobierno las prioridades en materia de fortalecimiento de capacidades de los ministerios y organismos gubernamentales competentes y cómo aborda las necesidades de desarrollo de capacidades de las PYME?
- ¿De qué manera ayuda el gobierno a las empresas nacionales a cumplir la normativa aplicable en los mercados de exportación clave, en especial los requisitos sanitarios y fitosanitarios?
- ¿Ayuda a que las empresas saquen partido de las actividades de promoción del comercio y la inversión (p. ej., participando en ferias comerciales)?

Políticas comerciales dirigidas

- ¿En qué medida recurre el gobierno al uso de aranceles a la importación, requisitos de contenido local, restricciones a la exportación o a otras medidas relacionadas con el comercio para fomentar la inversión en sectores escogidos?
- ¿Con qué criterios se seleccionan estos sectores?
- ¿Mantiene el gobierno consultas públicas cuando acuerda políticas de promoción o para la protección de sectores concretos?
- ¿Evalúa el gobierno si las políticas adoptadas sirven en efecto a los objetivos de política identificados? ¿Pondera el gobierno si dichas políticas son compatibles con los compromisos que el país tenga contraídos en el marco de la OMC y en virtud de otros acuerdos comerciales internacionales, particularmente en lo relativo a las exigencias de contenido local?
- ¿Evalúa el gobierno la repercusión de esas políticas en la competitividad de otros sectores que dependen de las importaciones de insumos para sus propias exportaciones, así como en el conjunto del clima de inversión?
- ¿Recurre el gobierno a evaluaciones de impacto regulatorio con tales fines?
- ¿Contempla el gobierno métodos alternativos de promover el desarrollo industrial de sectores prioritarios que no discriminen al competidor extranjero?

Véanse las secciones *Política de inversión*, en concreto su contenido sobre no discriminación; *Política de competencia*, en concreto lo relativo a las consecuencias de las políticas industriales para la competitividad; y *Gobernanza pública*, concretamente su contenido sobre las evaluaciones de impacto regulatorio.

Cadenas de valor mundiales

- ¿Qué esfuerzos ha realizado el gobierno para impulsar la participación de las empresas locales en las cadenas de valor mundiales?
- ¿Ofrece el gobierno exenciones arancelarias a la importación de insumos?
- ¿Mide el gobierno la importancia que los insumos intermedios, incluidos servicios, tienen para el conjunto de las exportaciones y las tasas efectivas de protección en estos sectores?
- ¿Ha valorado el gobierno el modo en que las políticas relacionadas con el comercio de servicios podrían ayudar a las empresas a incorporarse a las cadenas de valor mundiales a través de sus efectos reductores sobre los costes de entrada?

Véase la sección *Promoción y facilitación de las inversiones* para un análisis del modo en que puede favorecerse la creación de valor a escala local, así como el establecimiento de vínculos con empresas locales, en especial PYME.

Cooperación internacional	• ¿Disfruta el país de un régimen de acceso en franquicia aduanera y no sujeto a contingentes a los mercados de sus socios comerciales? ¿En qué países? ¿En relación con qué tipo de exportaciones? ¿Qué medidas y políticas ha adoptado el país para sacar partido de estos regímenes de acceso? • ¿Disfruta el país de alguna otra modalidad de acceso preferencial a los mercados de sus socios comerciales? ¿En qué países? ¿En relación con qué tipo de exportaciones? ¿Qué medidas y políticas ha adoptado el país para sacar partido de estas otras modalidades de acceso? • Cuando los socios comerciales aplican requisitos sanitarios o fitosanitarios, técnicos al comercio u otros requisitos regulatorios, ¿qué medidas se toman y qué políticas se aplican para aprovechar al máximo cualquier asistencia prestada a fin de posibilitar el cumplimiento de esos requisitos? • ¿Tiene acceso el gobierno a ayudas para el comercio que permitan abordar mejor las restricciones al comercio existentes por el lado de la oferta? ¿En qué ámbitos concretos? ¿Promueve el gobierno unas condiciones adecuadas para el aprovechamiento de las ayudas para el comercio concedidas?
Países importadores	• ¿Tiene en cuenta el gobierno del país importador los costes externos que se ocasionan a los socios comerciales cuando evalúa sus medidas nacionales de política comercial? • ¿De qué forma pueden los encargados de la formulación de políticas salvaguardar la necesidad que las autoridades reguladoras tienen de abordar objetivos legítimos de política nacional sin recurrir a unas medidas comerciales innecesariamente gravosas? • ¿Cumple el gobierno los requisitos establecidos en el Acuerdo sobre Obstáculos Técnicos al Comercio y en el Acuerdo sobre la Aplicación de Medidas Sanitarias y Fitosanitarias de la OMC que instan a abstenerse de la adopción de medidas regulatorias que restrinjan el comercio más de lo necesario? • ¿Se observan en el marco de las evaluaciones de impacto regulatorio disposiciones específicas que exijan o alienten a los reguladores a evitar restricciones innecesarias al comercio con el fin de reducir al mínimo los posibles efectos perjudiciales para sus socios comerciales?
Financiación a la exportación y mitigación de riesgos	• ¿Cómo garantiza el gobierno que las empresas locales interesadas en explotar oportunidades comerciales puedan acceder a soluciones idóneas de financiación al comercio? • ¿Participan las entidades financieras locales en el Programa Mundial de Financiación del Comercio del Banco Mundial o en programas análogos de bancos regionales de desarrollo? • ¿Aprovechan las oportunidades de formación existentes en materia de financiación al comercio?

Recursos adicionales

OCDE, Facilitación del Comercio, *www.oecd.org/trade/facilitation.*

OCDE, Cadenas de Valor Mundiales, *www.oecd.org/industry/ind/global-value-chains.htm.*

Organización Mundial de Aduanas, www.wcoomd.org.

OMC, Grupo de Trabajo sobre Comercio, Deuda y Finanzas, Organización Mundial del Comercio *https://www.wto.org/spanish/thewto_s/coher_s/tr_finance_s.htm.*

Principios, normas

OMA (1974), *Convenio Internacional para la Simplificación y Armonización de los Regímenes Aduaneros* (Convenio de Kioto), Organización Mundial de Aduanas, Bruselas.

OMC, *Acuerdo sobre Obstáculos Técnicos al Comercio*, Organización Mundial del Comercio, Ginebra.

APEC (2001), *Principios del APEC sobre facilitación del comercio*, Cooperación Económica Asia-Pacífico, Singapur.

Publicaciones

OCDE (2014), «Global value chains in Africa: Potential and evidence», in BAfD, OCDE/PNUD, African Economic Outlook 2014: Global Value Chains and Africa's Industrialisation, Publicaciones de la OCDE, París.
DOI: *http://dx.doi.org/10.1787/aeo-2014-9-en.*

OCDE (2013), *Economías intercontectadas: Beneficiarse de las cadenas de valor mundiales,* Publicaciones de la OCDE, París.
DOI: *http://dx.doi.org/10.1787/9789264189560-sum-es*

OCDE (2008), *Enhancing the Role of SMEs in Global Value Chains*, Publicaciones de la OCDE, París.
DOI: *http://dx.doi.org/10.1787/9789264051034-en.*

OCDE, OMC, UNCTAD (2013), *Implications of Global Value Chains for Trade, Investment, Development and Jobs*, *www.oecd.org/sti/ind/G20-Global-Value-Chains-2013.pdf.*

OCDE, OMC y Banco Mundial (2014), *Global Value Chains: Challenges, Opportunities and Implications for Policy, www.oecd.org/tad/gvc_report_g20_july_2014.pdf.*

UNCTAD (2013), *Las cadenas de valor mundiales: inversión y comercio para el desarrollo*, Conferencia de las Naciones Unidas sobre Comercio y Desarrollo, UNCTAD, Ginebra

Herramientas, directrices y manuales

Banco Mundial (2006), *Reforming the Regulation Procedures for Import and Export: Guide for Practitioners,* Grupo del Banco Mundial, Washington D.C.

APEC (2005), *APEC Customs and Trade Facilitation Handbook*, Cooperación Económica Asia-Pacífico, Singapur

ADB (2013), *Designing and Implementing Trade Facilitation in Asia and the Pacific,* Banco Asiático de Desarrollo, Manila

Indicadores, referencias

OCDE, *Índice de Restricción del Comercio de Servicios*, *www.oecd.org/tad/services-trade/services-trade-restrictiveness-index.htm.*

OCDE, *Indicadores de Facilitación del Comercio*, *www.oecd.org/trade/facilitation/indicators.htm.*

OMA (2011), *Time Release Study*, Organización Mundial de Aduanas, Bruselas

OMA, Customs International Benchmarking Manual, Organización Mundial de Aduanas, Bruselas

Banco Mundial, «Comercio transfronterizo», Indicadores sobre la facilidad de hacer negocios, *www.doingbusiness.org*

4. Política de competencia

Una competencia efectiva es esencial para que exista un entorno empresarial dinámico en el que las empresas estén dispuestas a asumir riesgos y a invertir.

Un entorno competitivo anima a tomar riesgos y, por tanto, la inversión. Además, numerosas evidencias empíricas demuestran que los sectores en los que existe una competencia mayor experimentan un crecimiento más rápido de la productividad, pues la competencia permite a empresas más eficientes entrar en el mercado y ganar cuota de mercado a costa de las menos eficientes. En mercados competitivos, triunfan las empresas que mejor satisfacen a sus clientes. Por otra parte, sin competencia apenas existirían incentivos para innovar. Contar con productos y procesos más avanzados permite a las empresas situarse un paso por delante. Un entorno caracterizado por el crecimiento de la productividad, la innovación y el éxito empresarial —aspectos a los que suele contribuir la competencia— eleva la confianza de los inversores y, por tanto, la inversión.

Crear y mantener un entorno competitivo exige disponer de una legislación en materia de competencia sólida y bien estructurada, de una autoridad de la competencia que aplique con eficacia dicha legislación y, más en general, de políticas económicas que respeten los principios de la competencia y eviten restringirla de manera innecesaria.

Una legislación robusta en materia de competencia garantiza que las empresas conozcan «las reglas del juego» y las respeten. Dicha legislación debe prohibir los acuerdos horizontales y verticales contrarios a la competencia, así como los abusos de posición dominante; debe además prever el examen de fusiones y adquisiciones con el fin de evitar la creación de condiciones que puedan traducirse en una merma de la competencia. Como principio rector, las normas deben aplicarse por igual a todas las empresas —públicas y privadas, nacionales y extranjeras— cualquiera que sea su sector; sólo deberían permitirse exenciones cuando resulten absolutamente necesarias y estén debidamente justificadas.

Incluso un régimen de competencia bien diseñado sólo será eficaz si se hace observar adecuadamente. Con tal fin hay que contar con una autoridad de la competencia convenientemente capacitada, dotada de recursos suficientes e independiente, que cumpla su mandato sin injerencias políticas. El organismo regulador debe estar facultado y contar con los instrumentos necesarios para detectar prácticas ilegales e imponer sanciones en caso de infracción a fin de garantizar un nivel razonable de disuasión, todo ello de manera proporcionada. Debe asimismo inspirar confianza en una aplicación equitativa y transparente de la ley garantizando el derecho a un proceso justo, claridad en las normas, y coherencia y previsibilidad en su ejecución, certeza acerca de la duración de los procedimientos sancionadores y protección de la información confidencial. La ambigüedad normativa, al igual que la opacidad e imprevisibilidad de la duración de los procedimientos, no fomentan la confianza ni la certeza, y merman la disposición de las empresas a invertir.

Disuadir y frenar conductas y fusiones contrarias a la competencia es una condición necesaria, más no suficiente, para garantizar un entorno competitivo. Al logro de este objetivo han de contribuir, además, otras políticas económicas.

En ocasiones, la competencia puede verse debilitada por otras actuaciones gubernamentales que sirvan a objetivos diferentes. Para evitar esta situación, el gobierno y los distintos organismos públicos deben evaluar sistemáticamente los efectos sobre la competencia de cualquier proyecto de política, ley o reglamento, depurando las distorsiones e impedimentos innecesarios para la competencia que pudieran estar creando, salvo que fuesen esenciales para el logro de otros objetivos de política. Los organismos de la competencia, por su parte, deben tratar de aprovechar su experiencia y conocimiento especializado para brindar asesoramiento y apoyo. Y pueden contribuir identificando a iniciativa propia posibles distorsiones de la competencia introducidas por la actuación de los gobiernos.

De manera similar, los principios de una competencia equitativa y eficaz deben informar la forma en que el sector público adquiere bienes y servicios y adjudica concesiones para la prestación de servicios con cargo a recursos públicos. Unas licitaciones competitivas basadas en normas claras, transparentes y no discriminatorias han de servir para seleccionar a los mejores proveedores, debiéndose detectar y sancionar cualquier manipulación de los procedimientos de licitación.

Las políticas de privatización y liberalización deben ir encaminadas a promover la entrada en el mercado de nuevos operadores, así como una competencia sostenible y efectiva. Esto podría incluir una separación contable o funcional —en algunos casos, incluso estructural— cuando sea necesario segregar los elementos competitivos y no competitivos del sector y evitar la discriminación y las subvenciones cruzadas. Ha de introducirse una regulación sectorial adecuada que permita armonizar la necesidad de evitar que el operador tradicional aproveche su posición de ventaja para impedir la entrada y expansión de nuevos operadores, con la necesidad de proporcionar a los operadores nuevos y preexistentes —incluido por tanto el operador tradicional— los incentivos adecuados para invertir. Se considera que la liberalización, de llevarse a cabo correctamente, tiene un efecto inequívocamente positivo en la inversión.

Las preguntas que se recogen seguidamente en esta sección intentan orientar a los encargados de la formulación de políticas a la hora de determinar si su país cuenta con estos pilares —y, en caso afirmativo, en qué medida— y resolver el modo en que las leyes, políticas e instituciones podrían ser mejorados con miras a crear un entorno adecuado que favorezca la competencia y, por tanto, la inversión.

Preguntas y principios clave

1. ¿Cuenta su país con una autoridad de la competencia independiente, dotada de recursos suficientes y debidamente facultada para hacer cumplir con eficacia la legislación en materia de competencia?
2. ¿Están debidamente acotadas y justificadas las exenciones a la aplicación de esta legislación?
3. ¿Prohíbe la legislación en materia de competencia de su país los acuerdos contrarios a ella y los abusos de posición dominante? ¿Se dota de los instrumentos necesarios para la detección de esas prácticas ilegales y contempla la aplicación de unas sanciones disuasorias adecuadas?

4. ¿Prevé la legislación en materia de competencia de su país el examen de las fusiones y adquisiciones susceptibles de mermar la competencia?
5. ¿Regula esa misma legislación el derecho a un proceso justo y transparente para las partes en investigaciones y procedimientos de la competencia, así como el derecho a una tutela judicial efectiva?
6. ¿Se tienen en cuenta los efectos sobre la competencia de políticas, leyes y reglamentos y se depura cualquier impedimento innecesario a la competencia que puedan presentar?
7. ¿Se han introducido las regulaciones económicas sectoriales únicamente cuando ha sido necesario y de manera proporcionada?
8. ¿Garantiza el régimen de contratación pública que las empresas que compitan por la adjudicación de contratos concurrirán en pie de igualdad y que se seleccionará la oferta que presente la mejor relación calidad-precio?

Preguntas complementarias

Independencia de la autoridad de la competencia	• ¿Es independiente la autoridad de la competencia? ¿De quién depende jerárquicamente esta autoridad? ¿Cómo se financia? • En caso de existir otras autoridades, como reguladores sectoriales, responsables de velar por la competencia o de fomentarla, ¿están claramente definidas sus respectivas funciones y esferas de actuación a fin de evitar conflictos entre ellas?
Exenciones al Derecho de la competencia	• ¿Existen sectores o agentes económicos (p. ej., empresas públicas o PYME) total o parcialmente exentos de serles aplicada la legislación en materia de competencia? • ¿Están justificadas esas exenciones por razones económicas o de interés público?
Forma de abordar las prácticas contrarias a la competencia	• ¿Prohíbe la legislación en materia de competencia los cárteles especialmente graves y otros acuerdos horizontales y verticales contrarios a la competencia? • ¿Prohíbe asimismo esa legislación los abusos de posición dominante y la creación de monopolios? • Cuando la autoridad de la competencia evalúa si un acuerdo o conducta unilateral es contario a la competencia, ¿únicamente tiene en cuenta sus posibles efectos sobre la competencia o atiende también a otros factores, tales como su incidencia en el empleo? • La determinación de si una empresa ocupa una posición dominante en el mercado ¿se basa en criterios económicos sólidos? • ¿Está el organismo regulador facultado y cuenta con los medios necesarios para detectar esas prácticas ilegales (p. ej., facultades de inspección)? • ¿Permite la legislación en materia de competencia imponer sanciones adecuadas en caso de infracción a fin de garantizar un nivel razonable de disuasión, todo ello de manera proporcionada? • ¿Existen un programa de clemencia que ayude a destapar cárteles?
Fusiones y adquisiciones	• ¿Exige la legislación en materia de la competencia de su país que el organismo regulador lleve a cabo un examen de las operaciones de fusión y adquisición con anterioridad a su conclusión? • ¿Existe algún umbral de notificación que limite la función de control de la autoridad de la competencia a las fusiones y adquisiciones económicamente más significativas? • ¿Existen algún calendario de actuaciones que proporcionen certeza sobre la duración de los exámenes de fusiones y adquisiciones? • ¿Pueden las empresas afectadas proponer soluciones que den respuesta a cualquier problema de competencia planteado por la fusión y adquisición? • ¿Se aplican criterios especiales más restrictivos cuando se evalúan fusiones y adquisiciones en las que participan empresas extranjeras? • ¿Puede vetarse o permitirse una fusión por razones distintas de sus efectos sobre la competencia?
Aplicación de la legislación en materia de competencia	• ¿Son públicas y accesibles para todas las partes interesadas las normas y prácticas por las que se rige la efectiva aplicación de la normativa en materia de competencia? • ¿Asegura la legislación de su país equidad procesal a las empresas investigadas por la autoridad de la competencia y su derecho a un proceso con las debidas garantías (p. ej., notificación de los

	motivos de la investigación, derecho a comparecer y a aportar pruebas, y posibilidad de reunirse con la autoridad)?
	• ¿Existen mecanismos que garanticen que no se divulga a terceros cualquier información confidencial o información empresarial reservada que las sociedades hayan aportado con motivo de investigaciones, exámenes de fusiones o estudios de mercado?
	• ¿Permite la legislación de su país que las decisiones de la autoridad de la competencia puedan ser efectivamente revisadas en vía de recurso por una instancia independiente?
	• ¿Prevé su sistema legal indemnizaciones para los afectados por infracciones de la legislación en materia de competencia (p. ej., procedimientos accesibles para solicitar indemnización por los daños y perjuicios irrogados)?
Efectos de políticas, leyes y reglamentos sobre la competencia	• ¿Está facultada la autoridad de la competencia para realizar estudios de mercado sobre mercados en los que no parezca haber una competencia efectiva y para proponer recomendaciones que den respuesta a los impedimentos a la competencia que pueda identificar?
	• ¿Evalúan regularmente el gobierno y/o los ministerios los efectos sobre la competencia de los proyectos de políticas (concretamente, en materia de subvenciones directas e indirectas), leyes o reglamentos susceptibles de incidir en ella (p. ej., restringiendo la entrada, el acceso, la salida, la fijación de precios, la producción, las prácticas comerciales habituales o las modalidades de organización empresarial)? ¿Barajan otras alternativas para lograr los mismos objetivos con una menor distorsión de la competencia?
	• ¿Participa en este proceso la autoridad de la competencia (p. ej., realizando valoraciones o brindando asesoramiento)?
	• ¿Ha participado la autoridad de la competencia en el diseño de procesos de privatización?
Regulación económica sectorial	• ¿Se regulan los monopolios naturales públicos y privados a fin de garantizar que sus precios no resulten excesivos y tienen incentivos para reducir los costes?
	• Cuando se ha liberalizado algún monopolio legal —es decir, al abrirse éste a la competencia—, ¿se impuso al operador tradicional una regulación adecuada a fin de garantizar que terminara habiendo competencia?
	• ¿Qué medidas se han adoptado para garantizar una adecuada coordinación y coherencia entre la aplicación que se hace de la legislación en materia de competencia y las regulaciones económicas sectoriales?
Competencia y contratación pública	• ¿Están obligadas las autoridades públicas a velar por la transparencia, la igualdad de trato y la no discriminación cuando contratan bienes y servicios o adjudican concesiones?
	• ¿Se diseñan las licitaciones de modo que exista la seguridad de que únicamente se seleccionarán las ofertas que presenten la mejor relación calidad-precio?
	• ¿Pueden imponerse sanciones en caso de manipulación de los procedimientos de licitación, de modo que se garantice el suficiente efecto disuasorio?

Recursos adicionales

OCDE, *Política de competencia, www.oecd.org/daf/competition.*

OCDE (2014), *Ficha informativa sobre los efectos macroeconómicos de la política de competencia, www.oecd.org/daf/competition/factsheet-macroeconomics-competition.htm.*

OCDE (2001), *Recomendación relativa a la separación estructural en sectores regulados, www.oecd.org/daf/competition/recommendationconcerningstructuralseparationinregulatedindustries.htm.*

OCDE, *Herramientas para la evaluación de la competencia, www.oecd.org/daf/competition/assessment-toolkit.htm.*

OCDE, *Country reviews of competition policy frameworks, www.oecd.org/daf/competition/countryreviewsofcompetitionpolicyframeworks.htm.*

OCDE, *Combate a la Colusión en los Procesos de Contratación Pública, www.oecd.org/daf/competition/fightingbidrigginginpublicprocurement.htm.*

OCDE, *Pro-competitive Policy Reforms, www.oecd.org/daf/competition/reforms.*

5. Política fiscal

Uso de la política fiscal para promover objetivos de desarrollo y estrategias de atracción de inversiones

Los organismos de promoción de inversiones y las agencias de recaudación tributaria suelen compartir competencias, si bien sus objetivos son diferentes, especialmente en las economías en desarrollo. Los encargados de la formulación de políticas deben adoptar un enfoque holístico sobre los tipos impositivos y el *mix* de impuestos en sus países a fin de armonizar los diversos objetivos sociales y de desarrollo con la necesidad de atraer inversiones. Los organismos de promoción de inversiones se sienten en la obligación de ofrecer incentivos fiscales para atraer a los inversores, mientras que los encargados de formular la política fiscal y las agencias de recaudación tributaria sostienen la necesidad de elevar los ingresos tributarios para poder proveer bienes públicos, como infraestructuras y una mano de obra sana y formada, dos de los pilares básicos de cualquier entorno habilitador de la actividad empresarial. La coordinación efectiva entre los responsables de la política fiscal y los diferentes organismos con mandatos orientados a la promoción de inversiones, incluidos los de ámbito local, es una tarea ardua pero de una importancia crucial. Una característica de los países que han logrado diseñar políticas fiscales atractivas para la inversión es que, por lo general, han adoptado un enfoque común a todos los niveles de gobierno para garantizar así la coherencia entre la política fiscal del país, sus objetivos de desarrollo más generales a escalas nacional y subnacional, y su estrategia global para atraer inversiones.

Los encargados de la formulación de políticas deben evaluar periódicamente la presión fiscal que soportan los beneficios de las empresas a fin de determinar si el sistema fiscal propicia el tipo de inversión que el país aspira a atraer. A este respecto, habrán de tenerse en cuenta las principales disposiciones legales y los efectos de las estrategias de planificación fiscal, a las que cada vez con mayor frecuencia recurren las empresas para minorar sus obligaciones fiscales. Deberán valorarse asimismo los costes de cumplimiento asociados a un sistema tributario excesivamente complejo, poco transparente e imprevisible. Si la presión fiscal sobre los beneficios empresariales se considerase inadecuada —por demasiado elevada como para atraer y retener inversiones o demasiado baja a tenor de las necesidades recaudatorias del país—, deberá considerarse un posible ajuste de los parámetros impositivos legales.

Las medidas al uso para cuantificar la presión fiscal varían en cuanto a la pertinencia, la intensidad de los datos y la complejidad de su aplicación. A la hora de valorar sus opciones, los inversores analizan el contexto tributario en su conjunto; con todo, su primer punto de referencia suele ser el ***tipo impositivo general***, posiblemente la medida fiscal más visible de cara a una posible inversión. Los tipos impositivos generales que gravan a las empresas cumplen una importante función señalizadora, ya que suelen servir a los inversores internacionales para establecer comparaciones entre países. No obstante, la capacidad de los tipos impositivos generales para reflejar el contexto tributario de un país en su conjunto es limitada. De hecho, los ***tipos impositivos efectivos***, al integrar disposiciones específicas de la legislación tributaria —como las relativas a incentivos para promover la inversión—, constituyen mejores indicadores de la carga tributaria para las empresas y de los incentivos a la inversión. Los analistas de la política fiscal recurren a medidas retrospectivas y prospectivas para cuantificar la presión fiscal efectiva. Puede afirmarse que, cuando se dispone de datos concretos de empresas individuales para realizar análisis, los tipos impositivos efectivos medios históricos son la mejor medida para cuantificar la presión fiscal para el sector empresarial, pues reflejan actividades empresariales reales, no hipotéticas. Los indicadores prospectivos de tipos impositivos efectivos, como el tipo impositivo efectivo marginal y el tipo impositivo efectivo medio, reflejan el efecto neto, sobre un proyecto de inversión hipotético, de las disposiciones legales básicas sobre tipos generales. El tipo impositivo efectivo marginal sintetiza el efecto de los parámetros fiscales previstos en las leyes sobre un incremento de la actividad empresarial e indica cuánto compensa invertir considerando la disminución de la rentabilidad marginal esperada. El tipo impositivo efectivo medio es un indicador más genérico de la presión fiscal que evalúa el impacto de la fiscalidad sobre el inversor —p. ej., una empresa multinacional típica— al sopesar sus decisiones de inversión con respecto a dos o más proyectos competidores.

La ventaja de considerar los tipos impositivos efectivos es que combinan en un *único* parámetro información compleja sobre el tipo impositivo general, la cuantía y clase de deducciones por amortización, los años en que pueden gozar de tipos impositivos bonificados o incluso nulos y posibles desgravaciones por inversiones extraordinarias. Este parámetro expresa la obligación tributaria en porcentaje del valor actual de todos los beneficios financieros esperados de una inversión. Por tanto, el tipo impositivo efectivo se basa en numerosos factores, entre otros la rentabilidad esperada, la clase de activo en que se invierte (ya que las deducciones por amortización difieren para edificios, instalaciones y maquinaria) y la financiación elegida (por la posible deducción de intereses). Dicho tipo puede ser negativo porque, en determinadas inversiones, las ventajas fiscales pueden superar en cuantía a los beneficios.

Efecto de la política fiscal sobre las decisiones de inversión

Pese a indicar los análisis que la respuesta de los inversores a una menor presión fiscal es limitada en comparación con los ingresos fiscales que se dejan de recaudar, los gobiernos suelen recurrir a los incentivos fiscales para atraer inversiones en general y captar inversión directa extranjera en particular. El fundamento de esta extendida práctica resulta obvio, sobre todo en las economías en desarrollo. Resulta mucho más sencillo ofrecer incentivos fiscales que corregir deficiencias en ámbitos como, por ejemplo, infraestructuras o cualificación de la mano de obra. Los incentivos fiscales no requieren un desembolso efectivo de fondos ni el pago de subsidios en efectivo a los inversores; además, desde consideraciones políticas, resultan más fáciles de ofrecer que fondos públicos. Por otra parte, existe cierta razón en los argumentos que esgrimen los políticos y los encargados de la formulación de políticas para justificar sus decisiones de ofrecer incentivos fiscales para atraer inversiones. De hecho, el ahorro nacional, en especial en países emergentes y en desarrollo, puede ser tan escaso, y la intermediación financiera tan débil, que resulte insuficiente para financiar la expansión económica, limitando en la práctica los recursos que las empresas pueden destinar a la inversión. En dichas circunstancias, se considera que una menor presión fiscal contribuye a atraer inversión directa extranjera como fuente de financiación externa. La evidencia sugiere, además, que la inversión puede obrar efectos colaterales positivos en la economía receptora como, por ejemplo, propiciar la transferencia de tecnología y conocimientos técnicos, facilitar una mayor capacitación de los trabajadores y mejorar la formación de capital humano, promover el desarrollo y la reestructuración empresariales, impulsar las agrupaciones o clústeres de empresas y contribuir a una mayor integración (comercial) internacional.

La presión fiscal de un país es uno de los muchos factores —y no siempre el más importante— que valoran los potenciales inversores al ponderar sus decisiones de inversión. Máxima importancia revisten para dichos inversores las cuestiones relacionadas con los costes y los riesgos asociados a las condiciones macroeconómicas y empresariales, con el coste de cumplir las leyes, reglamentos y prácticas administrativas, la dimensión del mercado, las condiciones de la mano de obra y, principalmente, las oportunidades de beneficio específicas de cada emplazamiento. En el caso de algunos tipos de inversión, los niveles de beneficio y riesgo relacionados con el ejercicio de cierta actividad empresarial podrían requerir la presencia física en una determinada ubicación, sin que sirvan otros países o jurisdicciones. Entre las actividades específicas de una ubicación en concreto pueden contarse la inversión en infraestructuras y servicios de suministros públicos —p. ej., transporte, comunicaciones y suministro eléctrico—, la extracción de recursos naturales y la prestación de servicios de hostelería. En los casos en que una economía ofrece abundantes oportunidades de beneficio por razón de su ubicación, es comprensible que los encargados de la formulación de políticas se resistan, a fin de preservar su base de ingresos, a ceder a presiones para imponer presiones fiscales relativamente bajas. Además, los inversores podrían por lo general aceptar una presión fiscal más elevada en el país receptor si existiesen condiciones empresariales atractivas, un marco macroeconómico y un entorno de política fiscal estables, respeto del Estado de derecho, una mano de obra debidamente formada, certeza regulatoria y sistemas eficaces de fomento de la inversión (este último elemento se trata detalladamente en las secciones *Política de inversión* y *Promoción y facilitación de las inversiones*).

En el caso de jurisdicciones cuyas oportunidades de beneficio económico no estén ligadas a su ubicación cabe en cambio esperar que se tenga en cuenta la comparación de su presión fiscal efectiva con la de jurisdicciones alternativas. Si una determinada actividad empresarial puede llevarse a cabo a tipos impositivos más bajos en una ubicación alternativa a la del país receptor, los inversores, en teoría, serán reacios a asumir una fiscalidad más onerosa en ese país receptor. Una presión fiscal muy elevada con respecto a la de países competidores suele disuadir la inversión y, en determinados casos, puede ser un factor determinante para decidir no invertir o no volver a invertir en un país en concreto. Sin embargo, las medidas dirigidas a reducir la presión fiscal de un país frente a jurisdicciones competidoras pueden conducir a una «competición por igualarse por abajo» que conlleve un empeoramiento colectivo. Esta circunstancia resulta especialmente preocupante en los países en desarrollo, donde suelen adoptarse medidas o ampliarse significativamente las existentes sin antes valorar de manera adecuada las posibles reacciones de otras jurisdicciones. Esta cuestión no puede abordarse de manera aislada: los gobiernos deben colaborar a escala regional a fin de impulsar la cooperación en materia fiscal.

Uso prudente de los incentivos fiscales

Los sistemas fiscales podrían imponer un tipo impositivo efectivo no uniforme sobre las empresas, basándose en criterios tales como el tamaño, su estructura de propiedad (p. ej., de propiedad nacional frente a extranjera), el tipo de actividad empresarial o su ubicación. También podría contemplarse el trato fiscal preferente de determinadas empresas de forma dirigida. En algunos casos, pueden en efecto existir motivos fundados para aprobar incentivos fiscales con objetivos específicos. Cuando pretendan establecer una desgravación fiscal, los encargados de la formulación de políticas deberían examinar y sopesar los argumentos a favor y en contra de dicho tratamiento preferente y cerciorarse de poder justificarlo adecuadamente. La justificación habitual por razones de eficiencia para dispensar un trato diferenciado es que los incentivos fiscales pueden corregir «fallos del mercado». Dichos argumentos se basan en el supuesto de que los inversores privados no tienen en cuenta los beneficios (entendidos como externalidades positivas) que se derivan para el conjunto de la sociedad de determinados tipos de inversión como, por ejemplo, el desarrollo de energías renovables, lo cual se traduce en niveles de inversión inferiores a los teóricamente óptimos. Otro argumento basado en la idea de los «fallos del mercado» apunta a que la asimetría de información sobre mercados o productos, o el poder de mercado cuasi monopolístico de grandes empresas, pueden dificultar la entrada de PYME o restringir su capacidad para financiarse. El argumento administrativo es que suele ser más sencillo para los gobiernos gestionar programas de incentivos fiscales que diseñar programas de gasto con objetivos específicos similares. Ciertos incentivos a la inversión presentan objetivos redistributivos, como es el caso de las políticas encaminadas a impulsar la inversión, el empleo y el crecimiento en zonas deprimidas de un país.

Las considerables diferencias entre las medidas de presión fiscal asociadas a los diferentes tipos de inversión deben explicarse. Los encargados de la formulación de políticas desean saber si sus medidas selectivas en materia de inversión efectivamente sirven a los objetivos previstos (p. ej., fomentar la inversión en regiones desfavorecidas). Aparte de esto, definir con acierto los objetivos exige contar con estimaciones precisas de los ingresos fiscales que se dejarán de recaudar a fin de poder comparar el beneficio materializado con los costes asociados a los incentivos específicos. Una consideración adicional al establecer estos incentivos dirigidos es circunscribir las ventajas fiscales exclusivamente a determinadas empresas (p. ej., a firmas de pequeñas dimensiones) o actividades.

Evaluación de los costes y ventajas de los incentivos fiscales

Para que un programa de incentivos fiscales contribuya al bienestar económico de un país, sus ventajas han de superar a sus costos. Por tanto es importante que los responsables de la toma de decisiones sepan distinguir entre los programas beneficiosos y aquellos que malgastan recursos. En consecuencia, deben llevarse a cabo análisis minuciosos de la eficacia y la eficiencia en costes de los incentivos fiscales propuestos antes de adoptar medidas para el fomento de las inversiones, así como análisis sistemáticos *ex post* para valorar la medida en que los incentivos fiscales sirven a sus objetivos declarados y a qué costo.

Toda evaluación de las ***ventajas*** económicas de los incentivos fiscales debe abordar (a) el efecto directo de la inversión motivada por los incentivos; (b) el efecto indirecto e inducido derivado de las transacciones intersectoriales y los cambios en el comportamiento de los ingresos y el consumo; (c) las externalidades positivas, como la transferencia de tecnología y conocimientos técnicos propiciada por la inversión directa extranjera alentada por los incentivos; y (d) los beneficios sociales y medioambientales derivados de la corrección de «fallos del mercado» posibilitada por los incentivos. Los ***costes*** que deben tenerse en cuenta a la hora de realizar un análisis de costo-beneficio de los programas de incentivos fiscales son, entre otros, los siguientes: (a) los ingresos primarios que dejan de recaudarse por la aplicación de los incentivos; (b) las fugas de ingresos derivadas de oportunidades no buscadas e imprevistas de planificación fiscal; (c) los costes soportados por los contribuyentes al objeto de cumplir con un determinado régimen de incentivos fiscales; (d) los costes administrativos de gestionar los programas de incentivos fiscales por la complejidad que introducen en el marco legal y regulatorio; y (e) los costes para la economía de crear una situación de desigualdad en la que las empresas nacionales no tienen derecho a los mismos incentivos fiscales que sus competidoras extranjeras.

Transparencia y buena gobernanza de los sistemas de incentivos fiscales

A la hora de crear un entorno empresarial favorable a la inversión, la transparencia y la claridad de las disposiciones reguladoras de los incentivos fiscales son esenciales. En este sentido, los programas de incentivos fiscales selectivos que confieren a las autoridades un amplio margen de discrecionalidad siembran incertidumbre entre los inversores sobre el trato que les dispensará el sistema fiscal en comparación con sus competidores, lo cual podría disuadir involuntariamente la inversión, en lugar de fomentarla. Un sistema fiscal con un diseño inadecuado cuyas normas y aplicación adolezcan de una falta de transparencia y resulten demasiado complejas o imprevisibles puede elevar el coste de los proyectos y aumentar la incertidumbre. Una excesiva discrecionalidad de los funcionarios de la administración tributaria puede incrementar de forma significativa el riesgo de corrupción e ir en detrimento de la consecución de los objetivos de buena gobernanza, claves para asegurar un entorno de inversión atractivo. Asimismo, las disposiciones sobre cuya aplicación las autoridades tributarias poseen facultades discrecionales generan oportunidades de búsqueda y captación de rentas, al tratar las empresas de «convencer» a las autoridades para que autoricen sus solicitudes de concesión de incentivos. En consecuencia, los incentivos fiscales generalistas y aquellos cuya aplicación entraña una escasa o nula discrecionalidad resultan preferibles frente a los que dejan a la decisión de los gobiernos determinar «quién gana y quién pierde».

La concesión de incentivos fiscales a la inversión en países en desarrollo con frecuencia puede realizarse fuera de los márgenes de la legislación y la administración tributarias, a veces con arreglo a múltiples instrumentos legislativos. El diseño y administración de esos incentivos fiscales pueden incumbir a diferentes ministerios, como por ejemplo los de finanzas, comercio e inversiones. En los casos en que participen varios de ellos, cabe que tales ministerios no coordinen sus medidas de incentivo entre sí o con la autoridad tributaria nacional, lo que podría dar lugar al solapamiento de incentivos, o a incentivos incoherentes o que incluso sirvan a objetivos opuestos.

En muchos países en desarrollo, los incentivos fiscales podrían ofrecerse en leyes tributarias (como la ley del impuesto sobre la renta), pero también mediante leyes reguladoras de la inversión, zonas económicas especiales, etc.; los incentivos también pueden establecerse por medio de decretos, acuerdos y regulaciones al margen de la legislación tributaria. Como consecuencia de ello, el verdadero alcance de los incentivos fiscales disponibles puede quedar oculto. Integrar todos los incentivos fiscales y los criterios para optar a ellos en el cuerpo principal de la ley tributaria favorecería la transparencia y disiparía cualquier duda sobre la facultad que la administración tributaria tiene para gestionarlos.

Lucha contra las estrategias abusivas de planificación fiscal en los ámbitos nacional e internacional

Los incentivos fiscales, en función de su tipología y diseño, pueden deparar consecuencias no buscadas e indeseadas. Los encargados de la formulación de políticas deben tener presente que todos los contribuyentes analizarán los criterios para su concesión e intentarán beneficiarse de ellos. La experiencia demuestra, por ejemplo, que es posible que una empresa no elegible —mediana o grande— se reestructure en dos o más entidades para tratar de acceder a ventajas fiscales supeditadas al tamaño de la sociedad. De manera similar, las empresas tratarán de caracterizar o redefinir la índole de determinadas actividades de modo que se ajusten a los requisitos previstos para poder acogerse, por ejemplo, a incentivos fiscales dirigidos a investigación y desarrollo. Concretamente, las exenciones fiscales totales o parciales sobre los beneficios ofrecen un margen amplio para adoptar estrategias de planificación fiscal agresivas. Estos incentivos suelen dirigirse a empresas de nueva creación, pero las empresas ya existentes suelen reconstituirse como «nuevas» hacia el final de sus períodos de exención para, de este modo, poder seguir disfrutando de sus ventajas fiscales. Las exenciones fiscales totales o parciales sobre los beneficios también ofrecen oportunidades en el ámbito de los precios de transferencia para, de manera artificial, trasladar rentas imponibles de entidades empresariales no elegibles a efectos del incentivo a otras que sí lo sean. Las empresas inelegibles a efectos del incentivo podrán canalizar adquisiciones de activos a través de sociedades elegibles. De igual modo, las empresas elegibles que registren pérdidas pueden tratar de vender sus resultados negativos y créditos fiscales no aplicados a empresas con beneficios no pertenecientes al grupo objetivo del incentivo fiscal, de modo que estas últimas puedan minorar su base imponible. Como es inevitable, el gobierno puede recibir presiones para ampliar el alcance de los incentivos fiscales a actividades o contribuyentes inicialmente excluidos.

Preguntas y principios clave

1. ¿Cómo sirve la política fiscal del gobierno a sus objetivos de desarrollo y la estrategia que despliega para atraer inversiones?
2. Dadas las condiciones socioeconómicas y políticas del país, ¿es razonable suponer que esa política y los incentivos fiscales que contempla puedan incidir de manera favorable en las decisiones de inversión?
3. En los casos en que los incentivos fiscales se dirigen a grupos o ubicaciones específicos, ¿puede justificarse un trato no uniforme de los inversores?
4. ¿Se evalúan de forma periódica los costes y ventajas de los incentivos fiscales con el fin de apoyar el proceso de toma de decisiones del gobierno?
5. ¿Se integran los incentivos fiscales en la ley tributaria? ¿Se conceden de manera automática o están sujetos a discrecionalidad? ¿Es claro y transparente el proceso mediante el que se conceden y administran?
6. ¿Se han evaluado las oportunidades nacionales y transfronterizas de planificación fiscal no buscadas? ¿Qué medidas se han adoptado para mejorar la cooperación fiscal internacional y contrarrestar así las estrategias abusivas de planificación fiscal?

Preguntas complementarias

Coherencia entre la política fiscal y la estrategia general de desarrollo	• ¿Cuenta el gobierno con una política fiscal coherente que esté en sintonía con sus objetivos de desarrollo más generales y con la estrategia desplegada para atraer inversiones? • ¿La política fiscal vigente se desarrolla y se modifica sobre la base de un enfoque común a todos los niveles de gobierno que armonice eficazmente las prioridades del Estado en cuanto a movilización de ingresos nacionales y atracción de inversiones? • ¿Cuál es la presión fiscal media que soportan actualmente los beneficios nacionales? ¿Se tienen en cuenta a la hora de evaluar la presión fiscal efectiva las disposiciones legales, las oportunidades de planificación fiscal y los costes de cumplimiento? • ¿Es la presión fiscal de las empresas adecuada en relación con las metas de política más generales del gobierno y sus objetivos de atracción de inversiones? • ¿Son las disposiciones fiscales principales coherentes, en general, con la normativa internacional y las expectativas razonables de los inversores? • ¿Tiene identificados el gobierno elementos del sistema fiscal del país que distorsionen de manera significativa las elecciones de inversión y disuadan la actividad empresarial?
Conocer y comprender el posible efecto de los incentivos fiscales sobre la inversión	• ¿Ha llevado a cabo el gobierno un análisis crítico de los puntos fuertes y débiles de su clima empresarial? Dadas las condiciones socioeconómicas, institucionales y políticas del país, ¿podría una presión fiscal más baja incidir de manera favorable en las decisiones de inversión? • ¿Ha evaluado el gobierno de forma crítica si los programas de incentivos fiscales actuales o propuestos son instrumentos de política adecuados para estimular la inversión? • ¿Qué medidas alternativas para abordar las prioridades nacionales se han sopesado? ¿Es la presión fiscal derivada de los instrumentos de política alternativos comparable con la ejercida por cualquier programa de incentivos fiscales dado/propuesto? • Cuando se considera que los incentivos fiscales son ventajosos atendiendo a las prioridades más acuciantes del país, ¿qué consideraciones se tienen en cuenta a la hora de diseñar un programa de incentivos fiscales que sea eficaz? • ¿Ha evaluado el gobierno de forma crítica los efectos que sobre las jurisdicciones competidoras tienen las políticas de incentivos fiscales vigentes o propuestas?
Uso prudente de los incentivos fiscales dirigidos	• ¿Se aplican los incentivos fiscales uniformemente a todos los inversores o se dirigen a grupos o ubicaciones específicos? • ¿Existen grupos o ubicaciones concretos sujetos a tipos impositivos superiores a los tipos impositivos generales? • ¿Puede justificarse un trato no uniforme de los inversores? ¿Ha evaluado el gobierno si su enfoque de inversión dirigido sirve efectivamente a los objetivos de política pretendidos? • ¿Es neutral el sistema fiscal en cuanto al trato fiscal que dispensa a los inversores nacionales y extranjeros? • ¿Se adapta el sistema fiscal a las circunstancias específicas de las pequeñas empresas? De ser así, ¿se justifica ese trato especial? ¿Sirve efectivamente de esta manera a los objetivos de política pretendidos? • ¿Ha examinado el gobierno las distorsiones que para las decisiones de inversión acarrean los incentivos fiscales dirigidos? • ¿Ha evaluado el gobierno las oportunidades de planificación fiscal que propicia un tratamiento fiscal no uniforme de las actividades objetivo? • ¿Qué consideraciones se han tenido en cuenta a la hora de circunscribir las ventajas fiscales exclusivamente a las empresas o actividades objetivo?
Evaluación de los costes y ventajas de los incentivos fiscales	• ¿Se controlan y evalúan los incentivos fiscales con el fin de analizar su eficacia y apoyar el proceso de toma de decisiones del gobierno? • ¿Existen mecanismos que posibiliten evaluar de forma periódica los costes y ventajas de los incentivos fiscales a la inversión? • ¿Qué datos se recaban para evaluar la eficacia y la eficiencia en costes de los incentivos fiscales? ¿Existen mecanismos para recopilar datos de manera sistemática? • ¿Se evalúan con regularidad los «beneficios» asociados a los incentivos fiscales en relación con los objetivos de política que persiguen?

	• ¿Incluye esa evaluación una estimación de los beneficios sociales y medioambientales y de los efectos colaterales positivos obrados por la inversión motivada por los incentivos? • ¿Se calculan periódicamente los ingresos que dejan de recaudarse atribuibles a cada incentivo fiscal? • ¿Incluye la estimación de costes los costes indirectos (como costes de cumplimiento y de administración de impuestos) y las fugas de ingresos debidas a oportunidades no deseadas e imprevistas de planificación fiscal? • ¿Se hace pública una declaración periódica de las cuentas de gasto fiscal? • ¿Ha evaluado el gobierno quiénes son los mayores beneficiarios de los incentivos fiscales a la inversión? ¿Se da públicamente a conocer la identidad de esos beneficiarios?
Transparencia y buena gobernanza de los sistemas de incentivos fiscales	• ¿Qué disposiciones legislativas regulan el sistema de incentivos fiscales? ¿Se integran en la ley tributaria? • ¿Pueden concederse incentivos fiscales al margen de las leyes tributarias y de inversión del país (p. ej., en virtud de acuerdos especiales, declaraciones de intenciones o memorandos de entendimiento, etc.)? • Cuando distintos niveles del gobierno sean competentes para exigir impuestos, ¿se estipula claramente en las leyes su potestad tributaria y la forma en que se reparten las bases imponibles? • ¿Los incentivos fiscales se conceden de manera automática o están sujetos a discrecionalidad? • En el caso de los incentivos fiscales discrecionales, ¿se regulan claramente su proceso de solicitud y los requisitos para su obtención? ¿Es transparente este proceso? • En su caso, ¿están sujetos los incentivos fiscales a cláusulas de caducidad, cumplida la cual sea de esperar que los inversores pasen a regirse por la normativa tributaria general? • ¿Recaen todos los incentivos fiscales a la inversión bajo la autoridad de un único organismo público? De no ser así, ¿qué entidades gubernamentales tienen conferido el mandato de supervisar la introducción y concesión de incentivos fiscales? • Cuando la concesión de incentivos fiscales incumba a diferentes organismos, ¿qué mecanismos hay instaurados para evitar solapamientos no deseados e incoherencias en la aplicación de las políticas de incentivos fiscales? • Cuando la concesión de incentivos fiscales se supedita al cumplimiento de determinados requisitos, ¿se controla y verifica el cumplimiento de esos requisitos tanto antes como después de la concesión? • La concesión y administración de incentivos fiscales ¿está descentralizada? ¿Pueden llevarla a cabo tanto el gobierno central como los gobiernos subnacionales? • Cuando los incentivos fiscales se ofrezcan en diferentes niveles, ¿se coordinan su concesión y administración? ¿Se aborda la cuestión de la competencia fiscal subnacional? ¿De qué manera?
Lucha contra las estrategias abusivas de planificación fiscal en los ámbitos nacional e internacional	• ¿Ha evaluado el gobierno el alcance de los ingresos que dejan de recaudarse debido a oportunidades de planificación fiscal nacional y transfronteriza? • ¿Ha evaluado el gobierno de forma crítica en qué medida los incentivos fiscales vigentes o propuestos interactúan con lo dispuesto en los tratados tributarios del país? • ¿Colabora el gobierno con sus homólogos de otros países para contrarrestar las estrategias abusivas de planificación fiscal transfronteriza? • A fin de mejorar el cumplimiento de la normativa fiscal a escala internacional, ¿se ha adherido el país al Foro Global sobre la Transparencia y el Intercambio de Información con Fines Fiscales? • ¿Ha obtenido el gobierno resultados en su lucha contra la evasión fiscal internacional a través de su adhesión a una única norma internacional sobre el intercambio automático de información (AEOI, por sus siglas en inglés) con fines fiscales? • ¿Ha adoptado el gobierno un enfoque y soluciones internacionalmente coordinados para luchar contra la erosión de las bases imponibles y el traslado de beneficios (BEPS, por sus siglas en inglés)?

Recursos adicionales

Altshuler, R. y H. Grubert (2006), «The Role of Governments and MNCs in the Race to the Bottom», *Tax Notes International*, Vol. 41, núm. 5, pp. 459-474.

Auerbach, Alan J. (1985), «The Theory of Excess Burden and Optimal Taxation», en: Alan J. Auerbach and Martin Feldstein (eds.), *Handbook of Public Economics*, Vol. 1, North-Holland, Amsterdam, pp. 61-127.

Caiumi, A. (2011), «The Evaluation of the Effectiveness of Tax Expenditures - A Novel Approach: An Application to the Regional Tax Incentives for Business Investments in Italy», *OECD Taxation Working Papers*, núm. 5, Publicaciones de la OCDE, París. DOI: *http://dx.doi.org/10.1787/5kg3h0trjmr8-en.*

Devereux, M. P. y R. Griffith (1998), «The Taxation of Discrete Investment Choices», *Institute for Fiscal Studies Working Paper Series*, núm. W98/16.

Grubert, H. (2004), «The Tax Burden on Cross-Border Investment: Company Strategies and Country Responses», en: *Measuring the Tax Burden on Labor and Capital*, edited by Birch Sorensen, P., MIT Press (CESifo Seminar Series), Cambridge, Massachusetts, pp. 129-170.

Dirk-Jan Kraan (2004), «Off-budget and Tax Expenditures», OECD Journal on *Budgeting,* Vol. 4/1. DOI: *http://dx.doi.org/10.1787/budget-v4-art6-en.*

Johansson, Å., et al. (2008), «Taxation and Economic Growth», *OECD Economics Department Working Papers,* núm. 620, Publicaciones de la OCDE, París. DOI: *http://dx.doi.org/10.1787/241216205486.*

McKenzie, K.J., M. Mansour y A. Brûlé (1998), «The Calculation of Marginal Effective Tax Rates», Working Paper, Vol. 97, núm. 5, Technical Committee on Business Taxation, Departamento de Finanzas, Canadá.

OCDE, *Principios para mejorar la transparencia y la gobernanza de los incentivos fiscales a la inversión en los países en desarrollo*, Grupo de Trabajo sobre Fiscalidad y Desarrollo, OCDE, París. *www.oecd.org/ctp/tax-global/Transparency_and_Governance_principles.pdf.*

OCDE (2011), *Corporate Loss Utilisation through Aggressive Tax Planning,* Publicaciones de la OCDE, París. DOI: *http://dx.doi.org/10.1787/9789264119222-en.*

OCDE (2011), *Tackling Aggressive Tax Planning through Improved Transparency and Disclosure,* OCDE, París, *www.oecd.org/ctp/exchangeofinformation/48322860.pdf.*

OCDE (2010), Tax Expenditures in OECD Countries, Publicaciones de la OCDE, París. DOI: *http://dx.doi.org/10.1787/9789264076907-en.*

OCDE (2010), Choosing a Broad Base - Low Rate *Approach* to Taxation, OECD Tax Policy Studies, núm. 19, Publicaciones de la OCDE, París. DOI: *http://dx.doi.org/10.1787/9789264091320-en.*

OCDE (2010), *Tax Policy Reform and Economic Growth,* OECD Tax Policy Studies, núm. 20, Publicaciones de la OCDE.

OCDE (2009), *Taxation of SMEs: Key Issues and Policy Considerations*, OECD Tax Policy Studies, núm. 18, Publicaciones de la OCDE, París. DOI: *http://dx.doi.org/10.1787/9789264024748-en.*

OCDE (2008), «Tax Effects on Foreign Direct Investment», Policy Brief, febrero, OCDE, París. *www.oecd.org/daf/inv/investment-policy/40152903.pdf.*

OCDE (2007), Tax Effects on Foreign Direct Investment: Recent Evidence and Policy Analysis, OECD Tax Policy Studies, núm. 17, Publicaciones de la OCDE, París. DOI: *http://dx.doi.org/10.1787/9789264038387-en.*

OCDE (2007), *Tax Incentives for Investment – A Global Perspective: Experiences in MENA and Non-MENA Countries,* OCDE, París. *www.oecd.org/mena/investment/38758855.pdf.*

OCDE (2005), «Incentives and Free Zones in the MENA Region: A Preliminary Stocktaking», documento elaborado para el Grupo de trabajo 2 del Programa de Inversión OCDE-MENA, OCDE, París. *www.oecd.org/mena/investment/36086747.pdf.*

OCDE (2003), *Checklist for Foreign Direct Investment Incentive Policies*, OCDE, París. *www.oecd.org/daf/inv/investment-policy/2506900.pdf.*

OCDE (2003), *Using Micro-Data to Assess Average Tax Rates,* OECD Tax Policy Studies, núm. 8, Publicaciones de la OCDE, París. DOI: *http://dx.doi.org/10.1787/9789264199811-en.*

OCDE (2003), *Tax Policy Assessment and Design in Support of Direct Investment: A Study of Countries in South East Europe*, OCDE, París. *www.oecd.org/daf/inv/34466352.pdf.*

OCDE (2001), *Corporate Tax Incentives for Foreign Direct Investment,* OECD Tax Policy Studies, núm. 4, Publicaciones de la OCDE, París. DOI: *http://dx.doi.org/10.1787/9789264188402-en.*

OCDE (2000), *Tax Burdens: Alternative Measures,* OECD Tax Policy Studies, núm. 2, Publicaciones de la OCDE, París. DOI: *http://dx.doi.org/10.1787/9789264181588-en.*

6. Gobierno corporativo

Tal y como se indica en el Preámbulo de los *Principios de gobierno corporativo de la OCDE*, «el grado de observancia de principios básicos en materia de buen gobierno corporativo por parte de las sociedades es un factor con creciente importancia a la hora de adoptar decisiones sobre inversión. Una trascendencia especial adquiere la relación entre las prácticas de gobierno y el carácter cada vez más internacional de las inversiones. Los flujos internacionales de capital permiten a las sociedades financiarse a través de un grupo de inversores mucho más amplio. Si se pretende que los países puedan obtener todos los beneficios de un mercado de capitales global, y si su intención es atraer capital "paciente" a largo plazo, los acuerdos en materia de gobierno corporativo deben resultar creíbles y de fácil comprensión en todos los países, y atenerse a los principios internacionalmente aceptados. Incluso en el caso de las sociedades que no dependen principalmente de fuentes de capital extranjero, la adhesión a las prácticas de buen gobierno corporativo contribuirá a aumentar la confianza de los inversores nacionales, reducir el coste del capital, asegurar el buen funcionamiento de los mercados financieros y, por último, a atraer fuentes de financiación más estables.»

Este texto y las correspondientes preguntas ofrecen una breve introducción a algunos aspectos fundamentales del gobierno corporativo que los responsables de la formulación de políticas y otras partes interesadas han de abordar para promover unos mercados transparentes y eficientes que ofrezcan un entorno propicio para la inversión. A fin de llevar a cabo una evaluación más completa, dichos responsables deberían remitirse a los *Principios de gobierno corporativo de la OCDE* (2004), así como al método de evaluación elaborado por el Comité de Gobierno Corporativo de la OCDE (2006) y, en lo posible, solicitar al Banco Mundial una evaluación al amparo del programa relativo a los Informes sobre el cumplimiento de normas y códigos en materia de gobierno corporativo (ROSC, por sus siglas en inglés). En el caso de los países que presenten un elevado número de empresas públicas, pueden consultarse las *Directrices de la OCDE sobre el gobierno corporativo de las empresas públicas* (2005), que ofrecen un importante conjunto complementario de recomendaciones.

Los *Principios de gobierno corporativo* y las *Directrices sobre el gobierno corporativo de las empresas públicas* estaban siendo objeto de revisión mientras se actualizaba la presente sección, por lo que podrían incluir nuevas recomendaciones de política y mejores prácticas en su próxima edición, prevista para finales de 2015. Sin embargo, seguirán en vigor los elementos fundamentales —según se describen a continuación— de un marco de gobierno corporativo que fomente mercados transparentes y eficientes que propicien la inversión. Si bien esta sección se basa primordialmente en las recomendaciones previstas en los *Principios de gobierno corporativo* y en las *Directrices sobre el gobierno corporativo de las empresas públicas*, también se apoya en otros trabajos de la OCDE en materia de gobierno corporativo realizados con economías de mercado emergentes y de la OCDE, concretamente en sus mesas redondas regionales sobre gobierno corporativo.

Garantizar un marco eficaz de gobierno corporativo. Un gobierno corporativo eficaz requiere contar con un marco jurídico, regulatorio e institucional efectivo en el que todos los operadores del mercado puedan confiar cuando establezcan relaciones contractuales (véanse también las secciones *Política de inversión* y *Gobernanza pública*). Ese marco legal, regulatorio e institucional suele englobar leyes, regulaciones, mecanismos de autorregulación, compromisos voluntarios y prácticas empresariales que son el resultado de los contextos económicos, la historia y las tradiciones específicas de un país. La combinación ideal entre legislación, regulación, autorregulación, normas voluntarias, etc., variará, por tanto, de un país a otro.

En este contexto, la estructura del marco regulatorio y legal que sirve de apoyo al sistema de gobierno corporativo ha de ser lo suficientemente flexible para satisfacer las necesidades de empresas que operan en circunstancias enormemente dispares. Otra consideración fundamental es la necesidad de una aplicación y una observancia eficaces. Entre otras cosas, ello exigirá que la atribución de las responsabilidades de supervisión, aplicación y observancia entre diferentes autoridades quede perfectamente delimitada, de manera que las competencias de órganos complementarios puedan ser respetadas y ejercidas de la manera más eficaz.

Garantizar un trato equitativo a los accionistas. Los inversores en valores de renta variable adquieren determinados derechos de propiedad. Por ejemplo, la acción de una sociedad que cotiza en bolsa puede comprarse, venderse o transmitirse y confiere al inversor el derecho a participar en sus beneficios. Asimismo, le otorga el derecho a obtener información relativa a la sociedad y a influir en ella, principalmente mediante el ejercicio de sus derechos de voto en las juntas de accionistas. Todos estos derechos atesoran un valor económico intrínseco. Para que los inversores compren valores de renta variable, han de tener la seguridad de que se reconocerán y protegerán de forma adecuada tales derechos y otros derechos que adquieran.

La estructura de propiedad presenta importantes repercusiones en el marco de gobierno corporativo. En muchas economías la mayoría de las empresas están controladas por los grandes accionistas, en algunos casos a través de derechos preferentes de voto o mediante complejas estructuras de propiedad y control que les permiten ejercer el control con un porcentaje de capital relativamente reducido. En otros casos, la propiedad es controlada por el Estado, lo cual plantea retos de gobernanza adicionales. Los accionistas de control poseen fuertes incentivos para supervisar estrechamente la evolución de la empresa y su gestión, pese a que sus intereses también pueden entrar en conflicto con los de los accionistas minoritarios. Pueden surgir conflictos cuando los accionistas de control obtienen a título particular ventajas a expensas de los accionistas minoritarios.

Las sociedades y sus accionistas soportan el coste de un deficiente gobierno corporativo a través de un descenso de las valoraciones, un menor acceso a la financiación de capital y dificultades a la hora de planificar la sucesión y el acceso a talento externo. Además, la economía se ve también afectada con una caída de la productividad, ya que los fondos disponibles para la inversión se asignan de forma menos eficiente. Para reducir estos costes, algunos accionistas de control adoptan medidas voluntarias para mejorar su propio gobierno corporativo, así como su reputación ante otros accionistas. Numerosos países han tomado medidas voluntarias, como la introducción de segmentos especiales del mercado bursátil y códigos voluntarios de gobierno corporativo, a fin de facilitar la adopción de buenas prácticas y ofrecer a las empresas mecanismos con los que señalar a los mercados que se someten a unos elevados estándares de gobernanza. Aun cuando dichas medidas pueden ejercer una importante función en el perfeccionamiento de los mecanismos de gobierno corporativo, también podrían sembrar entre los accionistas y otras partes interesadas cierta incertidumbre en lo que respecta a su situación y aplicación. Cuando los códigos y principios se utilizan como norma nacional o para sustituir explícitamente las correspondientes disposiciones legales o reglamentarias, para ganarse la credibilidad del mercado es preciso especificar claramente su situación en cuanto a grado de cobertura, aplicación, cumplimiento y sanciones. A largo plazo, los accionistas de control pueden beneficiarse efectivamente de medidas jurídicamente vinculantes y eficazmente aplicadas con vistas a mejorar la protección de los inversores.

Abordar los conflictos de intereses y acceso a mecanismos de reparación. Determinados tipos de actividades corporativas entrañan inherentemente conflictos de intereses. Así pues, es importante que el mercado pueda conocer si dichas actividades se llevan a cabo prestando la debida consideración a los intereses de todos los accionistas y que se establezcan métodos eficaces para la reparación, llegado el caso, de los perjuicios irrogados. La confianza de los accionistas y potenciales inversores aumenta cuando el sistema jurídico prevé mecanismos para que el accionariado pueda litigar a un coste razonable y sin dilaciones indebidas, pero existe el riesgo de que un sistema jurídico que permita a cualquier inversor impugnar judicialmente cualquier acto societario sea propicio a una litigiosidad excesiva. Debe alcanzarse un equilibrio entre permitir que los inversores soliciten la correspondiente reparación por la vulneración de sus derechos económicos y la exigencia de evitar una litigiosidad excesiva.

Un poder judicial eficaz también resulta esencial como medida disuasoria creíble frente al abuso de los derechos de los accionistas. En países con sistemas judiciales débiles, la excesiva duración de los procedimientos judiciales y la imprevisibilidad de sus resultados reducen los incentivos para que los accionistas ejerzan sus derechos y desincentivan a potenciales inversores. Otro aspecto relativo a la reparación de las infracciones de los derechos de los accionistas es la prevención. Resulta esencial que las sociedades comuniquen plenamente al mercado todas las operaciones significativas celebradas con partes vinculadas, con indicación de si las mismas fueron pactadas en condiciones de plena competencia. Al abordar el contenido y el alcance de esas medidas, debería examinarse una definición viable del término «partes vinculadas». También será necesario abordar el tema de la responsabilidad individual en lo que respecta a la comunicación de conflictos de intereses, así como la función del consejo de administración en la valoración de las repercusiones significativas de tales conflictos.

La función de los accionistas. La participación en las juntas generales es un derecho fundamental de todos los accionistas, tanto nacionales como extranjeros, y es decisiva para la capacidad de influir en la vida de la sociedad. Los procedimientos de convocatoria de las juntas de accionistas y de voto deben estar orientados a facilitar y fomentar esa participación. Ello exige, entre otras cosas, puntualidad en las notificaciones y unos sistemas de voto que permitan a los accionistas participar en el proceso de toma de decisiones a un coste razonable.

El acceso a la información y a unos procedimientos de representación fiables constituye un reto especialmente en el caso de los inversores extranjeros que mantienen sus acciones a través de cadenas de intermediarios. Esto puede plantear dificultades especiales a la hora de determinar las facultades de esos inversores extranjeros para ejercer sus derechos de voto y el proceso de comunicación con dichos inversores. Los riesgos obvios consisten en que la información de la sociedad no sea recibida por el accionista último y que la opinión de ese accionista no llegue a la junta. Por tanto, es importante examinar hasta qué punto el marco legal y regulatorio establece claramente las obligaciones y los procedimientos de información en materia de juntas, así como los procedimientos aplicables al ejercicio de los derechos de voto inherentes a las acciones de titulares extranjeros.

Garantizar una comunicación puntual, fiable y pertinente. Los accionistas existentes y potenciales precisan disponer de una información regular, fiable y contrastable suficientemente pormenorizada para poder ejercer los derechos asociados a su titularidad con pleno conocimiento de causa y en igualdad de condiciones. Un régimen de comunicación de información que promueva la transparencia será, por tanto, una característica central de un sistema de gobierno corporativo basado en el mercado. Un régimen así infunde confianza en el mercado bursátil y es un potente instrumento para influir en el comportamiento de las empresas y proteger los derechos de los inversores. Una información insuficiente o ambigua mermaría la operatividad de los mercados, incrementaría el coste de capital y desincentivaría la inversión.

Un debate en torno al contenido de las normas y procedimientos de divulgación de información permitirá abordar de manera lógica numerosos dilemas relativos a la exhaustividad, la calidad y el coste de determinar y difundir la información. A fin de determinar la información mínima que debe comunicarse, muchos países aplican el concepto de «sustancialidad». Por «información sustancial» se entiende la información que, si se omite o comunica de forma inexacta, puede influir en las decisiones económicas adoptadas por sus destinatarios. Durante el desarrollo de un régimen de comunicación de información solvente, los cauces, plazos y procedimientos aplicables a la difusión de información societaria pueden resultar tan importantes como el contenido mismo de esa información. La comunicación de información sustancial apenas servirá a fin alguno si dicha información no llega al mercado y a las autoridades competentes de forma eficiente en costes, fácilmente accesible, predecible y puntual.

En muchos mercados existe un problema específico de transparencia relacionado con la existencia de complejas estructuras de propiedad y de control. Ofrecer información transparente en materia de titularidad resulta esencial para poner coto a, entre otras cosas, la realización de operaciones abusivas entre partes vinculadas. La plantilla de la OCDE sobre opciones para la obtención de información en materia de titularidad efectiva y de control sirve como referencia para ampliar la difusión de este tipo de información.

Función central del consejo. El consejo debe desempeñar una función central en el gobierno corporativo. Este órgano de gobierno es responsable principalmente de orientar la estrategia empresarial, controlar el desempeño de la dirección —y sustituirla en caso necesario—, supervisar los sistemas diseñados para garantizar que la sociedad cumple la legislación aplicable y velar por obtener una rentabilidad adecuada para los accionistas. Debe asimismo controlar y gestionar los posibles conflictos de intereses de la dirección, los miembros del consejo y los accionistas. El consejo también tiene el deber de actuar en interés de la sociedad y de sus accionistas y atender y gestionar de manera equitativa los intereses de otras partes interesadas, ya se trate de trabajadores, acreedores, clientes, proveedores o comunidades locales. Las sociedades deben reconocer que las aportaciones de las partes interesadas constituyen un valioso recurso para consolidar su competitividad y rentabilidad y, por tanto, para su éxito a largo plazo. Los derechos de las partes interesadas, ya vengan establecidos por ley o de mutuo acuerdo, deberán ser respetados.

Con independencia de la forma en que sean nombrados, para que puedan desempeñar de un modo efectivo sus responsabilidades, es preciso que los miembros del consejo puedan aplicar criterios fundados, objetivos e independientes, actuando en representación de todos los accionistas. Algunas de sus responsabilidades se formalizan como un deber de diligencia y lealtad, por lo que es importante que ambos conceptos se encuentren previstos en el Derecho y en la jurisprudencia, y formen parte del acervo de conocimientos y prácticas de los propios miembros del consejo. En algunos países, las empresas han considerado útil articular expresamente las responsabilidades del consejo con las de la dirección.

La función de las iniciativas voluntarias y de autorregulación. Al abordar cuestiones relacionadas con el gobierno corporativo, los países recurren a distintas combinaciones de instrumentos legales y reglamentarios y de iniciativas y códigos voluntarios que dependerán, en parte, de la historia, la tradición jurídica, la eficiencia de sus órganos jurisdiccionales, la estructura política del país y la etapa de desarrollo en que se encuentre su sector empresarial. Muchos países, con la esperanza de reducir al mínimo los costes de cumplimiento normativo y de ofrecer mayor flexibilidad en un contexto de mercado, han exhibido y tratado de promover un mayor uso de iniciativas y códigos voluntarios con miras a mejorar su gobierno corporativo. Por otra parte, algunos países han pretendido aplicar sus códigos mediante disposiciones del tipo «cúmplase o explíquese» que, si bien no instan un cumplimiento efectivo de la disposición en sí, requieren una explicación cuando es incumplida. En algunos países, los mercados bursátiles han introducido exigencias de gobierno corporativo en sus requisitos de admisión a cotización. En las mesas redondas sobre gobierno corporativo de la OCDE se ha registrado un incremento del número de países que declaran contar con institutos de gobierno corporativo o institutos de órganos de administración orientados a sensibilizar y a formar a los consejeros en una mejor comprensión de los objetivos y requisitos aplicables en esta materia. Algunos de esos institutos han participado también en programas de formación dirigidos a los medios de comunicación como vía alternativa para ampliar los conocimientos del público en general en materia de gobierno corporativo.

Importancia de los exámenes nacionales y del diálogo sobre políticas. Esta breve lista de control no sustituye un examen completo de los sistemas de gobierno corporativo nacionales, por lo que cada país debería plantearse llevar a cabo un examen exhaustivo de su sistema a la luz de los *Principios de Gobierno Corporativo* de la OCDE. El Banco Mundial ha llevado a cabo exámenes del gobierno corporativo de unas 50 economías en desarrollo y en transición en el marco de los denominados *Informes sobre el cumplimiento de normas y códigos* (ROSC), valiéndose a tal efecto de los Principios de la OCDE como referencia. El Banco Mundial publica estos informes en su sitio web (www.worldbank.org/ifa/rosc_cg.html), siempre que el gobierno del país esté de acuerdo con su divulgación pública. La OCDE también ha ideado un método que ofrece orientaciones más detalladas para este tipo de examen. La divulgación y el examen públicos de estos exámenes pueden contribuir a sensibilizar acerca de los cambios requeridos para fortalecer el marco de gobierno corporativo y el entorno de inversión, así como para concitar apoyos en torno a ellos. La OCDE ha empezado recientemente a realizar exámenes más pormenorizados a la luz de las *Directrices de la OCDE sobre el gobierno corporativo de las empresas públicas* (que en el presente *Marco* se abordan de forma más exhaustiva más adelante) con respecto a aquellos países interesados en adherirse de manera voluntaria a este instrumento.

El diálogo sobre políticas entre los responsables de la formulación de políticas, las instituciones y las demás partes interesadas en la mejora del gobierno corporativo ha demostrado ser un modo eficaz de alcanzar consensos en torno a las mejoras en este ámbito en los planos nacional y regional. Las mesas redondas sobre gobierno corporativo (en Asia, Oriente Medio y Norte de África, así como en América Latina y Rusia) siguen reuniéndose con regularidad y han contribuido a forjar consensos en torno a la acción regional y nacional y el seguimiento de su puesta en práctica. Asimismo, la OCDE ha desplegado redes regionales dedicadas al gobierno corporativo de las empresas públicas en Asia, Oriente Medio y Norte de África, América Latina y África Meridional. La participación en este diálogo sobre política regional facilita el acceso a conocimientos especializados internacionales y fortalece las capacidades —y las voluntades políticas— para el cambio.

Garantizar la rendición de cuentas y un adecuado gobierno corporativo de las empresas públicas. La forma en que se organiza la función patrimonial del Estado —esto es, el funcionamiento de las entidades del sector público responsables de la formulación y aplicación de políticas en materia de propiedad pública— puede influir en el entorno general de inversión. Es importante que esta función patrimonial se identifique claramente y se deslinde de otras funciones estatales, como la supervisión regulatoria. Ello ayudará a garantizar unas reglas del juego uniformes para todos los inversores, particularmente en lo que respecta al cumplimiento de la normativa legal y reglamentaria. Asimismo, contribuirá a asegurar que el Estado, como propietario activo e informado, no interfiere en la gestión cotidiana de las empresas públicas y concede a sus consejos de administración plena autonomía operativa para alcanzar los objetivos establecidos, desempeñando su función de orientación estratégica y supervisión de la gestión. Los miembros de los consejos de estas empresas deben ser designados a través de un proceso transparente, en función de su mérito y experiencia, debiéndose establecer claramente que su deber consistirá en actuar en todo momento en interés de la empresa en su conjunto, y no como representantes a título particular de los grupos que los elijan.

La transparencia y la rendición de cuentas están estrechamente vinculadas a la autonomía. Ambas inspiran a los inversores la confianza de que las entidades del sector público, empresas públicas incluidas, ejercerán sus facultades de manera responsable y de que, al entrar en nuevos mercados, podrán competir en igualdad de condiciones. La observancia de algunos principios básicos de gobierno corporativo podría ayudar a las empresas públicas a perfeccionar sus estándares de rendición de cuentas y de transparencia. Por ejemplo, la elaboración por las empresas públicas de informes sobre sus resultados y objetivos alcanzados debería basarse en normas de contabilidad y auditoría tan exigentes como las que han de cumplir las empresas cotizadas. De este modo, se exigirá además a las empresas públicas tengan instaurados controles internos eficaces y que se sometan con carácter anual a auditorías independientes con arreglo a normas internacionalmente reconocidas. Una comunicación adecuada de información sustancial resultará también importante para mejorar la rendición de cuentas, en particular la referente a cualquier ayuda financiera recibida del Estado, los compromisos contraídos en nombre del Estado y las operaciones sustanciales celebradas con entidades vinculadas. Este tipo de operaciones son a menudo un importante factor desequilibrador de las reglas del juego en perjuicio de los inversores, sobre todo en entorno institucional débil. La publicación anual de un informe consolidado sobre empresas públicas centrado en sus objetivos, resultados financieros y no financieros, y valoraciones contribuye también a asegurar una adecuada rendición pública de cuentas.

Preguntas y principios clave

Marco de gobierno corporativo

1. ¿Qué medidas se han adoptado para garantizar que el marco de gobierno corporativo promueva el rendimiento económico general, así como la transparencia y el buen funcionamiento de los mercados? ¿Se han traducido en un marco regulador coherente y sólido, sustentado por una aplicación eficaz?
2. ¿Cómo garantiza el marco de gobierno corporativo un trato equitativo a los accionistas?
3. ¿Cuáles son las estructuras y los mecanismos institucionales de reparación jurídica en caso de vulneración de los derechos de los accionistas? ¿Operan como una disuasión eficaz de tales infracciones? ¿Qué medidas de control existen para evitar que quienes manejan información empresarial privilegiada y los accionistas de control obtengan ventajas particulares?
4. ¿Qué procedimientos e instituciones garantizan que los accionistas puedan participar en la adopción de las decisiones significativas de la empresa y cuenten con información suficiente al respecto?
5. ¿Mediante qué normas y mecanismos cumplen las empresas la exigencia del mercado de comunicar información puntual, fiable y pertinente, incluida la relativa a sus estructuras de propiedad y control?
6. ¿Cómo garantiza el marco de gobierno corporativo que el consejo desempeñe una función central en la orientación estratégica de la sociedad y en la supervisión eficaz de la dirección, y que rinda cuentas ante la empresa y sus accionistas?
7. ¿Reconoce también dicho marco los derechos de las partes interesadas establecidos por ley o de mutuo acuerdo y fomenta la cooperación activa entre las empresas y las partes interesadas en la creación de riqueza y empleo y la sostenibilidad de las empresas solventes?

Iniciativas voluntarias

8. ¿Qué se ha hecho y qué más debería hacerse en el ámbito de las iniciativas voluntarias y la formación con miras a promover y desarrollar una cultura de buen gobierno corporativo en el sector privado?

Evaluación comparativa

9. ¿Se ha examinado el sistema nacional de gobierno corporativo a la luz de los Principios de Gobierno Corporativo de la OCDE? En caso afirmativo, ¿se han divulgado las conclusiones?

Empresas públicas

10. ¿Cómo se estructura la función patrimonial de las empresas públicas para garantizar la segregación de las funciones reguladoras estatales, la igualdad de condiciones frente a las sociedades del sector privado y la claridad de los objetivos corporativos?
11. ¿Qué procesos garantizan que el Estado no interfiera en la gestión cotidiana de las empresas públicas y que los miembros del consejo puedan desempeñar su función de supervisión estratégica de manera autónoma y eficaz?

12. ¿De qué modo rinden efectivamente cuentas las empresas públicas ante el gobierno, el parlamento, la ciudadanía y los accionistas no estatales, en su caso?

Preguntas complementarias

Nota: Los Principios de gobierno corporativo y las Directrices de la OCDE sobre el gobierno corporativo de las empresas públicas se encontraban en proceso de revisión en el momento de la redacción de esta sección y aún no se había alcanzado un consenso sobre qué modificaciones introducir. Por tanto, las siguientes preguntas se basan en las versiones previamente adoptadas de los Principios (2004) y las Directrices (2005) y no prejuzgan las modificaciones que finalmente incorporen estas recomendaciones de la OCDE. Se invita a los lectores a consultar la versión de los Principios y Directrices del 2015.Para una explicación más detallada de los criterios pertinentes para valorar el gobierno corporativo, véase Methodology for Assessing the Implementation of the OECD Principles of Corporate Governance (véase la lista de Otros recursos).

Marco de gobierno corporativo, aplicación y puesta en práctica	• ¿Qué medidas se han adoptado para garantizar que el marco de gobierno corporativo fomente el rendimiento económico general y mercados transparentes y funcionales? • ¿Se han traducido en un marco regulador coherente y sólido, sustentando por una aplicación eficaz? • ¿Las resoluciones se dictan sin dilaciones, son transparentes y se motivan suficientemente? ¿Existen modalidades para interponer recurso? • ¿Disponen los organismos de supervisión, regulación y ejecución de las facultades, la integridad y los recursos necesarios para cumplir eficazmente sus obligaciones? • Las responsabilidades de supervisión, aplicación y ejecución, ¿se asignan de forma claramente delimitada entre los distintos organismos de modo que se respeten las competencias de las entidades e instituciones complementarias y puedan aplicarse con máxima eficacia? • ¿Se realiza un seguimiento de las regulaciones que puedan solaparse o contradecirse entre jurisdicciones nacionales, de modo que se eviten las lagunas normativas (esto es, problemas sobre los que ningún organismo tenga competencia expresa)? • ¿Qué medidas se toman a fin de reducir al mínimo los costes soportados por las empresas para cumplir los múltiples sistemas legislativos y garantizar que los costes de cumplimiento normativo no sean excesivos?
Trato equitativo	• ¿Qué procedimientos e instituciones existen para que los accionistas puedan participar en la toma de decisiones relevantes de la empresa y contar con información suficiente al respecto? • ¿Reciben puntualmente los avisos de convocatoria de las juntas de accionistas? • ¿Cuentan las juntas con sistemas de votación que permitan a los accionistas, incluidos los extranjeros, participar en el proceso de toma de decisiones a un coste razonable? • ¿Son fiables los procedimientos de representación y permiten a los accionistas ausentes votar a favor o en contra de los acuerdos de manera equivalente a los accionistas presentes? • ¿Cuáles son los procedimientos y sistemas institucionales de reparación jurídica en caso de vulneración de los derechos de los accionistas? • ¿Operan como una medida disuasoria creíble de tales vulneraciones? • ¿Prevé el sistema jurídico mecanismos para que los accionistas incoen litigios a un coste razonable y sin dilaciones indebidas? • ¿Cómo se alcanza un equilibrio entre permitir a los inversores que acudan a los tribunales por la vulneración de sus derechos y evitar una litigiosidad excesiva? • ¿Deben las empresas informar plenamente al mercado de sus operaciones sustanciales con partes vinculadas e indicar si se han celebrado en plena competencia y en condiciones normales de mercado?

Partes interesadas	• ¿Tienen las partes interesadas la posibilidad de obtener una reparación eficaz por la vulneración de sus derechos? • Cuando las partes interesadas participan en el proceso de gobernanza, ¿tienen acceso a una información pertinente, suficiente y fidedigna de manera periódica y en plazo útil? • ¿Pueden las partes interesadas, incluidos los empleados a título individual y sus órganos de representación, trasladar libremente al consejo sus preocupaciones sobre prácticas ilegales o contrarias a la ética sin poner en peligro sus derechos? Véase asimismo la sección *Políticas dirigidas a posibilitar un comportamiento responsable de las empresas.*
Transparencia	• ¿Abarcan las obligaciones de comunicación de información los siguientes aspectos? – Resultados financieros y de explotación – Objetivos de la empresa – Principales accionistas y derechos de voto – Políticas sobre retribución – Cualificación y selección de los miembros del consejo – Operaciones con partes vinculadas – Factores de riesgo previsibles – Cuestiones relacionadas con los empleados y otras partes interesadas – Estructuras y políticas de gobernanza • ¿Exige el marco de gobierno corporativo que la información se formule y comunique siguiendo normas estrictas reconocidas internacionalmente en materia de comunicación de datos contables, financieros y no financieros? • ¿Garantiza el marco que un auditor independiente y debidamente capacitado evalúe con periodicidad anual la evolución de la empresa? • ¿Cuáles son las vías, los plazos y procedimientos de divulgación de la información sobre la empresa? • ¿Exige o promueve el marco que la información llegue al mercado de forma eficiente en costes, fácilmente accesible, predecible y en plazo útil?
Función del consejo de administración	• ¿Las obligaciones de diligencia y lealtad de los miembros del consejo frente a la empresa y los accionistas están firmemente fundamentadas en las leyes y la jurisprudencia? ¿Las conocen y comprenden adecuadamente los consejeros? • ¿En qué medida exige o promueve el marco de gobierno corporativo que los consejos desempeñen las siguientes funciones? – Revisar y orientar la estrategia empresarial – Supervisar la eficacia de las prácticas de gobierno corporativo – Controlar el desempeño del equipo directivo – Sustituir a cargos directivos en caso necesario – Garantizar la integridad de los sistemas contables y financieros, incluida la gestión de riesgos y el cumplimiento de las leyes y las normas pertinentes – Aplicar estrictas normas éticas, en concreto un código deontológico empresarial – Supervisar y gestionar potenciales conflictos de intereses entre dirección, consejo y accionistas. • ¿Exige o promueve el marco que los consejos apliquen criterios fundados, objetivos e independientes, actuando en representación de todos los accionistas? • ¿En qué medida exige o fomenta el marco que los consejeros no ejecutivos con capacidad de aplicar criterios independientes intervengan cuando exista un potencial conflicto de intereses? • ¿Promueve o permite el marco que los consejos participen, mediante un proceso formal y transparente de designación de miembros, en la identificación de posibles miembros con competencias, experiencia y conocimientos adecuados?

Gobierno corporativo de las empresas públicas

Marco legal y reglamentario para empresas públicas que garantice la igualdad de condiciones	• ¿Están las empresas públicas exentas, a diferencia de las empresas privadas, de la aplicación de las leyes generales, por ejemplo en materia de procedimientos concursales o de quiebra, o el régimen de retribución, derechos de jubilación y protección laboral de los trabajadores? • ¿Ha impuesto el gobierno obligaciones de servicio público a las empresas públicas, a diferencia de las empresas privadas que se encuentren en circunstancias similares? ¿Mediante qué procesos intergubernamentales se establecen y concretan tales obligaciones en leyes, reglamentos o en los estatutos de empresas públicas afectadas? • ¿Se identifican, contabilizan y divulgan los costes asociados entre el público en general? • ¿Disponen las partes interesadas y los competidores de medios de reparación adecuados en caso de estimar que se han vulnerado sus derechos? • ¿Al solicitar financiación, actúan las empresas públicas en condiciones de competencia? Por ejemplo, las relaciones con entidades bancarias de titularidad pública y otras empresas estatales, ¿se basan en motivos estrictamente comerciales?
El Estado como propietario	• ¿Ha definido el Estado los objetivos generales de la propiedad estatal y sus funciones en la gobernanza corporativa de las empresas públicas? • ¿Qué organismos públicos se encargan de definir las políticas de propiedad y cómo se aplican y controlan? • ¿Cómo se nombran a los altos ejecutivos de las empresas? ¿Quién los nombra? Si su nombramiento es competencia del gobierno, ¿qué salvaguardas existen para garantizar su autonomía y su responsabilidad ante el consejo de administración? • ¿Se han atribuido a los consejos de las empresas públicas competencias y autonomía plenas para definir las estrategias empresariales, de acuerdo con los objetivos previstos por el gobierno? • ¿Está delimitado claramente el ejercicio de los derechos de propiedad en la administración pública? ¿Están centralizados dichos derechos? En caso de existir diferentes organismos competentes, ¿cómo se consigue un nivel suficiente de coordinación en sus actuaciones y políticas? • ¿Rinde cuentas la entidad coordinadora o patrimonial ante órganos representativos como, por ejemplo, el parlamento? • ¿Están claramente definidas sus relaciones con los organismos pertinentes, en particular con la entidad fiscalizadora superior del Estado?
Trato equitativo de los accionistas de empresas públicas	• ¿Disponen los accionistas no estatales de las empresas públicas de los mismos derechos que los accionistas de otras empresas y que el Estado? En caso afirmativo, ¿cómo se hacen valer tales derechos? • ¿Exhiben las empresas públicas niveles de transparencia elevados frente a todos sus accionistas? ¿Qué mecanismos garantizan que todos los accionistas de las empresas públicas dispongan de un acceso idéntico y sin dilaciones a información sustancial? • ¿Se facilita la participación de los accionistas minoritarios en las juntas? ¿De qué manera influyen en las decisiones fundamentales de la empresa como, por ejemplo, las relacionadas con la elección de los miembros del consejo?
Relaciones de las empresas públicas con las partes interesadas	• ¿Se establecen los derechos de las partes interesadas por ley y por acuerdo mutuo? En caso afirmativo, ¿cómo se hacen valer tales derechos? • ¿Qué obligaciones formales exigen, en su caso, a las empresas públicas cotizadas y de gran tamaño publicar información sobre sus relaciones con partes interesadas? • ¿Deben las empresas públicas elaborar, aplicar y divulgar códigos deontológicos internos? En caso afirmativo, ¿qué programas de cumplimiento normativo existen, en particular para combatir el fraude y la corrupción?
Presentación de información por las empresas públicas	• ¿Qué tipo de información financiera y no financiera sobre las empresas públicas proporciona la entidad coordinadora o patrimonial? ¿La información se facilita de manera agregada, es decir, que abarque a todas las empresas públicas o a la mayor parte de ellas? • ¿Prevén las empresas públicas una función de auditoría interna? De ser así, ¿está supervisada por el consejo y la comisión de auditoría y depende directamente de dichos órganos? • ¿Están sujetas las empresas públicas a las mismas normas de contabilidad y auditoría que las compañías cotizadas? • ¿Qué información financiera y no financiera divulgan las empresas públicas? ¿Se dan a conocer los objetivos de la empresa y su cumplimiento, la retribución de los consejeros y los ejecutivos clave, datos sobre la composición de los consejos y los marcos de gestión de riesgos?

Responsabilidad de los consejos de las empresas públicas	• En la medida en que todas las empresas públicas cuenten con consejos de administración, ¿se ha atribuido a dichos órganos un mandato claro y son los responsables últimos del rendimiento de la empresa? • ¿Responden los consejos de las empresas públicas ante los propietarios, ante la empresa o ante ambos? ¿Velan por que todos los accionistas reciban un trato equitativo? • ¿Están los consejos facultados para supervisar al consejero delegado y cesarlo en caso necesario? ¿Están diferenciadas las funciones del presidente del consejo y las del consejero delegado? • ¿Favorece la composición de los consejos de las empresas públicas su autonomía? Concretamente, ¿cuántos consejeros independientes forman parte normalmente de los consejos de las empresas públicas? • ¿Es obligatoria la representación de los trabajadores de las empresas públicas en sus consejos? En caso afirmativo, ¿qué formación reciben, en su caso, los representantes de los trabajadores para desempeñar sus funciones en el consejo? • ¿Es habitual la creación de comités especiales del consejo como, por ejemplo, de auditoría, de riesgos y de retribuciones? • ¿Están obligados los consejos de las empresas públicas a llevar a cabo evaluaciones anuales de su desempeño?

Recursos adicionales

Sitios web

OCDE, Asuntos empresariales, *www.oecd.org/daf/ca.*

Principios, normas

OCDE (2011), Declaración de la OCDE sobre Inversión Internacional y Empresas Multinacionales. OCDE, París. *www.oecd.org/investment/investment-policy/oecddeclarationoninternationalinvestmentandmultinationalenterprises.htm.*

OCDE (2005), *Líneas Directrices de la OCDE sobre el Gobierno Corporativo de las Empresas Públicas* (nueva versión revisada prevista para 2015), OCDE, París. *www.oecd.org/daf/ca/oecdguidelinesoncorporategovernanceofstate-ownedenterprises.htm.*

OCDE (2004), *Principios de Gobierno Corporativo* (nueva versión revisada prevista para 2015), OCDE, París. *www.oecd.org/daf/ca/oecdprinciplesofcorporategovernance.htm.*

Evaluaciones nacionales e información específica por países

OCDE (2014), *Corporate Governance Factbook,* OCDE, París. *www.oecd.org/daf/ca/corporate-governance-factbook.htm.*

OCDE (2014), *Risk Management and Corporate Governance,* Corporate Governance, Publicaciones de la OCDE, París. DOI: *http://dx.doi.org/10.1787/9789264208636-en.*

OCDE (2013), *Supervision and Enforcement in Corporate Governance*, Corporate Governance, Publicaciones de la OCDE, París. DOI: *http://dx.doi.org/10.1787/9789264203334-en.*

OCDE (2012), *Board Member Nomination and Election*, Publicaciones de la OCDE, París. DOI: *http://dx.doi.org/10.1787/9789264179356-en.*

OCDE (2012), *Related Party Transactions and Minority Shareholder Rights*, Publicaciones de la OCDE, París. DOI: *http://dx.doi.org/10.1787/9789264168008-en.*

OCDE (2011), *Board Practices: Incentives and Governing Risks*, Corporate Governance, Publicaciones de la OCDE, París. DOI: *http://dx.doi.org/10.1787/9789264113534-en.*

OCDE (2011), *The Role of Institutional Investors in Promoting Good Corporate Governance, Corporate Governance*, Publicaciones de la OCDE, París. DOI: *http://dx.doi.org/10.1787/9789264128750-en.*

OCDE (2010), *State-Owned Enterprise Governance Reform: An Inventory of Recent Change,* OCDE, París. *www.oecd.org/daf/ca/48455108.pdf.*

OCDE (2005), *Corporate Governance of State-Owned Enterprises: A Survey of OECD Countries,* Publicaciones de la OCDE, París. DOI: *http://dx.doi.org/10.1787/9789264009431-en.*

OCDE (2004), *Corporate Governance: A Survey of OECD Countries,* Publicaciones de la OCDE, París. DOI: *http://dx.doi.org/10.1787/9789264106079-en.*

Banco Mundial, Informes sobre el cumplimiento de normas y códigos, gobierno corporativo, *www.worldbank.org/ifa/rosc_cg.html.*

Otras orientaciones relevantes

OCDE (2012), *Corporate Governance, Value Creation and Growth: The Bridge between Finance and Enterprise*, Corporate Governance, Publicaciones de la OCDE, París. DOI: *http://dx.doi.org/10.1787/9789264179547-en.*

OCDE (2010), *Guía para rendición de cuentas y transparencia para Empresas de Propiedad del Estado*, Gobernanza corporativa, Publicaciones de la OCDE, París. DOI: *http://dx.doi.org/10.1787/9789264214231-es.*

OCDE (2010), *Corporate Governance and the Financial Crisis: Conclusions and Emerging Good Practices to Enhance Implementation of the Principles*, Publicaciones de la OCDE, París. *www.oecd.org/daf/ca/44679170.pdf.*

OCDE (2009), *Corporate Governance and the Financial Crisis: Key Findings and Main Messages,* Publicaciones de la OCDE, París. *www.oecd.org/daf/ca/43056196.pdf.*

OCDE (2009), *Guide on Fighting Abusive Related Party Transactions in Asia,* Publicaciones de la OCDE, París. *www.oecd.org/daf/ca/43626507.pdf.*

OCDE (2009), «Applying RIA to Policy Making in the Area of Corporate Governance», en OCDE, Regulatory Impact Analysis: A Tool for Policy Coherence, Publicaciones de la OCDE, París. DOI: *http://dx.doi.org/10.1787/9789264067110-5-en.*

OCDE/IFC (2009), *Guía Práctica de Gobierno Corporativo: Experiencias del Círculo de Empresas de la Mesa Redonda Latinoamericana. www.oecd.org/daf/ca/ 43653645.pdf.*

OCDE (2007), Methodology for Assessing the Implementation of the OECD Principles of Corporate Governance, Publicaciones de la OCDE, París. *www.oecd.org/daf/ca/37776417.pdf.*

OCDE (2002), *Options for Obtaining Beneficial Ownership and Control Information,* Publicaciones de la OCDE, París. *www.oecd.org/corporate/ca/1961539.pdf*

7. Políticas dirigidas a posibilitar un comportamiento responsable de las empresas

Si bien corresponde a las empresas actuar de manera responsable, los gobiernos tienen el deber de proteger el interés público y la función de habilitar un marco que promueva el comportamiento responsable de las empresas (RBC, por sus siglas en inglés). Este punto se sitúa en el centro mismo del *Marco de acción para la inversión*: en la medida en que el gobierno proporcione un entorno que mueva a las empresas a actuar de manera responsable y cumpla con su deber de defender el interés público frente a los eventuales efectos adversos de la actividad empresarial, más posibilidades tendrá de atraer y retener inversores responsables de alta calidad, de reducir al mínimo los eventuales efectos adversos de las inversiones y de garantizar una mayor creación de valor y un desarrollo sostenible.

Las empresas exhibirán un comportamiento responsable si a) contribuyen positivamente al progreso económico, medioambiental y social con miras a lograr un desarrollo sostenible y b) evitan y abordan los efectos adversos derivados de sus propias actividades y previenen o mitigan las consecuencias negativas que, en el marco de una relación comercial, se asocien directamente con sus operaciones, productos o servicios. Los procedimientos de diligencia debida basados en los riesgos son clave para identificar, evitar y mitigar cualesquiera efectos perjudiciales reales o potenciales y, por tanto, constituyen un elemento fundamental del comportamiento responsable de las empresas.

Las empresas deberán someterse a las leyes nacionales y respetar los derechos humanos dondequiera que ejerzan su actividad, incluso allí donde la observancia de esas leyes y derechos sea deficiente. Ésta es la primera obligación de una empresa.

El concepto de comportamiento responsable de las empresas presenta un alcance amplio y transversal, pues sus efectos para la sociedad —tanto negativos como positivos— abarcan todo un elenco de ámbitos importantes, como los de divulgación de información, derechos humanos, empleo y relaciones laborales, medio ambiente, lucha contra la corrupción, derechos de los consumidores, ciencia y tecnología, competencia y fiscalidad.

Todas las empresas deben comportarse de manera responsable cualquiera que sea su forma jurídica, tamaño, estructura de propiedad o sector de actividad. Por tanto, el comportamiento responsable que se espere de las empresas incumbirá tanto a empresas privadas como públicas, de capital mixto, nacionales o multinacionales, y pequeñas, medianas o grandes.

Los poderes públicos pueden promover ese comportamiento responsable por varias vías:

- *Regulación*: definiendo y aplicando un marco legal adecuado que proteja el interés público y respalde el comportamiento responsable de las empresas, así como controlando su desempeño y el cumplimiento efectivo por su parte del marco regulatorio;

- *Facilitación*: comunicando claramente las expectativas sobre los que constituye un comportamiento responsable de las empresas, orientando sobre prácticas específicas y posibilitando que las empresas respondan a tales expectativas;
- *Cooperación*: trabajando con las partes interesadas de la comunidad empresarial, las organizaciones sindicales, la sociedad civil, la ciudadanía en general y las estructuras internas de las administraciones públicas, así como con otros gobiernos, para crear sinergias y asegurar la coherencia de las políticas en materia de comportamiento responsable de las empresas;
- *Promoción*: respaldando las mejores prácticas de comportamiento responsable de las empresas; y
- *Ejemplaridad*: actuando responsablemente en su condición de agente económico.

Los Estados promulgan y aplican leyes y reglamentos que defienden el interés público y respaldan el comportamiento responsable de las empresas.

El deber del Estado de brindar protección frente a las vulneraciones de los derechos humanos es una obligación de defensa de este tipo de derechos internacionalmente reconocida y que también se recoge en las *Líneas directrices de la OCDE para empresas multinacionales*, los *Principios rectores* de las NN.UU. *sobre las empresas y los derechos humanos* y la *Declaración tripartita de principios sobre las empresas multinacionales y la política social* de la Organización Internacional del Trabajo (OIT). Dicha obligación exige la adopción de medidas adecuadas para impedir, investigar, sancionar y reparar tales infracciones en forma tanto de políticas y disposiciones legales o reglamentarias como de unos pronunciamientos judiciales eficaces. Por lo que aquí importa, exigiría también garantizar que las leyes y las políticas de inversión no restrinjan, sino que antes bien promuevan, el respeto de los derechos humanos por parte de las empresas. Se anima a los Estados a que definan claramente lo que se espera de las empresas de respeto de los derechos humanos tanto en su ámbito nacional como en el extranjero, particularmente en el caso de personas y poblaciones vulnerables.

También es obligación de los gobiernos garantizar la vigencia de un marco legal y regulatorio, que se aplique también en otros ámbitos, como empleo y relaciones laborales, medio ambiente, lucha contra la corrupción y derechos de los consumidores, susceptibles de influir positivamente en el bienestar de la sociedad. Su aplicación exigirá a los Estados contar con capacidades y recursos suficientes para supervisar el cumplimiento de las disposiciones legales y reglamentarias aplicables, así como para responder a cualquier tipo de infracción.

Los gobiernos deben facilitar que las empresas exhiban el comportamiento responsable que se espera de ellas y cumplan sus obligaciones.

Los poderes públicos deben orientar sobre prácticas de gestión adecuadas y tratar de reducir el coste que para las empresas entraña comportarse de manera responsable. También han de detectar y eliminar los obstáculos que influyan en la adopción por las empresas de este tipo de comportamiento, y deben trabajar para comprometer a todas las empresas con el objetivo de reforzar sus prácticas de comportamiento responsable, en particular a aquellas que puedan enfrentar dificultades específicas en este ámbito, como las PYME.

Los gobiernos pueden convocar a la industria y a las partes interesadas para que emprendan iniciativas colectivas que promuevan conductas empresarialmente responsables en sus respectivos ámbitos, las cuales podrían contribuir a reducir costes y ofrecer soluciones concitadoras de un amplio respaldo para problemas relacionados con el comportamiento responsable de las empresas.

Los poderes públicos también podrían facilitar y apoyar, articulando una comunicación eficaz con las empresas y distintas partes interesadas, los esfuerzos del sector empresarial por cumplir con los regímenes regulatorios aplicables. Ello incluirá comunicar el comportamiento responsable que se espera de las empresas, así como establecer cauces de diálogo que permitan a las empresas y demás partes interesadas recibir orientación y asesoramiento acerca del comportamiento responsable que se espera de ellas.

Los gobiernos deben cooperar interna y externamente, con partes interesadas y gobiernos extranjeros, a fin de garantizar la coherencia de las políticas en materia de comportamiento responsable de las empresas y de secundarlas.

Los gobiernos han de velar por la coherencia entre los diferentes organismos y entes públicos nacionales a fin de garantizar la sintonía entre las políticas en materia de comportamiento responsable de las empresas.

Por otra parte, deben colaborar con los gobiernos extranjeros a fin de lograr la necesaria coherencia internacional de las políticas en la materia de manera acorde con lo dispuesto en instrumentos ampliamente reconocidos —como las *Líneas directrices de la OCDE para empresas multinacionales* y los *Principios rectores* de las NN.UU. *sobre las empresas y los derechos humanos*— que contribuyen al establecimiento de unas reglas del juego internacionalmente uniformes para la inversión.

Los efectos de un comportamiento responsable de las empresas presentan un alcance muy amplio y, por tanto, el proceso de definir y materializar las expectativas al respecto exige consultar y recabar la cooperación de todas las partes interesadas incumbidas, como organismos públicos, empresas, organizaciones sindicales, colegios profesionales, organizaciones patronales, sociedad civil y comunidades locales. Los gobiernos deben celebrar consultas con las empresas y demás partes interesadas sobre las políticas y las prácticas de aplicación, existentes y potenciales, en materia de comportamiento responsable. Los poderes públicos deberán asimismo fomentar el establecimiento de un entorno propicio para que las partes interesadas participen en el seguimiento y la promoción de conductas empresarialmente responsables.

Los gobiernos deben reconocer y apoyar las conductas empresarialmente responsables que contribuyan de manera efectiva al progreso económico, medioambiental y social.

Las normas e instrumentos tanto de naturaleza pública como privada pueden contribuir al comportamiento responsable de las empresas. Además de promulgar y hacer cumplir regulaciones que defiendan el interés público y respalden el comportamiento responsable de las empresas, los gobiernos pueden alentar o contribuir a iniciativas no gubernamentales en este ámbito.

Deberían expresar reconocimiento y ofrecer incentivos a las empresas que den ejemplo de mejores prácticas en materia de conducta responsable al objeto de fomentar este tipo de comportamiento. Por ejemplo, los poderes públicos podría alentar la consecución de objetivos de interés público concretos mediante ventajas fiscales que muevan a las empresas a contribuir positivamente al progreso económico, medioambiental o social. Los gobiernos podrían asimismo fomentar el comportamiento responsable de las empresas en el marco del ejercicio de sus propias actividades económicas, por ejemplo contratando con empresas reconocidas por un comportamiento responsable que trascienda del mero cumplimiento de sus obligaciones legales (p. ej., mediante mecanismos de certificación o la participación en iniciativas voluntarias). Una forma de lograr esto podría consistir en la inclusión de requisitos de comportamiento empresarial responsable entre los criterios para optar a contratar con el Estado o las condiciones para conseguir financiación pública, si bien deberá velarse por que este tipo de medida no sirva a fines proteccionistas. Los poderes públicos podrán asimismo reconocer las mejores prácticas introduciendo un programa anual de concesión de galardones.

Los gobiernos deben dar ejemplo exhibiendo un comportamiento empresarialmente responsable en el desempeño de su papel en la economía.

El gobierno suele intervenir en calidad de agente económico —p. ej., con motivo de la contratación de personal o de bienes y servicios, así como a través de empresas públicas—, por lo que deberá conducirse responsablemente en su desempeño como tal. Dando a este respecto ejemplo en el ejercicio de su propia actividad, los poderes públicos reforzarán su legitimidad para dirigir recomendaciones a las empresas en este ámbito.

Preguntas y principios clave

1. ¿Tiene establecido y aplica el gobierno un marco legal y regulatorio adecuado que defienda el interés público y respalde el comportamiento responsable de las empresas?
2. ¿Fomenta el gobierno un comportamiento responsable entre las empresas nacionales que llevan a cabo su actividad en el extranjero?
3. ¿Facilita el gobierno que las empresas exhiban el comportamiento responsable que se espera de ellas?
4. ¿Comunica eficazmente el gobierno a las empresas y demás partes interesadas lo que constituye un comportamiento empresarialmente responsable?
5. ¿Vela el gobierno por la coherencia y la sintonía de la política interna con las normas y directrices sobre comportamiento responsable de las empresas?
6. ¿Participa el gobierno en esfuerzos de cooperación intergubernamental destinados a promover las políticas y principios internacionales de comportamiento responsable de las empresas?
7. ¿Apoya el gobierno la participación de las partes interesadas en el seguimiento y la promoción de conductas empresarialmente responsables?
8. ¿Apoya e incentiva el gobierno a las empresas para que refuercen sus prácticas de conducta empresarialmente responsable?

9. ¿Se comporta el gobierno de manera responsable cuando ejerce en calidad de operador económico (p. ej., como empleador, inversor o a través de empresas públicas)?

10. ¿Promueve el gobierno una comunicación transparente sobre el comportamiento responsable de las empresas, concretamente a través de la aplicación de requisitos de divulgación y presentación de información no financiera?

Preguntas complementarias

Definición y aplicación de un marco legal y regulatorio	• ¿Ha ratificado el gobierno los principales convenios internacionales en materia de derechos humanos, relaciones laborales, medio ambiente y lucha contra la corrupción y adaptado su Derecho nacional a las disposiciones de esos convenios? • ¿Guarda el marco legal y regulatorio nacional consonancia con los instrumentos internacionalmente reconocidos en materia de comportamiento responsable de las empresas (p. ej., las Líneas directrices de la OCDE para empresas multinacionales, los Principios rectores de las NN.UU. sobre las empresas y los derechos humanos, y los Convenios fundamentales de la OIT). • ¿Adopta y aplica el gobierno leyes y reglamentos que defiendan el interés público frente a los efectos potencialmente adversos de las actividades empresariales y que secunden el comportamiento responsable de las empresas? • ¿Dota el gobierno a los organismos públicos competentes con los recursos humanos y financieros necesarios para garantizar el desarrollo y aplicación de un marco legal y regulatorio adecuado que secunde el comportamiento responsable de las empresas? • ¿Pone el Estado a disposición de los inversores y las personas perjudicadas por las actuaciones de una empresa unos procedimientos judiciales eficaces, seguros, adecuadamente financiados y públicamente accesibles? • ¿Se ha dotado el Estado de mecanismos extrajudiciales (como la mediación y la conciliación) para la resolución de controversias en las que sean parte inversores y personas perjudicadas por las actuaciones de una empresa? En las secciones *Desarrollo de recursos humanos para la inversión*, *Gobierno corporativo* y *Marco de inversión para un crecimiento ecológico* se incluyen preguntas adicionales sobre disposiciones clave en materia de empleo, rendición financiera de cuentas y medio ambiente.
Fomento del comportamiento responsable de las empresas en sus operaciones internacionales	• ¿Alienta el gobierno a las empresas nacionales que operan en el exterior a respetar las disposiciones recogidas en instrumentos internacionales en materia de comportamiento responsable de las empresas, tales como las Líneas directrices de la OCDE para empresas multinacionales y los Principios rectores de las NN.UU. sobre las empresas y los derechos humanos? • ¿Alienta el gobierno a las empresas nacionales que operan en el exterior a someter sus relaciones comerciales a procedimientos de diligencia debida, en particular a lo largo de su cadena de suministro, a fin de abordar sus efectos perjudiciales, reales y potenciales, sociales y para el medio ambiente? • ¿Facilita el gobierno a las empresas la comunicación de sus sospechas de vulneración o de riesgo de vulneración del Derecho internacional en el marco de sus operaciones empresariales (p. ej., conforme se establece en los Principios Voluntarios sobre la Seguridad y los Derechos Humanos o las Sanciones de las NN.UU.)?
Facilitar que las empresas exhiban el comportamiento responsable que se espera de ellas	• ¿De qué modo comunica el gobierno lo que constituye un comportamiento empresarialmente responsable y asesora y orienta a las empresas acerca del comportamiento responsable que se espera de ellas? • ¿Proporciona el gobierno a las empresas orientación o fortalecimiento de capacidades en lo relativo a prácticas de gestión adecuadas con las que poder responder a lo que se espera de ellas? • ¿Dedica el gobierno esfuerzos a eliminar los obstáculos a la adopción de conductas empresarialmente responsables y reducir los costes que entrañan? • ¿Qué medidas concretas ha tomado el gobierno para comprometer a las PYME u otras empresas rezagadas en este ámbito con el respeto de los principios y normas de comportamiento responsable de las empresas y animarlas a su observancia?

Comunicación a las empresas del comportamiento responsable que se espera de ellas	• ¿Dispone el gobierno de una política o de un plan de actuación nacional orientado a promover un comportamiento responsable de las empresas? • ¿Ha designado el gobierno a algún organismo o representante especial de las administraciones públicas para que se ocupe de coordinar las actividades relacionadas con el comportamiento responsable de las empresas y su promoción? • ¿Comunica el gobierno el comportamiento responsable que se espera de las empresas a través de otros órganos competentes como, por ejemplo, organismos de promoción de inversiones o agencias de relaciones públicas? • ¿Proporciona el gobierno a las partes interesadas información clara y accesible sobre prácticas empresariales responsables? • ¿Tiene establecidos el gobierno cauces de diálogo que permitan a las empresas y demás partes interesadas recibir orientación y asesoramiento acerca del comportamiento responsable que se espera de ellas?
Coherencia y sintonía de las políticas sobre comportamiento responsable de las empresas	• ¿Asegura el gobierno la coordinación entre los organismos públicos nacionales competentes y entre éstos y los organismos y autoridades subnacionales en asuntos transversales relacionados con el comportamiento responsable de las empresas? • ¿Incorpora el gobierno consideraciones en materia de comportamiento responsable de las empresas en los planes sectoriales marco y otras estrategias de desarrollo del sector privado? • ¿Incluye el gobierno referencias a las expectativas en materia de comportamiento responsable de las empresas recogidas en instrumentos económicos internacionales (p. ej., políticas comerciales y de inversión, acuerdos sobre créditos a la exportación y ayuda oficial al desarrollo)?
Promoción de políticas y principios internacionales sobre comportamiento responsable de las empresas	• ¿Participa el gobierno en diálogos internacionales sobre comportamiento responsable de las empresas? • ¿De qué modo promueve el gobierno una participación amplia —incluidos países en desarrollo— en iniciativas internacionales, regionales y bilaterales sobre comportamiento responsable de las empresas (p. ej., a través de organismos donantes o de la acción diplomática)? • ¿Ha ratificado o participado el gobierno en alguno de los siguientes instrumentos o está contemplando hacerlo? – Líneas directrices de la OCDE para empresas multinacionales – Principios rectores de las NN.UU. sobre las empresas y los derechos humanos – Declaración tripartita de principios sobre las empresas multinacionales y la política social de la OIT
Respaldo a la participación de las partes interesadas en conductas empresarialmente responsables	• ¿Colabora activamente el gobierno con las partes interesadas (p. ej., los diferentes sectores, la sociedad civil, organizaciones sindicales y comunidades locales) para hacer posible el comportamiento responsable de las empresas? ¿Qué mecanismos de participación existen? • ¿Se celebran consultas locales, regionales y nacionales con las partes interesadas sobre las leyes y reglamentos vigentes o en fase de proyecto? (Véase la sección Políticas y prácticas transversales.) • ¿Se ofrece amparo legal expreso a las personas u organizaciones que llaman la atención sobre las conductas indebidas (contrarias, por ejemplo, a normativas medioambientales, sociales o sobre derechos humanos) protagonizadas por los poderes públicos o el sector privado? • ¿Pueden esas personas y organizaciones consultar y publicar información sobre derechos humanos, problemas medioambientales y cuestiones conexas sin temor a ser represaliadas o sancionadas? • ¿Se apoya y alienta la participación de organizaciones de la sociedad civil en iniciativas internacionales multilaterales sobre comportamiento responsable de las empresas?
Apoyos e incentivos para reforzar el comportamiento responsable de las empresas	• ¿Ofrece el gobierno incentivos financieros que muevan a las empresas a contribuir positivamente al progreso económico, medioambiental o social (p. ej., concediendo en los procesos de contratación, licitación e inversión públicos puntos a aquellas empresas que demuestren su compromiso con un comportamiento responsable, o en forma de incentivos fiscales)? • ¿Ofrece otros incentivos, como programas anuales de concesión de galardones a empresas cuya comportamiento responsable trascienda del mero cumplimiento de sus obligaciones legales?

	• ¿Aplica criterios para evitar el proteccionismo en los procesos de contratación y licitación públicos, así como con motivo de la concesión de otros incentivos económicos tendentes a reforzar prácticas de comportamiento responsable entre las empresas? • ¿Recurre a su capacidad de convocatoria para apoyar iniciativas colectivas que promuevan el comportamiento responsable de las empresas? • ¿Apoya el gobierno medidas e iniciativas no gubernamentales ampliamente reconocidas y pertinentes para el comportamiento responsable de las empresas (p. ej., iniciativas auspiciadas por múltiples partes interesadas, procesos de normalización sectorial, mecanismos inspirados «de abajo a arriba» o estándares negociados con partes interesadas en el ámbito local)?
Ejemplificación de conductas empresariales responsables	• ¿Se ajusta el gobierno en sus prácticas a estrictos principios y normas en materia de comportamiento responsable de las empresas (p. ej., como empleador, socio comercial o empresa mercantil)? • ¿Promueve el gobierno a través de sus procesos de contratación y licitación públicos la observancia de estrictos estándares de transparencia y objetividad? • ¿Incorporan las empresas públicas las mejores prácticas en materia de comportamiento responsable, tales como la divulgación de información no financiera y la presentación de informes relativos a prácticas de gobierno medioambiental y social?
Promover una comunicación transparente sobre comportamiento responsable de las empresas	• ¿Qué normas de presentación de informes corporativos promueve el gobierno, en particular en materia de gobernanza financiera, medioambiental y social, en consonancia con directrices internacionales (p. ej., Global Reporting Initiative)? • ¿Exige el gobierno la divulgación de informaciones no financieras a las empresas que solicitan asistencia a los organismos responsables de gestionar los recursos públicos, como las agencias de crédito a la exportación? • ¿Alienta el gobierno a las empresas nacionales que operan en el exterior a presentar información sobre ámbitos referidos a su comportamiento responsable (p. ej., el respeto de los derechos humanos a lo largo de la cadena de suministro)?

Recursos adicionales

Sitios web

OCDE (2011), Líneas directrices de la OCDE para empresas multinacionales, *http://mneguidelines.oecd.org.*

Organismos internacionales:

Organización Internacional del Trabajo (OIT): *www.ilo.org.*

Organización para la Cooperación y el Desarrollo Económicos (OCDE): *www.oecd.org.*

Naciones Unidas: *www.unodc.org; www.unepfi.org: www.unfccc.int.*

OCDE - Partes institucionales interesadas:

Comité Consultivo Económico e Industrial de la OCDE (BIAC): *http://biac.org/.*

Comisión Sindical Consultiva ante la OCDE (TUAC): *www.tuac.org/.*

OECD Watch: *http://oecdwatch.org/.*

Organizaciones no gubernamentales:

Amnistía Internacional: *www.amnesty.org/es/.*

Centro de Información sobre Empresas y Derechos Humanos: *www.business-humanrights.org.*

CDP: *www.cdproject.net.*

Global Reporting Initiative (GRI): *www.globalreporting.org.*

Human Rights Watch: *www.hrw.org.*

International Business Leaders' Forum: *www.iblf.org.*

Confederación Sindical Internacional: *www.ituc-csi.org.*

Transparency International: *www.transparency.org.*

World Business Council for Sustainable Development: *www.ihrb.org.*

Fondo Mundial para la Naturaleza: *www.wwf.org.*

Principios y normas vinculantes

OIT, *Declaración tripartita de principios sobre las empresas multinacionales y la política social* (2014), Organización Internacional del Trabajo, *www.ilo.org/empent/Publications/WCMS_124924/lang--es/index.htm.*

OIT, *Declaración relativa a los principios y derechos fundamentales en el trabajo* (1998), Organización Internacional del Trabajo, *www.ilo.org/declaration/lang--es/index.htm.*

OCDE (2012), *OECD Recommendation on Common Approaches for Officially Supported Export Credits and Environmental and Social Due Diligence*, OCDE, París. *www.oecd.org/officialdocuments/publicdisplaydocumentpdf/?cote=TAD/ECG%282012%295&doclanguage=en.*

OCDE (2011), *Líneas Directrices de la OCDE para Empresas Multinacionales, Publicaciones de la OCDE*, París. DOI: *http://dx.doi.org/10.1787/9789264202436-es.*

OCDE (2006), O*ECD Recommendation on Bribery and Officially Supported Export Credit,* OCDE, París. *www.oecd.org/tad/xcred/oecdrecommendationonbriberyandofficiallysupportedexportcreditsadoptedbytheoecdcouncilon14december2006.htm.*

OCDE (1997), *Convención para combatir el cohecho de servidores públicos extranjeros en transacciones comerciales internacionales*, OCDE, París. *www.oecd.org/corruption/oecdantibriberyconvention.htm.*

OCDE (2005), *Directrices de la OCDE sobre el gobierno corporativo de las empresas públicas,* OCDE, París. *www.oecd.org/corporate/ca/corporategovernanceofstate-ownedenterprises/oecdguidelinesoncorporategovernanceofstate-ownedenterprises.htm.*

OCDE (2004), *Principios de Gobierno Corporativo*, OCDE, París. *www.oecd.org/corporate/oecdprinciplesofcorporategovernance.htm.*

Naciones Unidas, *Principios Rectores sobre las Empresas y los Derechos Humanos, www.ohchr.org/Documents/Publications/GuidingPrinciplesBusinessHR_SP.pdf.*

Naciones Unidas, *Declaración Universal de Derechos Humanos.*

Naciones Unidas, *Principios de Inversión Responsable, www.unpri.org.*

Otras normas e iniciativas

Ethical Trade Initiative, *www.ethicaltrade.org.*

Iniciativa para la Transparencia de las Industrias Extractivas (EITI), *https://eiti.org/.*

Fair Labour Association, www.fairlabor.org/es.

ISO 14000 – Gestión ambiental, *www.iso.org/iso/home/standards/management-standards/iso14000.htm*

ISO 26000 – Responsabilidad social, *www.iso.org/iso/home/standards/iso26000.htm.*

Proceso Kimberley, *www.kimberleyprocess.com.*

Principios Globales para las Contrataciones Abiertas, *www.open-contracting.org/principios_globales_para_las_contrataciones_abiertas.*

Pacto Mundial de las Naciones Unidas, *www.unglobalcompact.org.*

Naciones_Unidas - Comité de Seguridad Alimentaria Mundial (CSA), Directrices voluntarias sobre la gobernanza responsable de la tenencia de la tierra, la pesca y los bosques en el contexto de la seguridad alimentaria nacional, *www.fao.org/nr/tenure/voluntary-guidelines/es/.*

Naciones Unidas - Comité de Seguridad Alimentaria Mundial (CSA), Principios para la inversión responsable en la agricultura en el contexto de la seguridad alimentaria nacional, *www.fao.org/cfs/cfs-home/resaginv/es/.*

Principios Voluntarios de Seguridad y Derechos Humanos, *www.voluntaryprinciples.org/.*

Herramientas, directrices y manuales

Comité consultivo económico e industrial de la OCDE (BIAC), Anti-Bribery Resource Guide, *www.member.biac.org/pubs/anti-bribery_resource/guide.htm.*

Business Anti-Corruption Portal, *www.business-anti-corruption.com/.*

Fox, T., H. Ward, y B. Howard (2002) Public Sector Roles in Strengthening Corporate Social Responsibility: A Baseline Study, Corporate Responsibility for Environment and Development Programme International Institute for Environment and Development (IIED), Banco Mundial, Washington D.C..

OCDE, *Risk Awareness Tool for Multinational Enterprises in Weak Governance Zones, www.oecd.org/investment/mne/weakgovernancezones-riskawarenesstoolformultinationalenterprises-oecd.htm.*

OCDE, *Guía de Debida Diligencia para Cadenas de Suministro Responsables de Minerales en las Áreas de Conflicto o de Alto Riesgo, www.oecd.org/corporate/mne/mining.htm.*

OCDE, *Guía para el procedimiento de reclamo de las Directrices de la OCDE para Empresas Multinacionales, http://oecdwatch.org/publications-es/Publication_1664-es?set_language=es.*

Recursos sobre gobierno abierto, *www.opengovpartnership.org/es.*

Trade Union Guide to the OECD Guidelines for Multinational Enterprises, *www.tuacoecdmneguidelines.org/Docs/TradeUnionGuide.pdf.*

Evaluaciones y estudios de caso / por países

Naciones Unidas, *Proteger, respetar y remediar: Un marco para las actividades empresariales y los derechos humanos,* Informe del Representante Especial del Secretario General sobre la cuestión de los derechos humanos y las empresas transnacionales y otras empresas comerciales, John Ruggie.

OCDE (2005), *Corporate Governance of State-Owned Enterprises: A Survey of OECD Countries*, Publicaciones de la OCDE, París. DOI: *http://dx.doi.org/10.1787/9789264009431-en.*

OCDE (2001), *Corporate Responsibility: Private Initiatives and Public Goals*, Publicaciones de la OCDE, París. DOI: *http://dx.doi.org/10.1787/9789264193062-en.*

Indicadores

ILOLEX, Base de datos sobre normas internacionales del trabajo, *www.ilo.org/ilolex/spanish/.*

NATLEX, Base de datos sobre legislación nacional del trabajo, la seguridad social y los derechos humanos, *www.ilo.org/dyn/natlex/natlex4.home?p_lang=es/.*

ECOLEX, Servicio de información sobre legislación ambiental, *www.ecolex.org/.*

Banco Mundial, Indicadores mundiales de buen gobierno, *www.govindicators.org/.*

Transparency International, Índice de percepción de la corrupción, *www.transparency.org/research/cpi/overview.*

Naciones Unidas, Objetivos de Desarrollo Sostenible, *https://sustainabledevelopment.un.org/.*

Oficina del Alto Comisionado de las Naciones Unidas para los Derechos Humanos, Base de datos sobre países signatarios de convenios sobre derechos humanos, *www.ohchr.org/SP/Pages/WelcomePage.aspx.*

8. Desarrollo de recursos humanos para la inversión

Unos recursos humanos comparativamente capacitados y flexibles son absolutamente clave para la competitividad de un país a efectos de atraer inversiones y sostener el crecimiento económico, ya que las empresas reestructuran constantemente sus cadenas mundiales de suministro. El desarrollo de este tipo de recursos ocupa, por tanto, una posición destacada entre las distintas políticas que inciden en la creación de un entorno nacional propicio para la inversión y el desarrollo económico.

El desarrollo de recursos humanos es un proceso dirigido a incrementar los conocimientos, las competencias y las capacidades de todas las personas que integran una sociedad[*]. Las políticas orientadas al desarrollo de recursos humanos se ocupan de la calidad de la mano de obra y de regular el mercado de trabajo. Los poderes públicos pueden adoptar medidas de política para mejorar directamente los recursos humanos —p. ej., a través de políticas educativas y sanitarias—, si bien también pueden introducir políticas que ayuden y animen a las empresas a invertir en estos recursos —p. ej., mediante programas de formación *in situ* o su participación en el ámbito educativo—. Un adecuado diseño de las políticas laborales puede contribuir a reducir la desigualdad e impulsar el crecimiento económico, generar más y mejores puestos de trabajo para el conjunto de la sociedad, propiciar inversiones en la mejora del nivel de capacitación de los trabajadores y facilitar el acceso a una educación, una formación y, en general, unos servicios públicos de mayor calidad. Para que las políticas de desarrollo de recursos humanos resulten eficaces no pueden concebirse de manera aislada, sino que tendrán que formar parte de un marco coherente e integral acorde con las estrategias de desarrollo y de inversión del país. El diálogo directo con los trabajadores y las organizaciones de trabajadores es la mejor manera de determinar las necesidades de los trabajadores por lo que respecta a salarios, condiciones laborales y desarrollo de capacidades.

Más importante incluso que cada una de estas políticas de desarrollo de recursos humanos resulta su interacción. Es probable que los intentos de elevar el nivel de capacitación de los trabajadores a través de la formación profesional sean en vano si no se tiene en cuenta su interacción con las políticas orientadas a incrementar la participación en la educación básica o las políticas complementarias del mercado de trabajo. El desarrollo de recursos humanos exige una estrategia integral que tenga plenamente en cuenta los vínculos entre, por ejemplo, la mejora del estado de salud de la población y el rendimiento educativo y, dependiendo de las políticas de empleo, la productividad laboral.

La calidad y adaptabilidad de la mano de obra son dos factores clave para la creación de un entorno favorable para el crecimiento a través de nuevas inversiones de las empresas nacionales y extranjeras y para posibilitar su rápida adaptación a los cambios de coyuntura. La calidad depende fundamentalmente de la educación, los programas de

[*] Harbison, Frederick y Myers, Charles A. (1964) *Education, Manpower and Economic Growth: Strategies of Human Resources Development,* McGraw-Hill, Estados Unidos, p. 2.

formación y el estado de salud general de la población. El concepto de adaptabilidad alude a la capacidad de la mano de obra y de los sistemas educativos para ajustarse a los nuevos retos, como la diversificación económica y la renovación de las cadenas mundiales de valor, tal como se subraya en las secciones *Política comercial* y *Promoción y facilitación de las inversiones*.

En una economía global más dependiente de la cualificación, los países con menores niveles de capacitación deben asegurarse de desarrollar su capital humano a fin de impulsar su competitividad. El acceso generalizado a una educación primaria y preescolar de calidad es un requisito imprescindible para el desarrollo de una mano de obra capacitada y la base de cualquier aprendizaje posterior. La educación secundaria y superior, así como una educación y formación profesionales que instruyan a la persona en habilidades que posibiliten su plena y efectiva incorporación en el mercado de trabajo, contribuirán a extraer el máximo beneficio de las inversiones, pues favorecerán la creación de valor a escala local. La salud pública y el acceso a la atención sanitaria también inciden en los recursos humanos y en el atractivo del entorno empresarial, ya que una buena salud incrementa la productividad de los trabajadores. Por otra parte, adoptar estrategias eficaces que atraigan a trabajadores con diferentes bagajes competenciales puede contribuir a atender las necesidades de cualificación de las empresas, facilitar la transferencia de conocimientos e impulsar la competitividad, al tiempo que a mitigar posibles efectos perjudiciales para la mano de obra nacional. Las estrategias de desarrollo de competencias deben tener asimismo en cuenta y sacar el máximo partido del conjunto del capital humano disponible, previendo medidas que propicien el regreso de aquellas personas altamente cualificadas que hayan cursado estudios en el extranjero y la colaboración con las comunidades de expatriados con miras a fomentar la capacitación, el conocimiento y las oportunidades de innovación.

Los programas de formación dirigidos a personas que trabajen o se incorporen a trabajar en una empresa pueden complementar la educación reglada a través del desarrollo de unas competencias profesionales y conocimientos específicos de la empresa que serán fundamentales para extraer todo el potencial productivo del trabajador y favorecer su movilidad profesional. Los programas de prácticas y de cooperación con instituciones educativas constituyen estrategias de eficacia contrastada y las empresas deberían ser alentadas a contribuir al desarrollo de las competencias de sus trabajadores —p. ej., a través de programas de formación *in situ* o financiando la impartición de cursos de formación especializada en beneficio tanto de la empresa como del propio trabajador—. Estos programas de formación pueden incrementar la productividad y el flujo de efectos colaterales positivos entre las multinacionales y las empresas locales con mayor capacidad de asimilación de nuevos conocimientos y tecnologías, según se aborda más detalladamente en la sección *Promoción y facilitación de las inversiones*. Cualquiera que sea la modalidad de educación o formación considerada, las medidas de política pueden servir al objetivo de asegurar que los programas de que se trate presenten una alta calidad y accesibles, satisfagan las necesidades de las empresas y se revisen con regularidad. Esas medidas de política pueden además fomentar el establecimiento de vínculos integrados y permanentes entre, de una parte, las instituciones educativas y de formación y, de otra, los proveedores, las empresas y los diferentes sectores a fin de adecuar los programas educativos a las necesidades empresariales y de ofrecer a los jóvenes la información necesaria para que puedan tomar decisiones realistas sobre sus estudios en aras de su empleabilidad futura. Sería igualmente importante que las instituciones públicas se dotaran de unas prácticas eficaces en materia de desarrollo de recursos humanos y formación para incrementar así las capacidades del sector público.

La normativa laboral es esencial para garantizar que las empresas contribuyan al desarrollo social y económico local. Las normas fundamentales del trabajo consagran principios esenciales que protegen los derechos humanos básicos de los trabajadores y potencian un crecimiento inclusivo impulsado por el sector privado. La Organización Internacional del Trabajo (OIT) identifica como fundamentales ocho convenios acordados internacionalmente, el grueso de los cuales habría sido ratificada por la mayoría de los países. Tal como se afirma en la *Declaración de la OIT relativa a los principios y derechos fundamentales en el trabajo* (1998), las normas fundamentales del trabajo tienen por objetivo: (1) la eliminación de todas las formas de trabajo forzoso u obligatorio, (2) la abolición efectiva del trabajo infantil, (3) la eliminación de la discriminación en materia de empleo y ocupación y (4) la libertad de asociación y la libertad sindical y el reconocimiento efectivo del derecho de negociación colectiva. Las *Líneas directrices de la OCDE para empresas multinacionales* se hacen eco de las pertinentes disposiciones de la *Declaración* de 1998, así como de la *Declaración tripartita de principios sobre las empresas multinacionales y la política social* de la OIT de 1977, en su versión revisada de 2006. Las *Líneas directrices*, como instrumento no vinculante, fomentan el cumplimiento de estos principios y normas. La observancia de las normas fundamentales del trabajo beneficia también al conjunto de la economía, pues sitúa en plano de igualdad a inversores nacionales y extranjeros y mejora el desempeño económico. Los elementos que se abordan en esta sección complementan el análisis que se recoge en la sección *Políticas dirigidas a posibilitar un comportamiento responsable de las empresas.*

La regulación del mercado de trabajo debe tanto alcanzar los objetivos sociales de la protección laboral —la defensa de las normas fundamentales del trabajo y sobre salud y seguridad laboral, la regulación del salario mínimo, las restricciones a la contratación y al despido, y las garantías legales de los regímenes de seguro social— como abordar la necesidad de permitir que las empresas inviertan y creen puestos de trabajo y, por ende, contribuyan a impulsar la productividad y el crecimiento económico a través de marcos adecuados establecidos por el gobierno. Una reglamentación laboral que se centre excesivamente en proteger y mejorar los ingresos y prestaciones de los trabajadores en activo podría desalentar la creación de empleo y retraer la inversión, e incluso crear incentivos para que tanto empresas como trabajadores se deslicen hacia la economía informal —donde los segundos no están protegidos por la legislación laboral y carecen de acceso a medidas de protección social vinculadas al empleo— o se mantengan en ella. Se estima que la economía informal concentra buena parte del empleo no agrícola en los países en desarrollo. Habrán de instrumentarse estrategias específicas que animen a los trabajadores a incorporarse a la economía formal, así como abordar la protección social de los trabajadores en activo en sectores informales, en especial de PYME que no puedan costearse el correspondiente seguro privado. En la economía formal, para que las medidas de política puedan cosechar los mejores resultados posibles, se requiere la colaboración y perseverancia de las empresas privadas en la observancia de unos exigentes estándares de protección de los trabajadores, así como su disposición a negociar de buena fe con las legítimas organizaciones de éstos.

Más allá de la normativa laboral, un mercado de trabajo eficiente exige que todos los agentes que puedan contribuir al desarrollo económico y social de un país estén en disposición de hacerlo. Ello supone evitar toda discriminación, explícita e implícita, en especial por razón de raza, género o edad. A tal efecto, se requerirá de un marco legislativo adecuado, pero también de la aplicación y observancia efectivas de las pertinentes políticas educativas, sociales y laborales, así como de un seguimiento activo de sus resultados. La *OECD Gender Recommendation* (2013) ofrece un marco para evaluar el enfoque legislativo que se adopte. Puede que, por otra parte, determinadas personas y ciertos grupos queden excluidos del mercado de trabajo debido a su falta de capacitación, circunstancias familiares, estado de salud o desempleo de larga duración. Adoptar incentivos adecuados y políticas activas de empleo —como la prestación de asistencia en la búsqueda de empleo y formación— puede ayudar a reducir al mínimo ese tipo de exclusión e incrementar la reserva de capacidades disponibles en el mercado de trabajo.

Dado que las nuevas tecnologías y las cambiantes estructuras de mercado no dejan de modificar las necesidades de las empresas, la flexibilidad y capacidad de adaptación del marco general de desarrollo de recursos humanos son esenciales para la competitividad de las economías. Para asegurar ésta, los organismos reguladores han de colaborar estrechamente con las principales partes interesadas y realizar evaluaciones periódicas del impacto de las diferentes políticas en los entornos empresarial y de inversión. Un reto general que afrontan los poderes públicos es promover políticas de desarrollo de recursos humanos que impelan a las empresas a comprometerse con la adopción de buenas prácticas en este ámbito. Ello incluye garantizar que sus actividades se ajusten a principios y normas internacionales, en particular las *Líneas directrices de la OCDE para empresas multinacionales*, al tiempo que contribuir de un modo eficaz al desarrollo de marcos adecuados que secunden y fomenten el cumplimiento normativo.

Preguntas y principios clave

1. ¿Ha instaurado el gobierno un marco de acción coherente e integral para el desarrollo de recursos humanos de acuerdo con su estrategia de desarrollo y de inversión más general y su capacidad de aplicación?
2. ¿Existe un sistema eficaz para abordar toda discriminación que afecte a los resultados del mercado de trabajo?
3. ¿Qué medidas ha adoptado el gobierno para incrementar la participación en la educación básica y mejorar la calidad de la instrucción a fin de maximizar la riqueza en recursos humanos y aprovechar así las oportunidades de inversión que se presenten?
4. ¿Son suficientes los incentivos económicos para impulsar a los individuos a invertir en la educación superior y la formación continua, contribuyendo así a mejorar el entorno de inversión con el refuerzo que suponen unos recursos humanos más cualificados?
5. ¿En qué medida fomenta el gobierno la impartición de unos programas de formación eficaces, incluso con la participación del sector privado?
6. ¿Cuenta el Estado con un sistema de salud asequible, eficaz y eficiente?
7. ¿Qué mecanismos se han instaurado para fomentar las normas fundamentales del trabajo y garantizar su respeto?
8. ¿En qué medida la regulación del mercado de trabajo favorece la creación de empleo y la estrategia desplegada por el gobierno para atraer inversiones?
9. ¿Qué asistencia brinda el gobierno en las regulaciones de empleo a gran escala? ¿Qué papel se anima a las empresas a adoptar para atenuar los costes de transición asociados a este tipo de ajustes?

10. ¿Qué medidas se están adoptando para asegurar que la normativa laboral favorezca la disponibilidad de una mano de obra adaptable y preserve la capacidad de las empresas para modificar sus actividades y planes de inversión?

11. ¿En qué medida permite el gobierno que las empresas contraten trabajadores extranjeros cuando no pueden encontrar las capacidades que demandan en el mercado de trabajo nacional?

Preguntas complementarias

Marco general de desarrollo de los recursos humanos para la inversión y el desarrollo	• ¿Cómo se vela por la eficacia y la coherencia del marco de acción para el desarrollo de recursos humanos puesto en relación con la estrategia general de inversión y desarrollo? • ¿Se revisa periódicamente el marco de acción para el desarrollo de recursos humanos a fin de garantizar su capacidad de respuesta a los cambios de coyuntura? • ¿De qué manera se identifica y se compromete a las principales partes interesadas, sector privado incluido, de cara a la formulación de un marco de acción para el desarrollo de recursos humanos? • ¿Cómo garantiza el gobierno el acceso a la educación básica de niñas y niños, siendo como es un derecho humano y una condición mínima imprescindible para el desarrollo? • ¿Qué esfuerzos se están realizando para reforzar la calidad de la educación reglada como base de cualquier aprendizaje posterior y garantía del futuro aprovechamiento de las oportunidades de inversión que se presenten? • ¿Cómo combaten las políticas la discriminación por razón de género en los niveles retributivos y de promoción profesional? ¿Qué iniciativas se han adoptado para incrementar la presencia de mujeres en consejos de administración y puestos directivos de rangos medio y alto? • ¿Qué políticas se aplican (p. ej., cuidado de hijos, permisos por hijos a cargo y prestaciones para atención en horario extraescolar) a fin de conciliar las vidas laboral y familiar? • Las prestaciones y ayudas sociales, ¿se financian y distribuyen de forma que se evite toda discriminación, intencionada o no, entre hombres y mujeres o diferentes grupos sociales?
Fomento inclusivo de las competencias y la iniciativa empresarial	• ¿De qué forma mide y evalúa el gobierno el nivel de competencias en la economía? • ¿Ofrece el actual sistema de educación superior incentivos suficientes para que los trabajadores cualificados permanezcan en el país, contribuyendo así a mejorar los niveles de competitividad y de capacitación de la mano de obra nacional en su conjunto? • ¿Cómo valora el gobierno los resultados cosechados con sus programas de educación superior para titulados? • ¿Qué medidas se han adoptado para seguir, abordar y evitar los desequilibrios entre la oferta y la demanda de trabajo en la economía? ¿Los análisis del mercado de trabajo mueven al ajuste de los sistemas de desarrollo de capacidades y de inserción laboral? • ¿Cómo se prioriza la inversión en competencias cuando los recursos son escasos? ¿Contempla el gobierno formas de combinar recursos públicos y privados para financiar el desarrollo de competencias o el diseño de incentivos eficaces para particulares y empresas? • ¿Cómo aborda el gobierno la demanda de capacidades de los sectores económicos en su estrategia de mejoramiento de las competencias? (Véase la sección Promoción y facilitación de las inversiones.) • ¿Cuenta el país con un sistema de formación profesional y técnica que, funcionando bien, dote a la economía de las competencias necesarias? ¿Fomenta adecuadamente el sistema actual la iniciativa empresarial y la formación orientada al autoempleo, la creación de startups mercantiles o de la sociedad civil, las aptitudes empresariales y la adquisición de una cultura financiera básica, en particular entre los jóvenes? • ¿De qué modo evalúa el gobierno la eficacia y los efectos de sus medidas y programas de formación para revisarlos y ajustarlos en consecuencia? ¿Son adecuadas las medidas adoptadas para garantizar la calidad y la acreditación de esa formación? • ¿Es apropiada y sostenible la financiación de que se dispone para el desarrollo de competencias? • ¿Cómo refuerza el gobierno el triángulo del conocimiento de su economía entre los poderes públicos, las instituciones de enseñanza superior y sus correspondientes partes interesadas? (Véase la sección Promoción y facilitación de las inversiones.) • ¿Contribuye el sector privado al desarrollo de los planes de estudio del sistema educativo?

- ¿A qué mecanismos se recurre para incitar a las empresas a ofrecer formación a sus trabajadores y a desempeñar un mayor papel en su cofinanciación?
- ¿Se promueve la formación in situ, en particular mediante contratos de aprendizaje para jóvenes?
- ¿Cómo fomenta el gobierno la igualdad entre géneros en el acceso a la educación y la formación?
- ¿Qué medidas se han tomado para favorecer la inclusión y la igualdad entre géneros en el acceso al estudio de las disciplinas académicas de ciencia, tecnología, ingeniería y matemáticas (STEM, por sus siglas en inglés), finanzas e iniciativa empresarial, y artes y humanidades?

Salud y seguridad en el puesto de trabajo

- ¿Ha instaurado el gobierno procedimientos coherentes para evaluar los gastos de salud pública con objeto de mejorar los resultados en el plano de la salud y, a través de distintas interacciones, en el plano del entorno inversor?
- ¿Cómo hace frente el gobierno a las enfermedades crónicas y los estilos de vida poco saludables asociados a este tipo de dolencias?
  - ¿Qué medidas se han adoptado para evitar y controlar la propagación de enfermedades infecciosas?
  - ¿Cómo garantiza el gobierno el respeto y la aplicación de las normas del sistema de salud y seguridad en el puesto de trabajo, en particular en el caso de las PYME?
  - ¿Qué medidas se han adoptado para proteger a los trabajadores de los efectos perjudiciales de los agentes químicos y pesticidas, la biotecnología y los nanomateriales?
- ¿Existe una estrategia eficaz para fomentar una buena salud mental?

Normas fundamentales del trabajo

- ¿Ha suscrito y ratificado el gobierno los convenios esenciales de la OIT relativos a las normas fundamentales del trabajo? ¿Cumple el gobierno estas convenciones en la práctica, independientemente de su ratificación efectiva? ¿Qué medidas se han adoptado para garantizar y fomentar la efectiva aplicación de estos convenios?
- ¿Qué medidas ha tomado el gobierno para:
  - eliminar todas las formas de trabajo forzoso u obligatorio y abolir el trabajo infantil?;
  - defender el principio de no discriminación en materia de empleo y ocupación?;
  - garantizar las libertades de asociación y sindical y el reconocimiento efectivo del derecho de negociación colectiva?
- ¿Qué actuaciones ha emprendido el gobierno para sensibilizar al público acerca de las leyes y reglamentos reguladores de la defensa de las normas fundamentales del trabajo?
- ¿Sirven las campañas de sensibilización actuales a la difusión clara y exhaustiva, al tiempo que fácil de seguir, de toda la información necesaria, de modo que llegue a su audiencia objetivo, es decir, trabajadores y empresarios, potenciales inversores nacionales y extranjeros, y organizaciones representativas de cada uno de estos grupos?
- ¿Cómo se refuerzan y fomentan las actuaciones que los agentes no gubernamentales, como las organizaciones sindicales y patronales, emprenden, ya sea por sí solas o en colaboración con los poderes públicos, para promover la aplicación de las normas fundamentales del trabajo? ¿Existen órganos de consulta tripartitos en los ámbitos local, provincial o nacional que ofrezcan a las organizaciones sindicales y patronales un foro donde debatir e influir sobre las políticas laborales?
- ¿Cómo garantiza el gobierno la aplicación en todo el territorio nacional de estas normas, incluidas zonas económicas especiales y zonas francas de exportación, y de forma que también alcancen a los trabajadores extranjeros?

(En la sección *Políticas dirigidas a posibilitar un comportamiento responsable de las empresas* se incluyen otras preguntas atinentes a la normas internacionales del trabajo.)

Regulación del mercado de trabajo por el lado de las empresas

- ¿Cómo garantiza el gobierno un marco adecuado de protección del empleo, posibilitando al tiempo la flexibilidad suficiente para mejorar la productividad y la competitividad general de la economía?
- ¿Qué iniciativas se han llevado acabo para favorecer la coordinación de las políticas, conciliando los objetivos sociales, la meta de una mano de obra competitiva y los incentivos a invertir dirigidos a las empresas?
- ¿Qué medidas se han tomado para limitar el horario de trabajo? ¿Impide la legislación los acuerdos para una ordenación flexible del tiempo de trabajo?
- ¿Qué restricciones existen a la contratación y al despido (p. ej., contrato de trabajo de duración determinada, indefinidos o a tiempo parcial)? ¿Qué restricciones al despido se prevén en las disposiciones legales?

- ¿Qué medidas se han tomado para proteger a los trabajadores que dejan de ser población activa, como los que se adentran en el sector informal de la economía y los trabajadores migrantes, que, por causa de su situación, no estén amparados por la legislación laboral o los regímenes de protección social?
- ¿Desalientan las políticas vigentes el empleo formal? ¿Penalizan en exceso los impuestos y las contribuciones a la seguridad social a la economía formal frente a la informal? ¿Disuade la normativa aplicable de operar en la economía formal?
- ¿Cómo contribuye el marco legal vigente a la lucha contra la discriminación en el centro de trabajo?
- ¿Qué cargas administrativas y financieras lleva aparejada la contratación de trabajadores extranjeros?

Apoyo a las regulaciones de empleo

- ¿Qué programas de reciclaje y recolocación profesional existen y cuál es su eficacia?
  - ¿Los programas son de gestión pública, privada o mixta? ¿Presta el correspondiente organismo del gobierno un servicio de valor que no esté disponible por otros medios?
  - ¿Hasta qué punto resulta sencillo acceder a estos programas? ¿Conoce la ciudadanía los servicios que ofrecen y recurre a ellos en la práctica?
  - ¿Qué hacen la comunidad empresarial y las organizaciones sindicales para garantizar que los programas respondan a sus necesidades (p. ej., asesorando sobre los tipos de formación más demandada o facilitando información sobre la disponibilidad de empleos)?
- ¿Qué tipos de asistencia financiera imponen la leyes y reglamentos laborales y de la seguridad social? Las disposiciones legales y reglamentarias:
  - ¿Proporcionan un colchón significativo a los afectados por regulaciones de empleo?
  - ¿Concilian los intereses de empresas y trabajadores proporcionando una protección eficaz y no excesivamente gravosa?
  - ¿Se aplican de manera eficaz?
- ¿Qué papel desempeñan las empresas en la facilitación de los procesos de transición en las regulaciones de empleo? ¿De qué forma cooperan las empresas con los trabajadores y el gobierno? ¿A qué mecanismos se recurre para incitar a las empresas a:
  - comunicarse regularmente con sus trabajadores para mantenerlos informados sobre la marcha de los asuntos empresariales?
  - consultar a sus trabajadores con prontitud para solucionar cualquier dificultad financiera susceptible de desembocar en despidos?
  - mantener informadas a las entidades públicas competentes sobre los despidos colectivos que prevean acometer, de forma que el gobierno pueda movilizarse y brindar la asistencia necesaria?
- ¿Es obligado observar algún requisito de preaviso en caso de despidos de personal de cierta magnitud? ¿Responde eficazmente este enfoque al objetivo de asistir a los trabajadores sin que ello pese excesivamente en la gestión, teniendo en cuenta que una regulación excesiva puede desalentar la inversión?

Movilidad laboral y migración

- ¿Disfrutan los trabajadores migrantes internos o transfronterizos en el país del mismo nivel de protección en sus derechos fundamentales que los trabajadores locales?
- ¿Sintonizan las políticas de migración con la necesidad de abordar los déficits de competencias de la economía?
- Las salvaguardias para proteger el mercado de trabajo nacional y fomentar el desarrollo de competencias a escala local, ¿son proporcionadas y se aplican de un modo equitativo?
- ¿Limitan las leyes y reglamentos las posibilidades de despliegue de personal extranjero en las empresas que invierten en el país de acogida? De haber restricciones, ¿son transparentes y se orientan a proteger el mercado de trabajo local?
- El personal desplegado por las empresas inversoras, ¿obtiene su visado de manera ágil o en otras condiciones favorables? ¿Qué medidas se han tomado para desmontar las prácticas indebidamente restrictivas? (Véase la sección Política de inversión.)
- ¿Se permite o se fomenta que trabajadores con las capacidades necesarias migren al país por motivos de trabajo?
- ¿Qué medidas se toman para aprovechar totalmente las inversiones realizadas por el país en sus propios recursos humanos, principalmente para atraer a los nacionales que han terminado sus estudios en el extranjero?

Flexibilidad y eficiencia de la normativa laboral	• ¿De qué manera garantizan y salvaguardan los poderes públicos la flexibilidad y eficiencia de las leyes y reglamentos laborales? • ¿Se han elaborado estas leyes y reglamentos con la oportuna consulta a los empleadores y las organizaciones de trabajadores? • ¿En qué medida son eficientes y claras las disposiciones legales y reglamentarias reguladoras del despido por causas económicas? • ¿Están obligados los empleadores a consultar al gobierno o a otros organismos (p. ej., inspectores de trabajo, órganos jurisdiccionales o representantes sindicales) o a obtener su autorización previa? ¿Deben respetar los empleadores ciertas normas de prioridad en caso de despido? • ¿En cuántas fases se articulan los despidos de trabajadores por causas económicas? ¿Podría prescindirse de alguna de ellas? • ¿Cuál es la probabilidad de que terminen siendo los tribunales quienes diriman la cuestión en caso de improcedencia? • En lo referente a las protecciones basadas en el concepto de flexiguridad, ¿ha aplicado con éxito el país, dentro de sus posibilidades, leyes, reglamentos o programas que prevean ayudas a la renta y servicios de recolocación para desempleados, reduciendo simultáneamente los obstáculos legislativos y regulatorios a las reestructuraciones de personal? • ¿Qué tipos de medidas asistenciales existen (p. ej., ayudas económicas directas a los desempleados u otras modalidades de seguro de desempleo, e indemnizaciones por despido a cargo de la empresa)? • ¿Qué leyes y reglamentos regulan la flexibilidad de los horarios de trabajo, en especial la limitación de la jornada laboral y los contratos de trabajo de duración determinada y a tiempo parcial? ¿Discrimina la normativa tributaria y de la seguridad social el trabajo a tiempo parcial u otros mecanismos para una ordenación flexible de la relación laboral? • ¿Qué medidas se han adoptado para garantizar que los intereses de las correspondientes partes interesadas no se vean desatendidos o infraponderados en las disposiciones legales y reglamentarias vigentes?

Recursos adicionales

Sitios web

OCDE, Estrategia de competencias, *www.oecd.org/edu/oecdskillsstrategy.htm.*

OCDE, Programa de Gestión de Instituciones de Educación Superior (IMHE), *www.oecd.org/edu/imhe.*

OCDE, Programa para la Evaluación Internacional de Alumnos (PISA), *www.oecd.org/pisa.*

OCDE, Programa para la Evaluación Internacional de las Competencias de los Adultos (PIAAC), *www.oecd.org/piaac-es.*

OCDE, Igualdad de género, *www.oecd.org/gender.*

OCDE, Identify and mobilise migrants' skills for development, *www.oecd.org/migration/diasporas.htm.*

Herramientas, directrices y manuales

Brezzi, M. y Piacentini, M. (2010), *Labour Mobility and Development Dynamics in OECD Regions.*

OCDE (2013) *Recomendación de la OCDE sobre igualdad de género en materia de educación, empleo e iniciativa empresarial*, OCDE, París. *www.oecd.org/gender/C-MIN%282013%295-ENG.pdf.*

OCDE (2012), *Free Movement of Workers and Labour Market Adjustment: Recent Experiences from OECD Countries and the European Union,* Publicaciones de la OCDE, París. DOI: *http://dx.doi.org/10.1787/9789264177185-en.*

OCDE/Unión Europea (2012), *Policy brief on youth entrepreneurship*, Oficina de Publicaciones de la Unión Europea, Luxemburgo. *www.oecd.org/employment/leed/Youth%20entrepreneurship%20policy%20brief%20EN_FINAL.pdf.*

OCDE/ Ministerio de Asuntos Exteriores y Desarrollo Internacional Francés (2012), *Harnessing the skills of migrants and diaspora to foster development: policy options,* French Ministerio de Asuntos Exteriores y Desarrollo Internacional francés, París. *www.oecd.org/migration/Policy_Brief_Migrants_En_BD%20DEFINITIF.pdf.*

Stone, S., P. Sourdin y C. Legendre (2013), «Trade and Labour Market Adjustment», *OECD Trade Policy Papers,* núm. 143, Publicaciones de la OCDE, París. DOI: *http://dx.doi.org/10.1787/5k4c6spvddwj-en.*

9. Inversión en infraestructuras

Un factor crucial para el crecimiento y la conectividad. Unas infraestructuras económicas —sistemas de redes de electricidad, agua, saneamiento, comunicación y transporte— de baja calidad o inadecuadas elevan los costes de todas las empresas y restringen el flujo de bienes, servicios, personas e información de mercado tanto de puertas adentro de la economía como desde ésta hacia el exterior, afectando con ello a la integración de los países en las cadenas de valor mundiales y al desarrollo económico en general. Las carencias de infraestructuras, al segregar los mercados, limitan la competencia y, por tanto, socavan los incentivos para innovar y aumentar la productividad. Aunque afectan a todo tipo de empresas —desde las microempresas rurales hasta las compañías multinacionales—, son las más pequeñas las que se ven en mayor medida perjudicadas por este problema.

Un elemento esencial de las políticas encaminadas a promover un crecimiento inclusivo y ecológico. Unas infraestructuras fiables y sostenibles impulsan la actividad económica y contribuyen a erradicar la pobreza, pues elevan la productividad del factor trabajo y reducen los costes de producción, de transacción, sociales y medioambientales. Con el fin de maximizar la contribución de las infraestructuras a sus objetivos de desarrollo, los países deben diseñar exhaustivas estrategias de infraestructuras, apoyar la participación de las personas con bajos ingresos y otros grupos de usuarios en las fases de planificación y ejecución, enfatizar la crucial importancia que su mantenimiento y sostenibilidad tienen para el logro de resultados y respaldar la heterogénea combinación de instrumentos financieros que posibilitan una mayor participación de todos los proveedores.

Evaluar las necesidades de infraestructuras y fortalecer su planificación. Las decisiones sobre en qué medida, dónde y qué tipo de infraestructuras construir y mantener a fin de dar respuesta a las tendencias socioeconómicas y de desarrollo sostenible revisten complejidad. Los poderes públicos precisan contar con procedimientos para decidir cuánto invertir en infraestructuras, cómo asignar ese gasto entre sus diferentes modalidades y de qué modo lo administrará. Esto presupone alguna capacidad de llevar a cabo análisis de costo-beneficio y para articular unos procesos de toma de decisiones sólidos que tengan en cuenta el resultado de esos análisis, al tiempo que se posibilita el logro de un equilibrio socialmente aceptable entre los diferentes intereses enfrentados. También exigirá que los distintos organismos y niveles de gobierno se coordinen de forma adecuada, incluso a escala regional, con miras a identificar las necesidades de infraestructuras en los diferentes sectores y priorizar los proyectos atendiendo a los objetivos generales de desarrollo, de manera integrada. Asimismo será fundamental abrir con todas las partes incumbidas, incluyendo usuarios finales, donantes, partícipes del sector privado, la sociedad civil en su conjunto y las comunidades afectadas, un amplio proceso de consultas en torno a los objetivos de política y los proyectos de que se trate con vistas a armonizar sus objetivos y garantizar que las prioridades y proyectos de infraestructuras beneficien a todos los sectores de la sociedad.

Priorizar los proyectos de infraestructuras y decidir sobre sus cauces de contratación. Tanto la selección de proyectos de infraestructuras como la elección entre un suministro público u otro privado deben guiarse por una evaluación imparcial de las opciones que mejor sirvan al interés público. La mejor manera de hacer esto es acometiendo un exhaustivo análisis de costo-beneficio que tenga en cuenta la duración íntegra del proyecto, los diferentes modos de ejecutarlo, el sistema de suministro de la infraestructura al completo y la disponibilidad de una financiación que asegure una relación calidad-precio adecuada. Deberán tenerse asimismo en cuenta todos los aspectos pertinentes relacionados con el desarrollo sostenible, incluso a través evaluaciones de impacto ambiental y social, e incorporar las correspondientes consideraciones sobre resiliencia al clima. Cabe que, en el momento de evaluar cuál de ellos podría deparar la mejor relación calidad-precio, los gobiernos deseen comparar los diferentes modos de ejecución valiéndose a tal efecto de un «comparador del sector público» objetivo, u otro equivalente, esto es, la opción de ejecución pública convencional. Deberán acometerse detenidos análisis de sensibilidad y de riesgos a fin de lograr una distribución de riesgos adecuadamente compensada entre los socios públicos y privados. Todos los riesgos fiscales a corto y a largo plazo que asuman los poderes públicos, pasivos contingentes incluidos, deberán quedar incorporados en el análisis de costo-beneficio y gestionarse de forma transparente durante el proceso de presupuestación. No deberá recurrirse a la participación del sector privado como medio de sortear la disciplina presupuestaria impuesta y dicha participación sólo deberá contemplarse cuando quepa esperar que depare una relación calidad-precio superior. Un sistema público de compras dotado de un «mecanismos de compuerta» puede ayudar a garantizar que la forma de contratación escogida y la modalidad de participación del sector privado contratada aseguran en efecto la mejor relación calidad-precio.

Razones para valorar la participación del sector privado en el suministro de infraestructuras. Las actuales carencias de infraestructuras, el avance económico y la creciente urbanización de los países en desarrollo, así como la obsolescencia que afecta a las infraestructuras en los desarrollados, es una combinación que no tardará en ejercer presión sobre las infraestructuras ya existentes y que exigirá no sólo acometer un elevado número de inversiones, sino también hacerlo en tipos de infraestructuras más eficientes y sostenibles. El sector público ha sido tradicionalmente el principal inversor en infraestructuras y las fuentes de financiación pública, también en el ámbito municipal, donde se localiza el grueso de la demanda de infraestructuras, continuarán desempeñando una función crucial. Sin embargo, cubrir esas necesidades posiblemente exija movilizar otras fuentes de financiación. El sector privado puede aportar otras ventajas adicionales. Puede contribuir a mejorar la relación calidad-precio de los usos en que se concreten los recursos públicos que se inviertan en el desarrollo de infraestructuras, pues ampliará el elenco de variantes posibles para la ejecución de las infraestructuras, incluida la práctica consistente en agrupar diferentes fases de este tipo de proyectos, lo que puede redundar en ahorros de costes y una mayor eficiencia. Los poderes públicos también pueden beneficiarse de una distribución de riesgos más eficiente, de una mayor competencia, así como de las capacidades gerenciales y tecnológicas del sector privado. En aquellos países en que se ha regulado y gestionado adecuadamente, la participación del sector privado en proyectos de infraestructuras ha contribuido a impulsar tanto la cobertura como la eficiencia de los servicios.

Señalamiento del compromiso de los poderes públicos con el desarrollo de infraestructuras. Definir con claridad las prioridades de la política de infraestructuras y sus objetivos a medio y largo plazo, integrándolos plenamente en las estrategias de desarrollo económico del país facilitará la obtención de los recursos necesarios para el desarrollo de redes infraestructuras y reforzará el atractivo de éstas de cara a una eventual participación del sector privado. A este respecto, contar con unos planes nacionales de infraestructuras exhaustivos, tener identificada una cartera de proyectos de infraestructuras creíble para los diferentes sectores y acorde con los objetivos de desarrollo, y comunicar adecuadamente las prioridades y funciones que se espera que cumplan los sectores público y privado puede contribuir a garantizar unos mayores cotas de coordinación y sintonía entre los diferentes niveles de gobierno y asegurar a los inversores el compromiso político firme a largo plazo de los poderes públicos con el desarrollo de las infraestructuras. Definir una cartera creíble de proyectos de infraestructuras puede servir también para atraer nuevos inversores e intensificar la competencia por este mercado. Ello permitirá a los potenciales inversores diseñar sus estrategias sobre la base de una amplia cartera de oportunidades en lugar de proyecto a proyecto, lo que posibilitará amortizar algunos de los costes asociados a la evaluación de las oportunidades en infraestructuras del país. En ocasiones, aglutinar pequeños proyectos de infraestructuras puede ayudar también a elevar su atractivo a ojos de los inversores a largo plazo. Varios aspectos de las políticas comerciales pueden también contribuir a un entorno propicio para la inversión en infraestructuras, en particular al facilitar la importación de bienes, servicios y personal que a veces son necesarios para acometer de manera idónea y eficiente determinados proyectos de infraestructura (véase la sección *Política comercial*).

Previsibilidad de la regulación económica. Establecer un entorno institucional y regulatorio creíble que reduzca la incertidumbre de política resulta también esencial para propiciar la inversión. En presencia de cualquier tipo de incertidumbre normativa, los proveedores de infraestructuras tenderán a invertir por debajo de lo deseable. Que los gobiernos tengan instaurados unos mecanismos institucionales idóneos para mejorar la previsibilidad regulatoria —como, por ejemplo, organismos especializados con capacidades normativas y de fijación de precios, dotados de los recursos necesarios y blindados frente a influencias indebidas de las partes en los contratos de infraestructuras— favorecerá la inversión en infraestructuras y, especialmente, la participación en dichos proyectos del sector privado. La independencia de los reguladores es necesaria para aislar las decisiones regulatorias tanto del proceso político como de posibles influencias ilegítimas de los operadores de infraestructuras.

Régimen jurídico claro para proteger los derechos del inversor. El marco jurídico e institucional debe facilitar la ejecución de los contratos y las colaboraciones en proyectos de infraestructuras. Estos proyectos presentan un horizonte de largo plazo y sus contratos suelen ser objeto de renegociación debido a la variabilidad que experimentan las condiciones económicas subyacentes durante su vida. El número de asociaciones público-privadas (PPPs, por sus siglas en inglés) fallidas en los sectores de infraestructuras pone de manifiesto los complicados retos a que se enfrentan los encargados de la formulación de políticas y los inversores en este ámbito. Celebrar consultas regulares con el socio privado y las partes interesadas podría ayudar a evitar que los eventuales conflictos vayan a más. Disponer de marcos previsibles —también contractuales— que regulen las circunstancias en que quepa plantear su renegociación podría ayudar a garantizar la flexibilidad necesaria para el buen fin de los contratos de infraestructuras de larga duración. Al mismo tiempo, el régimen aplicable a la contratación pública de infraestructuras y las asociaciones público-privadas debe prever mecanismos de protección frente a una infraestimación deliberada del coste de los proyectos —y su consiguiente encarecimiento *ex post*— por parte de los licitadores privados. El régimen de inversión debe además salvaguardar los derechos fundamentales del inversor garantizando, entre otros aspectos, el acceso a indemnizaciones puntuales y equitativas en caso de expropiación, así como a mecanismos de resolución de controversias (véase la sección *Política de inversión*).

Concurrencia en la contratación de infraestructuras. El ahorro asociado a unas prácticas de contratación más competitivas puede suponer una parte considerable de los costes totales de desarrollo de los proyectos. Un régimen de contratación bien diseñado garantizará la equidad procedimental a todos los inversores que presenten ofertas y reducirá al mínimo los riesgos de corrupción, colusión de ofertas y manipulación. Una colaboración estrecha entre el organismo de la competencia, las autoridades de orden público encargadas de perseguir los delitos de corrupción y las agencias de contratación pública podría ayudar a evitar prácticas contrarias a la competencia en la preparación de los pliegos de condiciones y la adjudicación de los contratos públicos de infraestructuras. Detallar en los contratos los servicios basados en resultados que habrán de prestarse al público y dar publicidad a las decisiones que se adopten con referencias exhaustivas y verificables a esos criterios añadirá transparencia y contribuirá a evitar prácticas corruptas, al tiempo que animará a las empresas a proponer soluciones más innovadoras y eficientes. Contar con procedimientos simplificados de contratación, articulados incluso a través de sistemas electrónicos, puede contribuir a racionalizar el proceso, favorecer la competencia y facilitar la participación en el proceso de licitadores de menor escala, si bien esa racionalización no deberá ir en detrimento de la diligencia debida ni de una selección cuidados de los contratos. Debe garantizarse que las entidades adjudicatarias puedan cumplir sus compromisos contractuales durante toda la vida del proyecto.

Estructura competitiva del mercado. Los elementos de monopolio natural presentes en todo el sector de infraestructuras dificultan el establecimiento de condiciones para una competencia efectiva. Con todo, las ventajas que ofrece la participación del sector privado se ven amplificadas por las medidas dirigidas a crear un entorno competitivo, como la de exponer determinadas actividades a unos niveles adecuados de presión comercial o la de regular por razones de interés público ámbitos monopólicos o en los que la competencia es escasa. Si bien numerosos países han avanzado en la supresión de las barreras que impiden la entrada a sus sectores de infraestructuras, también aquellas a que se enfrentan los inversores extranjeros, los progresos no han sido del todo homogéneos. Las restricciones a la inversión directa extranjera siguen lastrando la llegada de inversores foráneos a los sectores de infraestructuras en muchas jurisdicciones. Contar con un régimen abierto y no discriminatorio podría ampliar el número de partícipes y ejercer presión sobre los proveedores de infraestructuras para que rindan de un modo eficiente. Es, por tanto, necesario que los reguladores se coordinen estrechamente, en particular en el caso de los organismos de la competencia, a los efectos más concretamente de evaluar los costes y los beneficios de desagregar industrias de red, desmantelar barreras de entrada innecesarias y adoptar y hacer cumplir unas leyes de competencia adecuadas, como las que protegen contra las prácticas contrarias a la competencia de los operadores tradicionales (véase la sección *Política de competencia*).

Gobernanza de los operadores públicos de infraestructuras. Cuando coexisten proveedores de infraestructuras privados con operadores tradicionales de titularidad pública, podría requerirse también de medidas concretas que velen por unas reglas del juego iguales para todos, y salvaguardar así un entorno competitivo saludable, reduciendo al tiempo los temores que suscitan la discrecionalidad y riesgos regulatorios tales como la corrupción. Adoptar una normativa sólida de gobierno corporativo para las empresas públicas y asegurar que también ellas se someten al conjunto de disposiciones legales y reglamentarias a las que también están sujetas sus homólogas del sector privado, en concreto la normativa concursal, de la competencia y de lucha contra la corrupción, contribuirá a garantizar que dichas empresas lleven a cabo su actividad en pie de igualdad con las del sector privado (véase la sección *Gobierno corporativo*).

Equilibrio entre asequibilidad y recuperación de los costes a la hora de determinar los precios. Los países también están reformando sus regímenes regulatorios para alcanzar un equilibrio entre, de una parte, la necesidad de recuperar los costes incurridos por los inversores públicos y privados y, de otra, la asequibilidad de las infraestructuras para el usuario final. Cuando ha sido posible y políticamente viable establecer unos precios en niveles que posibilitaban la recuperación de los costes, la inversión ha crecido a menudo de manera sustancial. Cuando la asequibilidad es baja, las subvenciones públicas pueden ser necesarias. La eficacia y duración de estas ayudas, así como su incidencia en el erario público, deben ser evaluadas periódicamente a la luz del desempeño y la eficiencia que exhiban los proveedores. Conceder selectivamente subvenciones al consumo en lugar de a la producción puede favorecer la asequibilidad sin por ello restar incentivos al desempeño de los operadores; su efecto, con todo, deberá evaluarse periódicamente. Para realizar los oportunos análisis y adoptar las consiguientes decisiones de determinación de precios es crucial que la supervisión de los mercados de infraestructuras la realicen órganos reguladores con suficiente margen de actuación, clara delimitación de competencias e independencia de los ministerios relacionados, así como de las empresas de infraestructura ya establecidas (sobre todo si estuviesen participadas por el sector público). También se ha recurrido a fondos específicos para financiar las exigencias de servicio universal que se imponen a los operadores.

Carácter inclusivo y conducta empresarial responsable en los proyectos de infraestructuras. Al conectar a las empresas y a las personas a los mercados y a la información, y facilitar el acceso a servicios que mejoran los medios de vida de las personas, los proyectos de infraestructura pueden potenciar las oportunidades de negocio, favorecer una mayor equidad de género y mejorar el bienestar de poblaciones vulnerables. Para ello se requiere una cuidadosa preparación previa de tales proyectos, con la participación de los usuarios finales desde el principio y prestando la debida atención a las cuestiones de asequibilidad e inclusión. Además, implicar a los usuarios finales, a las comunidades afectadas, a los inversores privados y a otras partes interesadas desde las fases iniciales de estos proyectos permitiría cerciorarse de que las necesidades y riesgos se evalúan y abordan correctamente y tienen un reflejo adecuado en las estructuras contractuales. Un comportamiento responsable de las empresas contribuirá también a garantizar que todos los miembros de la sociedad puedan beneficiarse de los proyectos de infraestructuras. Estos proyectos suelen estar expuestos a toda una serie de riesgos sociales, económicos y medioambientales a los que ha de hacerse frente —en particular, los relacionados con la salud, la seguridad y el medio ambiente que plantean las grandes obras de ingeniería—, pero también a riesgos socioeconómicos relacionados con el realojo de comunidades y violaciones de los derechos humanos. Las innumerables relaciones contractuales de carácter auxiliar que se establecen en el marco de estos proyectos no hacen sino amplificar estos riesgos. Los gobiernos de los países de origen y receptores pueden tener un papel que cumplir instando a los proveedores de infraestructuras a cumplir normas y principios mutuamente convenidos en materia de conductas empresarialmente responsables (véase la sección *Políticas dirigidas a posibilitar un comportamiento responsable de las empresas*).

Estímulo de inversiones en infraestructuras ecológicas. Las políticas de infraestructuras, incluidas las de determinación de precios, deben establecer las mismas reglas del juego para todas las tecnologías competidoras (p. ej., intensivas en recursos frente a las más ecológicas) y permitir el desarrollo de sistemas de infraestructuras respetuosas con el medio ambiente, tales como infraestructuras de transporte sostenibles y de generación eléctrica basadas en fuentes renovables, así como infraestructuras resilientes al clima y eficientes en cuanto a su consumo de energía y recursos. Al gestionar la transición hacia modalidades de infraestructuras más sostenibles, los gobiernos pueden beneficiarse, por ejemplo, de unas políticas de incentivos que reorienten la inversión hacia la ejecución de infraestructuras ecológicas —en concreto, suprimiendo las subvenciones ineficientes a combustibles fósiles y fijando precios para las emisiones de dióxido de carbono y demás agentes contaminantes a través de instrumentos de mercado—. Las políticas que prevén la concesión de asistencia financiera a largo plazo y aquellas que tienen en cuenta las externalidades medioambientales pueden además contribuir a dirigir la inversión hacia infraestructuras ecológicas. Estas políticas son fundamentales para superar rigideces de mercado y regulatorias susceptibles de favorecer a operadores tradicionales del sector eléctrico que utilizan combustibles fósiles; dichas políticas también son clave para limitar la expansión urbana basada en el uso de vehículos particulares y alentar sistemas de transporte público más sostenibles en zonas metropolitanas (véase la sección *Marco de inversión para un crecimiento ecológico*).

Capacidad del sector público. El éxito de la participación del sector privado en proyectos de infraestructuras depende también de la capacidad que a todos los niveles de gobierno se tenga para funcionar en el marco de los proyectos que se acuerden en pie de igualdad con el sector privado y para controlar el desempeño de los proveedores. La falta de experiencia con el sector privado y de conocimientos técnicos especializados de la que adolecen las entidades de contratación públicas puede traducirse en una deficiente negociación de los contratos, una gestión inadecuada de los riesgos o en costosas renegociaciones de los acuerdos. Sin ser imprescindible, contar con unidades específicas para las asociaciones público-privadas, adecuadamente dotadas y con líneas de responsabilidad y mandatos claramente acotados, puede contribuir a mejorar la preparación de los proyectos de infraestructuras, la supervisión de sus procesos de contratación, su ejecución, así como la supervisión de su rendimiento. Cuando estén disponibles, la asistencia técnica y el respaldo crediticio de las agencias para el desarrollo pueden ayudar también a reforzar el despliegue y las capacidades de ejecución de los proyectos, así como su financiabilidad. Que el organismo público competente y una entidad de auditoría independiente controlen el desempeño de los proveedores de infraestructuras a lo largo de todas las fases del proyecto será igualmente clave para salvaguardar la relación calidad-precio. Las medidas de fortalecimiento de capacidades y la efectiva participación de las partes interesadas son asimismo elementos trascendentes para potenciar el previsible éxito de los proyectos de infraestructuras.

Proyectos regionales de infraestructuras. La mejora de la conectividad regional desempeña un importante papel en el fomento de la integración y el crecimiento económico, pues, entre otras cosas, facilita la incorporación de las empresas a las cadenas de valor mundiales. Cuando en los proyectos de infraestructuras participan diferentes jurisdicciones, como los de ámbito regional, habrá de velarse especialmente por que los objetivos de cada proyecto sean ampliamente compartidos y estén respaldados por acuerdos formales y mecanismos de resolución de controversias. Los proyectos de infraestructuras regionales exigen, entre otras cosas, normas comunes de supervisión y transparencia de los procesos de contratación, que prevean criterios homogéneos para la selección do ofertas, al tiempo que una estrecha colaboración entre las entidades de contratación y acuerdos sobre estructuras de determinación de precios y de reparto de ingresos. Contar con unos mecanismos claros y transparentes para distribuir los riesgos y los beneficios, así como con compromisos de financiación en los diferentes niveles de gobierno, es esencial para unos proyectos regionales satisfactorios.

Financiación de infraestructuras. Por último, es esencial que los operadores de infraestructuras dispongan de acceso a los mercados de capitales para financiar sus operaciones. Atendiendo a las condiciones de la política macroeconómica, se procedería a la retirada progresiva de restricciones que limitasen el acceso a los mercados locales y de trabas a los movimientos transfronterizos de capitales con el fin de ampliar la financiación disponible. Los poderes públicos podrían también beneficiarse de la aplicación de unas políticas dirigidas a movilizar el ahorro a largo plazo para orientarlo a financiar inversiones en infraestructuras por parte de inversores institucionales. A este respecto, cabe que los gobiernos deseen consultar los *G20/OECD High-Level Principles of Long-Term Investment Financing by Institutional Investors*, que abordan los impedimentos regulatorios e institucionales a los que los inversores institucionales han de hacer frente en sus inversiones a largo plazo. Las agencias de desarrollo y de crédito a la exportación pueden también desempeñar un importante papel ayudando a los países a movilizar inversiones adicionales en infraestructuras, canalizando a tal efecto recursos con miras a mejorar la calidad de los proyectos, atenuar y clarificar los riesgos, e incrementar la rentabilidad de las asociaciones público-privadas.

Preguntas y principios clave

Garantizar la coherencia del desarrollo de infraestructuras y su respaldo

1. ¿Ha establecido el gobierno un plan de infraestructuras exhaustivo e integral en el que exponga su enfoque y sus objetivos a medio y largo plazo, que prevea una cartera priorizada y sólida de proyectos, teniendo en cuenta las interacciones con otros sectores y políticas, y que se base en un adecuado proceso inicial de diligencia debida? ¿Describe dicho plan con claridad la función que se espera de la participación pública y privada, incluso desglosada por subsectores? ¿Tiene en cuenta los objetivos de desarrollo nacionales y locales, las metas de sostenibilidad y los objetivos a largo plazo?
2. ¿Qué procesos utiliza el gobierno para evaluar las necesidades de inversión en infraestructuras y configurar la planificación en esta materia?
3. ¿Colabora el gobierno central con los gobiernos locales y regionales, los órganos parlamentarios y los agentes sociales a fin de fijar prioridades y planes de inversión en infraestructuras? ¿Cómo se asegura de que la coordinación y los objetivos de infraestructuras son compartidos en todos los niveles de gobierno, incluso a escala regional y en todos los sectores pertinentes de la administración pública, para permitir una aplicación coherente del programa nacional de infraestructuras?
4. ¿Consultan las autoridades a los usuarios finales y demás partes interesadas con el fin de fundamentar la planificación, el inicio y la ejecución de los proyectos de infraestructuras, así como para garantizar que los compromisos previstos sean en interés público y resulten aceptables por los consumidores y otras partes interesadas?

Entorno propicio para la inversión en infraestructuras

5. ¿Cómo se está creando un entorno sólido propicio para la inversión en infraestructuras, concretamente comprometiéndose al cumplimiento de estrictas normas de gobernanza pública y corporativa, mediante procedimientos de

contratación pública equilibrados y transparentes, la protección del empleo, el medio ambiente, la propiedad y los derechos contractuales?

6. ¿Cómo se está creando un entorno competitivo en los sectores de infraestructuras, en particular permitiendo una adecuada presión competitiva en las actividades, suprimiendo barreras de entrada innecesarias y promulgando y aplicando leyes de competencia adecuadas?
7. ¿Cómo garantizan las autoridades públicas que los proyectos de infraestructuras estén libres de corrupción en todos sus niveles y fases, incluida la fase de licitación?

Mitigar los riesgos de los proyectos y garantizar su relación calidad-precio

8. ¿Cómo determina el gobierno la idoneidad de los proyectos de infraestructuras a efectos de la inversión y explotación por el sector privado (p. ej., mitigando los riesgos de los proyectos y garantizando la relación calidad-precio)?
9. ¿Se identifican adecuadamente los riesgos de los proyectos de infraestructuras, también los de carácter social y medioambiental, y se cuantifican y atribuyen a la parte contractual que mejor pueda valorarlos y controlarlos?
10. ¿Cómo se vela por la transparencia y el rigor presupuestario cuando el gobierno comparte responsabilidades con el sector privado en proyectos de infraestructuras?
11. ¿Audita y evalúa sistemáticamente un organismo independiente la ejecución de los proyectos y su rendimiento ex post con objeto de garantizar una mejor rendición de cuentas y la coherencia de los resultados con los objetivos de las políticas?
12. ¿Los organismos responsables de los proyectos de infraestructuras en régimen de explotación privada —locales y nacionales— disponen de «capacidad de ejecución», esto es, la capacidad de preparar, seleccionar y llevar a cabo adecuadamente proyectos de infraestructuras, colaborando en un plano de igualdad con los operadores privados?
13. ¿En qué medida las obligaciones contractuales entre las autoridades públicas y los operadores privados se determinan a través de servicios verificables de infraestructuras que han de prestarse al público (p. ej., mediante especificaciones basadas en resultados o rendimiento)?
14. ¿Cómo se toman en consideración los cambios de circunstancias acaecidos durante el ciclo de vida del proyecto a efectos de la ejecución de los contratos de infraestructuras a largo plazo?

Regulación de los mercados de infraestructuras y determinación de precios

15. ¿Los órganos reguladores que supervisan los mercados de infraestructuras están suficientemente equipados en cuanto a funciones, recursos y personal, y se encuentran blindados frente a influencias políticas indebidas?
16. ¿Permite la fijación de tarifas alcanzar un equilibrio entre la exigencia de un precio asequible para el usuario final y la necesidad de que el operador de la infraestructura recupere los costes soportados?
17. ¿Cómo determina el gobierno la combinación adecuada de tarifas, impuestos y transferencias (principalmente, en forma de ayuda oficial al desarrollo) para establecer unos sectores de infraestructuras sostenibles desde el punto de vista económico y garantizar el cumplimiento de los objetivos sociales? ¿Cómo se

garantiza la previsibilidad de las ayudas y subvenciones públicas a los proyectos de infraestructuras y la proporcionalidad del coste fiscal de dichas subvenciones frente a los resultados obtenidos (en términos de ejecución de infraestructuras o de acceso para los consumidores)?

Estructura equilibrada del mercado de suministro de infraestructuras

18. ¿Qué alcance tiene la separación estructural entre diferentes mercados de infraestructuras? ¿Qué organismos se encargan de valorar dicha separación y tomar decisiones al respecto?

19. Cuando coexisten proveedores del sector privado con operadores tradicionales de titularidad pública, ¿cómo se garantiza un nivel adecuado de competencia entre los diversos proveedores de infraestructuras? ¿Cómo se refuerzan las normas sobre gobierno corporativo de las empresas públicas con miras a incrementar la eficiencia operativa y garantizar la transparencia y la asunción de responsabilidades?

20. ¿Cómo garantiza el gobierno que los pequeños proveedores de servicios de infraestructuras no queden excluidos de los mercados de infraestructuras?

Financiación de proyectos de infraestructuras

21. ¿Se evalúan los proyectos de infraestructuras en función de los costes que podrán recuperarse de los usuarios finales? En caso de déficit, ¿qué otras fuentes de financiación pueden movilizarse a fin de garantizar el cumplimiento de los objetivos de la administración en cuanto a cobertura y asequibilidad del servicio?

22. ¿Ha promulgado el gobierno políticas y normas para fomentar ahorros a largo plazo y destinarlos a financiar infraestructuras? ¿Se emplea la ayuda oficial al desarrollo para mitigar los riesgos de proyectos e impulsar la inversión del sector privado en infraestructuras?

23. ¿Tienen los operadores del sector privado, tales como contratistas e intermediarios financieros, un acceso adecuado a los mercados de capitales para financiar sus actividades? Las restricciones al acceso a los mercados locales y los obstáculos a la circulación transfronteriza de capitales, ¿se están suprimiendo progresivamente, teniendo en cuenta consideraciones macroeconómicas prudenciales?

Fomento del carácter inclusivo y de la conducta empresarialmente responsable

24. ¿Cómo maximizan las administraciones central y locales la contribución de las inversiones en infraestructuras al desarrollo, en concreto mediante la realización de amplias consultas con las partes interesadas acerca de la implicación y repercusión de los proyectos, la evaluación ex ante del impacto de las propuestas concurrentes en la pobreza y la evaluación del impacto ambiental y social?

25. ¿Cómo garantiza el gobierno que las políticas y prácticas en materia de infraestructuras tomen en consideración problemas de desarrollo sostenible, tales como la resiliencia al cambio climático y las catástrofes, y el fortalecimiento de la resiliencia colectiva?

26. ¿Cómo garantiza el gobierno que los operados públicos y privados que prestan servicios vitales para la comunidad cumplan efectivamente las normas en materia de conducta empresarial responsable, en concreto en materia de empleo y medio ambiente, e identifiquen, gestionen y controlen los riesgos conexos?

Preguntas complementarias

Garantizar la coherencia del desarrollo de infraestructuras y su respaldo

- ¿Ha identificado el gobierno segmentos de los mercados de infraestructuras con exceso o déficit de inversiones? ¿Qué necesidades de inversión existen en cada sector de infraestructuras, concretamente de nueva inversión, explotación y mantenimiento?
- Las facultades y competencias de los organismos nacionales y subnacionales que participan directa o indirectamente en las políticas de infraestructuras, su planificación o adopción, ¿son claras y están adecuadamente definidas al objeto de facilitar la coordinación y la aplicación coherente del plan nacional de desarrollo de infraestructuras?
- ¿Comunican claramente las autoridades públicas los objetivos de sus políticas de infraestructuras y existen mecanismos de consulta y transparencia informativa entre socios públicos y privados con respecto a las metas previstas y los proyectos concretos?
- ¿En qué medida las necesidades de inversión en infraestructuras se incorporan en los objetivos ecológicos? ¿En cuánto se estiman las necesidades de inversión en infraestructuras ecológicas?
- La estrategia del gobierno para fomentar la inversión del sector privado en infraestructuras, ¿de qué forma tiene en cuenta los objetivos generales sobre infraestructuras ecológicas, en particular para desarrollar sistemas resilientes al clima y eficientes en consumo de energía y recursos?

Consideraciones específicas sectoriales

- En especial en los sectores de infraestructuras que se explotan frecuentemente en el ámbito subnacional como, por ejemplo, el suministro de aguas, el saneamiento y el transporte local, ¿cómo garantiza el gobierno la coherencia entre las políticas nacionales y las actividades subnacionales?
- ¿Qué procesos se siguen para fundamentar las decisiones relativas a la construcción de nuevas infraestructuras de transporte y al mantenimiento de las existentes?
- ¿Se revisan regularmente los requisitos exigibles a todas las modalidades de transporte, teniendo en cuenta las necesidades de los inversores y los vínculos entre las diferentes modalidades de infraestructuras de transporte?
- ¿Cómo fomenta el gobierno la transición hacia medios de transporte sostenibles y la eficiencia de los desplazamientos en los sistemas de transporte urbano con miras a evitar que se consoliden modalidades de desarrollo basadas en elevadas emisiones de dióxido de carbono y vulnerables al clima, así como para mitigar el impacto del transporte sobre el medio ambiente (p. ej., introduciendo carriles reservados a autobuses, sistemas de tren ligero y de tránsito rápido, y medios de transporte alternativos como la bicicleta)?
- ¿Existen políticas para reducir la necesidad de desplazarse mejorando la eficiencia del sistema de transporte a través de una planificación urbanística integral y la gestión de la demanda de transporte (p. ej., mediante políticas de desarrollo urbano compacto y de uso mixto, restricciones al tráfico o limitaciones a la expansión urbana)?
- ¿Se integran las políticas sobre energías limpias en el marco nacional general de infraestructuras? ¿La contratación de la generación de nuevas energías limpias forma parte de una estrategia a largo plazo de desarrollo de las infraestructuras de red?
- ¿Ha evaluado el gobierno las inversiones en los sectores de agua y sistemas de saneamiento que son necesarias para alcanzar sus objetivos de desarrollo? ¿Participa el sector privado en la gestión del agua, en su suministro y en la financiación de sus infraestructuras? ¿En qué medida se basa el enfoque del gobierno sobre el desarrollo de infraestructuras de suministro de agua y saneamiento en políticas y prácticas de gestión integral de los recursos hídricos?

Entorno propicio para la inversión en infraestructuras

- ¿Cuál es la política general y el marco institucional sobre la inversión privada en infraestructuras y de qué forma se han tenido en cuenta en su elaboración las buenas prácticas internacionales?
- ¿Cuenta el gobierno con una estrategia para las asociaciones público-privadas y, de ser así, son coherentes sus disposiciones e instituciones con el régimen general de licitación de infraestructuras? El fundamento jurídico de las asociaciones público–privadas, ¿previene conflictos con otras normativas, ya sea a través de una ley específica o de normas sectoriales que contemplen expresamente modalidades de ejecución basadas en la colaboración de los sectores público y privado?
- ¿Existe un entorno de inversiones abierto y no discriminatorio para los proveedores de infraestructuras, en particular entre los nacionales y extranjeros o los nuevos proveedores y los tradicionales? ¿Qué restricciones existen, en su caso, a la inversión extranjera en sectores de infraestructuras? ¿En qué medida pueden las empresas privadas extranjeras competir en igualdad de condiciones, tanto con las empresas nacionales como con

aquellas respaldadas por Estados extranjeros, al tratar de ganar acceso a los mercados de infraestructuras?

- ¿Qué modalidades de inversión privada en infraestructuras fomenta el gobierno? ¿Cuáles son las modalidades de concesión o de colaboración público-privada más habituales entre sectores? ¿Se permite la licitación conjunta de las fases de diseño, construcción y explotación a largo plazo? ¿Es posible agrupar pequeños proyectos de infraestructuras para reducir al mínimo los costes operativos y, de ese modo, facilitar la captación de inversores? ¿Se permite que los contratos de concesiones incluyan cláusulas de no competencia o de exclusividad? Descríbanse las características principales de las licencias y las concesiones.
- ¿Cómo se coordinan los organismos reguladores y la autoridad de la competencia para evaluar los costes y beneficios de desagregar industrias de red y velar por una competencia adecuada en los mercados de infraestructuras?
- ¿En qué medida cuentan los organismos reguladores y de la competencia con respaldo político e independencia suficientes para denunciar conductas contrarias a la competencia por parte de los proveedores de infraestructuras (incluidas empresas públicas), en especial cuando ponen en cuestión intereses creados?
- ¿Existen directrices claras y transparentes para garantizar la previsibilidad y la coherencia al seleccionar, preparar y licitar proyectos de infraestructuras? ¿Se identifican claramente en el marco jurídico las funciones y competencias institucionales de los organismos encargados de las diferentes fases? ¿Disponen dichos organismos de personal suficiente y debidamente cualificado para desempeñar su actividad al nivel exigido en el sector de que se trate?
- ¿Existen normas que garanticen la plena transparencia informativa de toda la información relativa a cada proyecto entre las autoridades públicas y sus socios del sector privado, también con respecto a la situación de las infraestructuras preexistentes?
- ¿Qué modalidades de licitación de infraestructuras existen y qué requisitos deben cumplirse? En los casos en que se admita la presentación de propuestas no solicitadas, ¿existen procedimientos de selección diferenciados, claros y transparentes? ¿En qué medida abordan adecuadamente los procedimientos existentes los problemas específicos de transparencia que entrañan dichas propuestas?
- En los procedimientos de licitación de infraestructuras, ¿existe un margen de preferencia a favor de los licitadores nacionales frente a los extranjeros o a favor de las PYME frente a las grandes empresas? De ser así, ¿cuál es el alcance de ese margen? ¿Varía en función del sector y de las dimensiones del proyecto?
- ¿Qué función desempeña el gobierno para garantizar que no existe corrupción en el proceso de licitación? ¿Qué medidas se han adoptado para reducir al mínimo el riesgo de manipulación de los procedimientos de licitación de contratos de infraestructuras?
- ¿Participan los organismos de la competencia en el proceso de contratación y de qué manera? ¿Cómo se coordinan las competencias entre las entidades adjudicadoras y las autoridades de la competencia?
- ¿Garantiza el proceso de selección que se someta a los licitantes a procedimientos adecuados de diligencia debida para valorar el realismo de sus propuestas, su solvencia financiera, perfil de riesgo y la experiencia previa? ¿Abordan los procedimientos de manera adecuada potenciales conflictos de intereses?
- ¿Están las autoridades obligadas legalmente a definir y publicitar los criterios de selección de los proveedores de infraestructuras cuando se lanza una convocatoria para presentar ofertas? Las normas de rendimiento que se exigen a los adjudicatarios, ¿se definen y se publicitan exhaustivamente antes de las convocatorias?
- ¿Deben las autoridades explicar públicamente sus decisiones de adjudicación con referencias exhaustivas y verificables a tales criterios? ¿Pueden los licitantes recurrir las decisiones de los organismos de adjudicación ante un tribunal independiente?
- ¿Se publican las evaluaciones de la relación coste-beneficios y la clasificación de los diferentes proyectos presentados en un procedimiento de licitación?
- ¿Qué mecanismos de resolución de controversias existen para garantizar que los conflictos que pudieran surgir a lo largo del ciclo de vida de un proyecto de infraestructuras se gestionen de manera imparcial y sin dilaciones indebidas?

Mitigar los riesgos de los proyectos y garantizar su relación calidad-precio

- ¿Las decisiones de inversión en proyectos de infraestructuras se basan en un análisis de costes y beneficios teniendo en cuenta todas las modalidades alternativas de ejecución, el sistema íntegro de suministro de infraestructuras y proyecciones realistas de los costes y beneficios económicos y no económicos a lo largo del ciclo de vida del proyecto? Al valorar los costes y beneficios generales, ¿resulta obligatorio realizar análisis de impacto social y medioambiental? ¿Se tienen en cuenta?

- ¿Evalúa el gobierno sistemáticamente la relación calidad-precio de las diferentes modalidades de ejecución, incluidas las asociaciones público-privadas y concesiones, mediante una evaluación comparativa del sector público u otro mecanismo equivalente?
- ¿Dispone el gobierno de una política clara para distribuir los riesgos?
- ¿Cómo identifica, valora y gestiona el gobierno los riesgos y pasivos contingentes que le correspondan al sector público en el marco de los proyectos de infraestructuras emprendidos en colaboración con el sector privado? Los efectos fiscales a largo plazo de las asociaciones público-privadas, ¿se contabilizan como pasivos contingentes en las cuentas públicas? ¿Se divulgan con transparencia a la ciudadanía todos los costes y los pasivos contingentes —concretamente, los avales públicos a la financiación privada—, así como el flujo de pagos que realiza el gobierno?
- ¿Dispone el gobierno de una unidad especializada dedicada a las asociaciones público-privadas o tiene previsto crearla? ¿De quién depende la unidad? Por ejemplo, ¿se trata de un organismo independiente o depende del Departamento del Tesoro, del primer ministro, del gobierno o de los ministerios competentes?
- ¿Están bien definidas y delimitadas en la legislación las funciones y competencias institucionales de los organismos encargados de diseñar, negociar y desplegar la licitación de infraestructuras (con independencia de que se utilice la licitación tradicional, asociaciones público–privadas o la privatización? ¿Durante todo el proceso de selección, preparación y licitación de los proyectos, existen líneas jerárquicas que determinen con claridad quién concede las autorizaciones, qué se autoriza y cuándo ?
- ¿Qué canales de comunicación existen entre las unidades dedicadas a las asociaciones público-privadas y los diversos organismos encargados de licitar las infraestructuras? ¿Lastran los problemas de coordinación la eficacia del desarrollo y puesta en marcha de asociaciones público–privadas?
- ¿Qué medidas se han adoptado para garantizar que los organismos públicos pertinentes estén dotados con el personal adecuado, en particular para la supervisión de los aspectos técnicos y a los proveedores externos, y cuenten con los recursos financieros necesarios para gestionar con eficacia el desarrollo y puesta en marcha de asociaciones público-privadas? ¿Existen fuentes de financiación finalistas para perfeccionar la preparación de proyectos (como fondos para proyectos destinados a servicios de asesoramiento y estudios previos de viabilidad u otros)?
- ¿Suelen las administraciones obtener autorizaciones medioambientales y urbanísticas (p. ej., con respecto al cambio del uso del suelo en caso necesario) antes de convocar una licitación?
- ¿Cómo se facilita la ejecución de los proyectos de infraestructuras en los que participe el sector privado (p. ej., contratos estandarizados, simplificación de procedimientos y uso de términos legales habitualmente utilizados)?
- ¿En los contratos está prevista la introducción de cambios circunstanciales a lo largo del ciclo de vida del proyecto estableciendo expresamente las condiciones en las que podrán reconsiderarse o renegociarse? En los casos en que los contratos especifiquen en qué circunstancias podrán contemplarse revisiones del acuerdo original, ¿qué tipo de mecanismos son más utilizados para que dichas renegociaciones eventuales se realicen de buena fe, de manera transparente y no discriminatoria (p. ej., recurriendo a comisiones de revisión permanentes y activas, comités de resolución de controversias o tribunales arbitrales)?
- ¿Qué otras medidas se utilizan para limitar la posibilidad de renegociar los contratos (p. ej., entre otros, mecanismos de reparto de beneficios y de participación en el capital, y normas de indemnización en caso de resolución anticipada)?
- ¿Suelen celebrarse regularmente consultas periódicas con los socios contractuales y las partes interesadas o se organizan reuniones ad hoc cuando alguno de ellos detecta un problema? ¿Se invita sistemáticamente a los terceros afectados a participar en dichas consultas?

Regulación y determinación de precios en los mercados de infraestructuras

- ¿Cómo se coordina la regulación de los servicios de infraestructuras? ¿Qué sectores cuentan con organismos reguladores específicos y cuáles están bajo la supervisión del ministerio correspondiente? ¿Qué organismos son competentes para verificar la aplicación de la normativa, supervisar a los proveedores de infraestructuras, imponer multas y sanciones, o fijar tarifas? ¿Qué organismos están facultados para emitir, exigir y revocar licencias en sectores de infraestructuras?
- ¿Aplican los reguladores indicadores de rendimiento para controlar sistemáticamente si los operadores de infraestructuras se atienen a los criterios y plazos contractuales? ¿Se publicitan? En caso afirmativo, indíquese en qué sectores.

- ¿Existe un sistema de sanciones y recompensas en función de los incumplimientos y los logros de los socios del sector privado?
- ¿Existe un organismo independiente que evalúe ex post el desempeño de las asociaciones público-privadas (es decir, que valore la coherencia de los resultados que obtengan dichas asociaciones con los objetivos de política económica fijados ex ante, incluidos los de índole financiera)? ¿La entidad fiscalizadora superior del Estado o el organismo público equivalente responsable de evaluar o auditar los proyectos ex post y comunicar sus conclusiones a los órganos parlamentarios, ¿cuenta con los recursos suficientes para desempeñar su labor?
- ¿Disponen los organismos reguladores de competencias y facultades claras, están dotados de los recursos necesarios y se encuentran blindados frente a indebidas injerencias políticas e influencias de las partes de los contratos de infraestructuras de que se trate?
- ¿En qué medida se financian los organismos reguladores con fuentes independientes ajenas a la influencia del gobierno (p. ej., percepción de cuotas anuales de las empresas reguladas)? ¿Reciben los organismos reguladores instrucciones del poder ejecutivo? ¿Puede el poder ejecutivo revocar sus decisiones?
- ¿Disponen los organismos reguladores de personal suficiente y debidamente capacitado para desempeñar su labor al nivel exigido en el sector de que se trate? ¿Existen mecanismos que promuevan la cooperación técnica con las autoridades de la competencia? ¿Cómo se reparten la competencias entre dichos organismos?
- ¿Son claras y transparentes las normas sobre adopción de decisiones de forma que garanticen la previsibilidad y eviten influencias personales indebidas? ¿Están obligados los reguladores a publicar sus decisiones y la motivación de las mismas? ¿Pueden los operadores de infraestructuras recurrir las decisiones administrativas?
- ¿Qué medidas se han tomado para garantizar que los reguladores respondan de sus decisiones a fin de evitar el oportunismo, la corrupción y la ineficiencia? ¿Ante quién rinden cuentas los organismos reguladores? ¿Ante el parlamento, ante el poder ejecutivo o ante un ministerio? ¿Se somete el rendimiento de los reguladores a una valoración formal por parte de auditores independientes o comisiones legislativas?
- ¿Hasta qué punto y de qué manera abordan los organismos reguladores o las autoridades de la competencia las prácticas anticompetitivas de los operadores tradicionales, incluidas las empresas públicas, en particular las prácticas que obstaculizan la inversión en infraestructuras ecológicas?
- ¿Cómo se financian normalmente los proyectos de infraestructuras en su fase operativa (mediante tasas al usuario, ingresos públicos o financiación mixta) y qué variaciones existen en función del sector?
- ¿Qué criterios se siguen para calcular los precios en los mercados de infraestructuras y con qué frecuencia se revisan? ¿Existen precios regulados total o parcialmente? ¿Cómo se determinan los precios regulados (p. ej., en función de los costes, a partir de una tasa de rentabilidad predeterminada, en función de incentivos, mediante precios máximos, o de alguna otra forma)? En caso de aplicarse precios máximos, ¿cómo se fijan?
- ¿En qué medida se permite que varíen los precios en función del comportamiento del consumo y las características socioeconómicas de los clientes?
- Cuando las subvenciones públicas resultan socialmente necesarias, ¿qué medidas se toman para garantizar que se fijan a un nivel óptimo, teniendo en cuenta la necesidad de alcanzar los objetivos sociales deseados (p. ej., la ampliación del acceso o la mejora de la asequibilidad), mientras se sigue promoviendo un rendimiento eficiente de los proveedores de infraestructuras?
- En lo que respecta a la importancia de las subvenciones públicas, ¿cuál es la diferencia entre la tarifa media y el coste medio unitario de los servicios en cada uno de los sectores de infraestructuras? ¿Qué porcentaje del PIB o de los presupuestos representan las subvenciones públicas a infraestructuras? ¿Se publican con regularidad estas cifras?

Aspectos específicos sectoriales

- En el sector de telecomunicaciones, ¿cómo se determinan los precios de interconexión y de acceso? ¿En qué medida se basan en los costes?
- En el sector de transportes, ¿ha instaurado el gobierno mecanismos adecuados para la determinación de precios tomando en consideración todos los costes derivados del transporte por carretera basado en combustibles fósiles y evitando los incentivos a los medios de transporte terrestre que emiten altos niveles de dióxido de carbono (p. ej., asignación de precios a las emisiones de dióxido de carbono, impuestos sobre los combustibles y vehículos, revisión de las subvenciones a los combustibles fósiles, aplicación de peajes de hora punta y otras tasas aplicables a los usuarios de carreteras, así como gravámenes por aparcamiento?

- ¿Cuáles son las principales formas de electrificación de que se dispone (p. ej., sistemas en red, sistemas aislados de la red o miniredes)? ¿Se permite a los usuarios cautivos del sector privado revender energía a la red? ¿Tiene competencias el órgano regulador del sector sobre todas las formas de electrificación o sólo sobre algunas?
- En la generación energética, ¿en qué medida determina el mercado los precios de los insumos primarios o son éstos negociados? ¿Se utilizan mecanismos de determinación automática de precios?
- ¿Cómo se fijan las tarifas en los sectores energético y del agua? ¿Cuál es la estructura de las tarifas (p. ej., tarifas planas o tarifas con discriminación horaria)? ¿Interviene el operador de infraestructuras dominante en la revisión de las tarifas o aplica el órgano regulador un método independiente para evaluar los costes y revisar las tarifas?
- ¿Qué medidas se han adoptado para que los precios se aproximen al nivel de recuperación de costes? ¿Qué parte del coste total de prestar el servicio se sufraga mediante las tarifas?
- ¿Cómo se reparten los costes de los distintos servicios entre los consumidores para conseguir unas tarifas asequibles (p. ej., mediante tarifas geográficas o específicas para cada sector, tarifas crecientes por bloques o tarifas escalonadas)? ¿Se aplican mecanismos no tarifarios (cupones o ayudas a colectivos con determinados niveles de renta)?
- ¿Se evalúan y difunden con regularidad los efectos de las subvenciones a la producción y al consumo, así como su coste fiscal?
- ¿Ha adoptado el gobierno medidas para retirar subvenciones ineficientes a combustibles fósiles? ¿Se controlan periódicamente el volumen y la eficiencia de estas subvenciones?
- Dado que el agua guarda relación, entre otras cosas, con la agricultura, la seguridad alimentaria y la sanidad, ¿cómo colaboran el gobierno y sus socios donantes en el desarrollo y aplicación de marcos de gestión integral de los recursos hídricos, reforzando la coordinación entre gobierno central y niveles descentralizados de la administración?

Financiación de la inversión en infraestructuras*

- ¿De qué tipos de vehículos de inversión a largo plazo se dispone para movilizar financiación para infraestructuras?
- ¿Existe un mercado sólido de financiación de proyectos que sirva de complemento al mercado tradicional de financiación empresarial?
- ¿Qué medidas se han adoptado para garantizar que el mercado de capitales nacional favorezca la inversión a largo plazo? ¿Se han promulgado políticas específicas destinadas a apoyar el desarrollo de bonos para la financiación de proyectos?
- ¿Cómo garantiza el gobierno la coordinación entre las políticas y las regulaciones relativas al sistema financiero con el fin de evitar las potenciales consecuencias indeseadas sobre la financiación de proyectos de infraestructuras que pudieran derivarse de las nuevas regulaciones en materia de estabilidad financiera?
- ¿Fomentan las normas y regulaciones vigentes la inversión en proyectos de infraestructuras por parte de inversores a largo plazo, incluidos fondos de pensiones y de renta variable? ¿Existen medidas encaminadas a reducir barreras regulatorias que impidan a los inversores institucionales destinar más recursos a dichos proyectos?
- ¿Ha establecido el gobierno fondos especiales para el mantenimiento de infraestructuras y para abordar objetivos sociales, como la prestación de servicio universal? ¿Cómo se financian?
- ¿Colabora el gobierno con donantes para ofrecer un respaldo más previsible y a largo plazo a las infraestructuras? ¿Cómo se beneficia de la ayuda oficial al desarrollo? ¿En qué medida se ha destinado la ayuda oficial al desarrollo a mejorar la viabilidad financiera de los proyectos de infraestructuras teniendo en cuenta, al mismo tiempo, la capacidad de pago de personas sin recursos económicos? ¿Se coordina adecuadamente la ayuda oficial al desarrollo proporcionada por donantes con otras fuentes de financiación de infraestructuras como, por ejemplo, las agencias de crédito a la exportación?
- ¿Qué tipos de instrumentos y mecanismos financieros se han establecido para estimular la inversión del sector privado en infraestructuras ecológicas, en concreto para atraer inversores institucionales a largo plazo (p. ej., programas de bonos para la financiación de proyectos ecológicos o «bonos verdes» e instrumentos de financiación dirigidos a la reducción de las emisiones de carbono)?
- ¿Qué tipos de incentivos (como subvenciones, exenciones fiscales y tarifas reguladas) existen para estimular la inversión del sector privado en apoyo de los objetivos de infraestructuras ecológicas? ¿Los incentivos están limitados temporalmente y se dirigen a objetivos adecuadamente definidos? (Véase, en la sección Política fiscal, una orientación sobre los incentivos fiscales.)

Aspectos específicos sectoriales

- ¿Existen incentivos a la inversión en infraestructuras de energías respetuosas con el medio ambiente? ¿Quién asume los costes de tales incentivos (p. ej., los contribuyentes, los clientes o los proveedores de créditos de emisión de CO_2)?
- ¿Se han asignado precios a las emisiones de dióxido de carbono y demás agentes contaminantes? ¿Se fijan los precios de forma transparente y previsible? ¿Cómo se determina su nivel? ¿Existe algún mecanismo de mercado (p. ej., impuestos o sistemas de límites máximos y comercio de derechos de emisión) para fijar los precios de emisiones de dióxido de carbono y demás agentes contaminantes?

Estructura de mercado equilibrada para promover la participación privada en infraestructuras

- ¿Qué segmentos de los sectores de red se han abierto a la competencia del mercado o a licitaciones competitivas? ¿Qué mercados siguen dominados por empresas públicas?
- ¿Existe un código nacional de gobierno corporativo y, de ser así, incluye un capítulo o sección —o un código aparte— dedicado al gobierno corporativo de las empresas públicas?
- ¿Prevé una separación clara entre la función patrimonial del sector público y otros factores que pudieran influir en la situación de las empresas, en sus obligaciones de servicio, el acceso a la financiación y la carga para el erario público?
- ¿En qué medida están exentas las empresas públicas de la aplicación de las leyes y reglamentos generales (p. ej., legislación concursal y en materia de competencia)? De ser así, ¿ha adoptado el gobierno medidas para garantizar que esta exención se reduzca al mínimo posible para evitar distorsiones en el mercado?
- Las empresas públicas, independientemente de su forma jurídica y aun cuando no estuviesen admitidas a cotización, ¿son auditadas con regularidad por auditores independientes? ¿Están obligadas a presentar información financiera y no financiera con arreglo a normas internacionales de contabilidad y presentación de información financiera de reconocido prestigio?
- ¿Están las funciones y competencias de las empresas públicas claramente establecidas en las leyes y reglamentos? ¿Se comunican a la ciudadanía de forma transparente los costes fiscales conexos y los resultados económicos de dichas empresas? ¿Qué organismo se encarga de ello?

Aspectos específicos sectoriales

- En el sector de las telecomunicaciones, ¿evalúan los organismos públicos el potencial de acceso al mercado y el grado de competencia entre operadores?
- ¿Cuáles son las características principales de las licencias de telecomunicaciones? ¿Se permiten licencias para servicios múltiples? ¿Son las normas neutrales ante la tecnología y servicios? ¿Hay obligaciones de acceso universal? ¿Existen normas claras sobre el reparto de la red? ¿Se permite la portabilidad de números telefónicos?
- En el sector eléctrico, ¿cuál es el grado de integración desde la fase de generación hasta la de suministro de energía (p. ej., existe desagregación o un suministro eléctrico independiente conforme al modelo «de comprador único»)?
- ¿Qué esfuerzos se han emprendido para desarrollar una infraestructura energética diversificada fuera de red y una infraestructura con tarifas reguladas? De hallarse permitidas las tarifas reguladas, ¿cómo se fijan? ¿Cuándo y en qué condiciones puede variar el precio de las tarifas? En caso de que se recurra a licitaciones en relación con energías limpias, ¿cómo se selecciona a los licitantes y se fijan los precios en la convocatoria?
- ¿En qué medida existen, en el sector de energías respetuosas con el medio ambiente, mayores obstáculos a la inversión extranjera? ¿Se enfrentan los inversores extranjeros a restricciones como, por ejemplo, obligaciones de contenidos locales? En caso afirmativo, ¿cuáles son los objetivos en que se basan estas medidas? ¿Baraja el gobierno la adopción de otras formas de alcanzar los mismos objetivos?

Mejora de la conectividad regional y las cadenas de suministro

- ¿De qué forma contribuye el gobierno a fomentar la inversión transfronteriza en infraestructuras para potenciar la conectividad regional y la integración en las cadenas de suministro regionales? Indíquense los proyectos transfronterizos de infraestructuras en que participe su país como, por ejemplo, agrupaciones energéticas regionales, uso compartido de cuencas fluviales y proyectos hidroeléctricos.
- En el caso de proyectos transfronterizos de infraestructuras, ¿se comprometen ex ante los gobiernos participantes a destinar suficientes recursos presupuestarios y acuerdan las prioridades de desarrollo comunes que han de respetarse durante todo el proyecto?
- En caso de que surja una controversia o la necesidad de renegociar el contrato en el marco de un proyecto transfronterizo, ¿cuál es la jurisdicción competente y cómo se resolverá la controversia?

	• ¿En qué medida se encuentran armonizadas las estructuras de precios entre los países participantes en un proyecto transfronterizo (por ejemplo, coordinación de las estructuras nacionales de determinación de precios para facilitar los acuerdos internacionales de compra de electricidad, o acuerdos sobre los niveles de los peajes en carretera aplicables a ambos lados de la frontera?
Fomento de la inclusión y el comportamiento responsable de las empresas	• ¿Qué estrategias existen para la comunicación y consulta con el público en general, incluidos los consumidores, las comunidades afectadas y las partes interesadas del sector empresarial, con objeto de promover la aceptación y comprensión mutuas de los objetivos de los participantes en los proyectos de infraestructuras? • ¿Colaboran las autoridades públicas con los agentes del sector privado y las comunidades afectadas a fin de evitar y mitigar efectos inaceptables desde el punto de vista medioambiental y social? • ¿Cuáles son las estructuras y recursos existentes para hacer frente a eventuales situaciones de emergencia medioambiental derivadas de obras de construcción de infraestructuras (p. ej., presas, terminales para gas natural licuado, oleoductos, etc.)? • ¿De qué manera garantizan las entidades de licitación, los órganos reguladores o las autoridades de competencia que los proveedores de infraestructuras, sean públicos o privados, actúen conforme a las normas de conducta empresarial responsable previstas en las Líneas Directrices de la OCDE para Empresas Multinacionales? (Véase la sección Políticas dirigidas a posibilitar un comportamiento responsable de las empresas.) • ¿Cómo fomenta el gobierno la prestación de servicios por el sector privado local y el desarrollo de industrias locales para la construcción y el mantenimiento de las infraestructuras? • ¿Facilita el gobierno la participación de las PYME en contratos de infraestructuras (por ejemplo, simplificando los procedimientos de licitación para PYME, estableciendo cuotas para que participen en la licitación un número mínimo de PYME o subdividiendo los contratos de infraestructuras)? • ¿Qué enfoques concretos se aplican para abordar las particularidades de las zonas frágiles o de las zonas que han pasado por un conflicto, tales como, por ejemplo, la importancia de las infraestructuras básicas y el fortalecimiento de las capacidades administrativas y de gobernanza?
	Aspectos específicos sectoriales
	• ¿Cómo busca el gobierno vincular los programas de infraestructuras en el sector de tecnologías de la información y la comunicación con actividades en otros sectores importantes para el sustento de quienes carecen de recursos? • ¿Cómo apoya el gobierno la ampliación de la red a zonas con menor atractivo para los operadores, pero que resulta necesaria desde un punto de vista social? ¿De qué manera equilibra los costes, los ingresos y la exigencia de aplicar subsidios selectivos?

* Véanse, en los *G20/OECD High-Level Principles of Long-Term Investment Financing by Institutional Investors* y la *Lista de comprobación,* orientaciones específicas sobre políticas dirigidas a facilitar y fomentar la inversión a largo plazo en infraestructuras por parte de inversores institucionales.

Recursos adicionales

Sitios web

OCDE, Water Infrastructure Investment, *www.oecd.org/daf/inv/investment-policy/water.htm.*

OCDE, Clean Energy Infrastructure Investment, *www.oecd.org/daf/inv/investment-policy/clean-energy-infrastructure.htm.*

OCDE, Institutional Investors and Long-Term Investment, *www.oecd.org/fr/finances/pensions-privees/institutionalinvestorsandlong-terminvestment.htm.*

OCDE, Public-Private Partnerships, *www.oecd.org/gov/budgeting/ppp.htm.*

Banco Mundial, Public-Private Infrastructure Advisory Facility (PPIAF), *www.ppiaf.org/.*

Referencias, herramientas, directrices y manuales

Ang, G. y V. Marchal (2013), «Mobilising Private Investment in Sustainable Transport: The Case of Land-Based Passenger Transport Infrastructure», *documento de trabajo de la OCDE sobre medio ambiente*, núm. 56, Publicaciones de la OCDE, París. DOI: *http://dx.doi.org/10.1787/5k46hjm8jpmv-en.*

G20/OCDE (2014), *Checklist on Long-Term Investment Financing Strategies and Institutional Investors*, OCDE París. *https://g20.org/wp-content/uploads/2014/12/8%20G20-OECD%20Checklist%20on%20Long-Term%20Investment%20Financing%20Strategies%20and%20Institutional%20Investors.pdf.*

G20/OCDE (2012), *High-Level Principles of Long-Term Investment Financing by Institutional Investors*, OCDE, París. *www.oecd.org/finance/private-pensions/G20-OECD-Principles-LTI-Financing.pdf.*

OCDE (2015), *Fostering investment in infrastructure: lessons learned from OECD Investment Policy Reviews*, OCDE París. *www.oecd.org/daf/inv/investment-policy/Fostering-Investment-in-Infrastructure.pdf.*

OCDE (2014), *Policy Guidance for Investment in Clean Energy Infrastructure: expanding access to clean energy for green growth and development*, OCDE París. Disponible en: *www.oecd.org/daf/inv/investment-policy/CleanEnergyInfrastructure.pdf.*

OCDE (2012), *Principios de Gobernanza Pública de Asociaciones Público-Privadas*, OCDE París. *www.oecd.org/governance/budgeting/PPP-Recommendation.pdf.*

OCDE (2012), *Recomendación sobre Política y Gobernanza Regulatorias*, OCDE París. *www.oecd.org/governance/regulatory-policy/49990817.pdf.*

OCDE (2011), *Herramientas de la OCDE para la evaluación de la competencia: Principios*, OCDE París. Disponible en: *www.oecd.org/daf/competition/46193173.pdf.*

OCDE (2011), *Meeting the Challenge of Financing Water and Sanitation: Tools and Approaches, OECD Studies on Water*, OCDE París. DOI: *http://dx.doi.org/10.1787/9789264120525-en.*

OCDE (2011), *Guidelines for Performance-Based Contracts between Water Utilities and Municipalities: Lessons learnt from Eastern Europe, Caucasus and Central Asia,* OCDE, París. *www.oecd.org/env/resources/49092291.pdf.*

OCDE (2009), *Principles for Integrity in Public Procurement,* OCDE París. *www.oecd.org/gov/ethics/48994520.pdf.*

OCDE (2009), *Lineamientos de la OCDE para combatir la colusión entre oferentes en licitaciones públicas*, OCDE París. *www.oecd.org/daf/competition/cartels/42761715.pdf.*

OCDE (2009), *Principles for Private Sector Participation in Infrastructure,* OCDE París. *www.oecd.org/daf/inv/investment-policy/38309896.pdf.*

OCDE (2009), *Private Sector Participation in Water Infrastructure: OECD Checklist for Public Action,* OCDE París. *www.oecd.org/investment/investment-policy/42347077.pdf.*

OCDE (2006), «*DAC Guiding Principles on Using Infrastructure to Reduce Poverty», en* OCDE (2006), *Promoting Pro-Poor Growth: Infrastructure*, OCDE París. *www.oecd.org/development/povertyreduction/36301078.pdf.*

OCDE (2005), *Directrices sobre el gobierno corporativo de las empresas públicas*, OCDE París. *www.oecd.org/corporate/ca/corporategovernanceofstate-ownedenterprises/34803211.pdf.*

OCDE (2005), *Principios Rectores para la calidad y el desempeño regulatorio*, OCDE París. *www.oecd.org/fr/reformereg/34976533.pdf.*

OCDE (2002), *OECD Best Practices for Budget Transparency*, OCDE París. *www.oecd.org/governance/budgeting/Best%20Practices%20Budget%20Transparency%20-%20complete%20with%20cover%20page.pdf.*

OCDE (2001), *Recomendación del Consejo relativa a la separación estructural en sectores regulados*, OCDE París. *www.oecd.org/regreform/sectors/25315195.pdf.*

Naciones Unidas (2004), *Disposiciones Legales Modelo de la CNUDMI sobre Proyectos de Infraestructura con Financiación Privada,* Naciones Unidas: Nueva York. *www.uncitral.org/pdf/spanish/texts/procurem/pfip/model/03-90624_Ebook.pdf.*

Indicadores

OCDE, Indicadores de regulación del mercado de productos, *www.oecd.org/economy/growth/indicatorsofproductmarketregulationhomepage.htm#indicators.*

OCDE, Índice de restricción reglamentaria de la inversión directa extranjera, *www.oecd.org/investment/fdiindex.htm.*

Banco Mundial, Base de datos Private Participation in Infrastructure, *http://ppi.worldbank.org/.*

10. Financiación de la inversión

El sistema financiero desempeña numerosas funciones necesarias para el conjunto de la actividad económica. Asigna crédito y recursos de manera eficiente, gestiona pagos (nacionales e internacionales, en este último caso a través de la conversión de divisas), recopila y difunde información (en especial, sobre los precios de los activos), facilita la transformación de vencimientos y gestiona los riesgos de liquidez y de mercado, entre otros. Es importante para el crecimiento económico disponer de unos sistemas que funcionen adecuadamente, pues de esta manera proporcionarán financiación para la acumulación de capital y contribuirán a asignar los recursos a sus usos más eficientes. Una mayor formación bruta de capital puede, a su vez, obrar efectos duraderos sobre la tasa de crecimiento económico, si incide indirectamente en otros factores de producción o en la productividad. La actividad financiera, por su parte, exige diversidad de operaciones y una infraestructura informativa que respalde el conjunto del proceso, incluyendo un sistema jurídico y regulatorio sólido, así como una supervisión, legislación tributaria y normativa social y sectorial adecuadas.

Un examen exhaustivo de las políticas y prácticas del sector financiero trasciende del alcance del presente *Marco de acción para la inversión*. Es su lugar, esta sección se propone abordar algunos de los aspectos fundamentales que los encargados de la formulación de políticas y demás partes interesadas en la financiación de la inversión deben tener presentes como elementos de un entorno inversor sólido. La OCDE y otras organizaciones internacionales disponen de multitud de instrumentos para realizar exámenes más exhaustivos del entorno financiero de los países. Pueden consultarse referencias a esos instrumentos al final de esta sección.

El sistema financiero, cuando funciona como debe, proporciona a las empresas en crecimiento la posibilidad de aprovechar oportunidades de inversión prometedoras, en especial a aquellas más pequeñas a la par que innovadoras que precisan contar con financiación externa para ampliar y desarrollar su actividad. Al facilitar la entrada en los mercados de productos, el sistema financiero contribuye a imponer disciplina a las empresas e impulsar su eficiencia, tanto directa como indirectamente, pues ayudará a crecer a las empresas con mejores resultados y forzará a las menos rentables a fusionarse con empresas más fuertes o a ser adquiridas por éstas, o a salir del mercado. En el plano microeconómico, cuando los servicios financieros se extienden a los económicamente más desfavorecidos —en especial a mujeres de países en desarrollo—, cuyo acceso a este tipo de servicios suele ser más limitado, el sistema financiero ayuda también a reducir la pobreza y la desigualdad, al tiempo que a favorecer la igualdad de género.

Un reto clave al que se enfrentan los encargados de la formulación de políticas es desplegar una combinación de ellas que evite desequilibrios macroeconómicos y vulnerabilidades del sector financiero que puedan dar al traste con un ciclo de crecimiento. La estabilidad macroeconómica es una condición necesaria para movilizar el ahorro y expandir el crédito, así como para el desarrollo de los mercados financieros en general. A fin de limitar una excesiva asunción de riesgos por parte de los agentes económicos al tiempo que fomentar el desarrollo de unos sistemas financieros más resistentes, será fundamental contar con una regulación y supervisión adecuadas de los sectores financieros, así como con una normativa de gobierno corporativo verdaderamente exigente. La crisis financiera mundial de 2008 puso de manifiesto los riesgos que un sistema financiero insuficientemente regulado y supervisado puede entrañar para la estabilidad financiera, así como para el crecimiento y el desarrollo económicos.

Las transacciones económicas, en general, y las operaciones financieras, en particular, dependen de la confianza, activo que resulta difícil de recuperar una vez se ha perdido. Los inversores únicamente se muestran dispuestos a comprometer sus fondos cuando cuentan con alguna seguridad de que las instituciones y los mercados financieros son seguros y robustos, operan conforme a normas y procedimientos equitativos y transparentes, y no presentan conflictos de intereses ni otros problemas de agencia. La integridad de la inversión exige una regulación y procedimientos de divulgación de información y rendición de cuentas adecuados, así como unos mayores niveles de educación y formación financieras a fin de facilitar una correcta valoración de los riesgos. Las instituciones serán reacias a invertir si no se conocen y comprenden claramente los riesgos y si las recompensas resultan insuficientes. Dicho de otro modo, la decisión de invertir únicamente podrá tomarse con seguridad si se comunican con transparencia los factores de riesgo asociados, de modo que puedan evaluarse y ponderarse adecuadamente (véase la sección *Gobierno corporativo*).

Contar con una regulación y supervisión adecuadas resulta también necesario para proteger los intereses de los consumidores en relación con los productos financieros, así como para orientar y promover las actuaciones de las instituciones financieras en materia de responsabilidad empresarial. Un comportamiento responsable de las empresas puede servir de herramienta para gestionar los riesgos y acrecentar el valor, pues una gobernanza medioambiental y social robusta se ha asociado positivamente con el rendimiento financiero. Cada vez son mayores las expectativas depositadas en que el sector financiero adopte un enfoque integral sobre diligencia debida como parte de un desempeño empresarialmente responsable, lo que incluirá evaluar y abordar los riesgos sociales y medioambientales relacionados con sus operaciones y relaciones comerciales de negocio, además de los riesgos comerciales a los que se enfrenta, tal y como se refleja en las *Líneas directrices de la OCDE para empresas multinacionales* (véase la sección *Políticas dirigidas a posibilitar un comportamiento responsable de las empresas*).

Los gobiernos pueden también contribuir al crecimiento y facilitar la financiación de las inversiones velando por que inversores y acreedores gocen de unos derechos claramente definidos que puedan hacer valer. Un entorno jurídico sólido y unas vías de ejecución eficaces son muy importantes para el acceso a la financiación externa. Esos derechos tienen que estar adecuadamente equilibrados. Cuando los derechos de los acreedores se ven debilitados y las ejecuciones contractuales resultan largas y costosas, los intermediarios financieros son reacios a conceder préstamos a las empresas. Cuando son los derechos de los accionistas los que decaen, los inversores son menos propensos a contribuir a sus fondos propios. Disponer de unos mecanismos de ejecución eficientes facilita también las modalidades de financiación con garantía de activos (p. ej., el *factoring*, el arrendamiento financiero y la titulización). También es necesario contar con unos regímenes concursales eficaces que permitan a las empresas viables reestructurarse y a las insolventes salir de un modo eficiente del mercado, y que velen por la resolución ordenada del endeudamiento contraído por los deudores. Súmesele a ello un marco eficiente y moderno que prevea un proceso claro y transparente de reestructuración de las empresas en dificultades y unos procedimientos ágiles de quiebra.

Si el entorno legal y regulatorio en materia de derechos de propiedad no fuera el adecuado, las entidades bancarias y demás instituciones financieras podrían mostrarse renuentes a aceptar activos mobiliarios en garantía, circunstancia que podría revestir especial importancia en el caso de las PYME. La existencia de unos derechos de propiedad bien definidos puede permitir a particulares y empresas contratar préstamos a plazos más largos y a un coste inferior. Un marco jurídico bien diseñado debería secundar el uso de todo tipo de activos y derechos en garantía —incluidos los bienes muebles—, al tiempo que eliminar en la medida de lo posible las obligaciones formales de constitución de garantías, y debería asimismo fomentar la transparencia y la previsibilidad de las transacciones comerciales.

Los poderes públicos pueden también intentar garantizar que el marco jurídico se vea secundado por unos sistemas públicos de registro asequibles y eficientes. Cuando funcionan bien, los sistemas de registro permiten a las partes conocer los derechos reales de garantía ya constituidos sobre las propiedades inscritas, así como el rango de prelación de los acreedores del titular registral. La falta de información fidedigna sobre la solvencia de los potenciales prestatarios, habitualmente debido a la llevanza de unos registros contables inadecuados y a la falta de garantías, impide a los prestamistas evaluar debidamente los riesgos, lo que se traduce en unos tipos de interés superiores o en restricciones al crédito. Las PYME pueden hallarse a este respecto en situación de especial desventaja frente a las empresas más grandes y consolidadas. Su dificultad para obtener financiación será aún mayor en aquellos casos en que el entorno empresarial no sea transparente, el sistema jurídico muestre debilidades, existan monopolios o la regulación desaliente involuntariamente la concesión de financiación a las PYME.

Mejorar la disponibilidad de información a través de registros públicos o de agencias privadas de informes de crédito contribuye a facilitar la expansión del crédito, especialmente en economías en desarrollo, no obstante la eventual debilidad que presenten los derechos de los acreedores o los sistemas de ejecución. Los gobiernos pueden crear marcos propicios para la recogida y la difusión de información crediticia, adoptando y haciendo cumplir leyes en materia de protección de datos e informes de crédito que permitan un intercambio eficaz de esa información sin menoscabo de los derechos de los deudores.

Este tipo de condiciones marco, legales y regulatorias, aplicables al sistema financiero, en particular las atinentes a su observancia y transparencia, respalda la innovación y la inversión en nuevas empresas (véase la sección *Promoción y facilitación de las inversiones*). Con todo, cabe que en ocasiones se requiera la intervención directa del Estado para favorecer la financiación de PYME; concretamente, cuando fallos del mercado o la existencia de mercados incompletos retraigan la concesión de una financiación suficiente o en condiciones adecuadas a la luz de la fase de desarrollo en que se encuentra este tipo de empresas. Las políticas públicas dirigidas a favorecer a las PYME deben estar bien definidas, favorecer la eficiencia y la sostenibilidad de la operativa de los mercados y brindar incentivos para que el sector privado asuma un papel activo en la financiación de estas empresas. Los programas públicos deben guiarse por el principio de distribución de riesgos y las aportaciones oficiales habrán de fomentar la colaboración con emprendedores, entidades bancarias, empresas y universidades. Unos regímenes eficientes de apoyo público garantizan la «adicionalidad», esto es, que los recursos se asignen a empresas viables total o parcialmente excluidas de los mercados financieros y evitándose una transferencia excesiva de riesgos desde el sector privado al público. Unos mayores conocimientos financieros y medidas de asistencia de índole no financiera, también mediante el fortalecimiento de capacidades de gestión financiera y de desarrollo empresarial, podría también ayudar a las PYME, en particular a las agropecuarias, a encontrar financiación en los mercados. Siempre que se conceda una ayuda pública directa, deberán realizarse estimaciones y evaluaciones exhaustivas al objeto de proceder a la retirada gradual de aquellas políticas que hayan dejado de resultar eficaces o cuando la actividad del mercado haya madurado lo bastante como para poder tomar el testigo del Estado.

El adecuado funcionamiento del sistema financiero precisa del establecimiento de este tipo de condiciones marco, si bien tales condiciones podrían no bastar para animar a las entidades prestamistas a financiar determinados tipos de PYME, concretamente *startups* o firmas muy jóvenes, que suelen carecer de las garantías necesarias, o empresas cuyas actividades brindan una elevada rentabilidad potencial, si bien a riesgo de irrogar pérdidas elevadas. Estas actividades se prestan mejor a una financiación vía recursos propios que mediante préstamos. Cabe que resulte necesario introducir algunos ajustes para fomentar la movilización de dicho capital paciente o a largo plazo hacia la inversión en los capitales de PYME. Incluso en economías desarrolladas, el porcentaje de financiación que las PYME obtienen en los mercados de capitales es muy bajo, no obstante la existencia, en algunos casos, de plataformas y mercados organizados dedicados a la financiación de la pequeña empresa. En numerosas plazas, la liquidez es el reto clave a superar. En algunas jurisdicciones habrá de profundizarse en el desarrollo del ecosistema (mercados, plataformas, mediadores, creadores de mercado, asesores, analistas bursátiles) con vistas tanto a favorecer la financiación de las PYME vía recursos propios como a mantener unos niveles de liquidez adecuados en esos segmentos del mercado. La falta de una cultura de capital riesgo constituye, en ocasiones, un obstáculo cuya superación requerirá potenciar la formación en materia de inversiones de capital entre todos los partícipes del mercado (es decir, inversores particulares, asesores y las propias PYME).

Las políticas públicas pueden resultar útiles para hacer parcialmente frente a los problemas de liquidez en el segmento de valores de crecimiento de los mercados, si bien, en lugar de flexibilizar algunos de los requisitos en materia de admisión a cotización o presentación de información aplicables a PYME, cabe que los gobiernos deseen adoptar una legislación proporcionada y adaptada a las empresas de pequeña (y de mediana) capitalización. Por ejemplo, podrían formularse, teniendo en mente a las PYME, requisitos alternativos en materia de presentación de folletos, en lugar de rebajar el nivel y la calidad de la información que haya de suministrarse o de sacrificar la protección de los inversores.

Financiar inversiones a largo plazo es otra tarea particularmente compleja, dados los plazos más dilatados de estos proyectos, en cuyo transcurso pueden aflorar problemas de agencia y otras vulnerabilidades asociadas, una mayor incertidumbre en torno a la rentabilidad de la inversión, falta de liquidez con determinados tipos de inversiones — incluida una falta de transparencia y de los datos requeridos para comprender los riesgos asociados a las inversiones directas y los vehículos de financiación alternativa empleados—, una insuficiente capacidad de los inversores para gestionar activos a más largo plazo y eventuales problemas relacionados con las condiciones de inversión y las infraestructuras del mercado (véase la sección *Inversión en infraestructuras*).

Los inversores institucionales se perfilan cada vez más como fuentes alternativas de financiación a largo plazo, en vista sobre todo de las carencias de liquidez y de las restricciones de capital que se imponen al sector bancario. El gobierno podría desempeñar una función de soporte en el proceso de desarrollo de un sector de inversión institucional que, a su vez, podría contribuir al crecimiento y consolidación de los mercados de capital privado. Los *G20/OECD High-Level Principles of Long-Term Investment Financing by Institutional Investors* ofrecen orientaciones específicas acerca de las diferentes formas en que los poderes públicos podrían facilitar y fomentar la inversión institucional a largo plazo.

Los poderes públicos pueden contribuir a impulsar las inversiones a largo plazo mejorando la previsibilidad normativa e instando a un uso más eficiente de los recursos, así como haciendo un aprovechamiento directo de los fondos disponibles, en el entendido de que sólo deberán apoyarse proyectos cuando las circunstancias claramente así lo exijan. Dadas las restricciones presupuestarias a que están sujetas las administraciones públicas y la imperiosa necesidad que ahora y siempre ha habido de acometer inversiones a largo plazo, es fundamental que los gobiernos se asocien con el sector privado de cara a atender algunas de estas necesidades. La rentabilidad y riesgo esperados de los proyectos de inversión constituye una consideración clave de cualquier intento dirigido a atraer financiación privada. Los poderes públicos podrían tener que intervenir en aquellos casos en que la tasa de rentabilidad sea insuficiente para compensar a los inversores del sector privado por el nivel y la índole del riesgo percibido o para corregir fallos del mercado clave que obstaculicen de manera significativa la concesión de financiación. Cuando corresponda, cabe que los gobiernos se decanten por aplicar políticas que respalden el desarrollo de una financiación compatible con los preceptos del Islam, lo cual podría también ayudar a movilizar capital a largo plazo para el desarrollo.

Por último, garantizar la eficiencia del sistema financiero es otro pilar fundamental del proceso encaminado al establecimiento de un entorno favorable para la financiación de la actividad económica. El aumento de la competencia, con la entrada de entidades extranjeras, contribuye normalmente a unas instituciones bancarias más eficientes y a un mayor desarrollo del sector financiero. La «contestabilidad» del mercado (es decir, la posibilidad de acceder libremente al mismo) contribuye asimismo a asegurar unas conductas competitivas por parte de los bancos y, en consecuencia, a mitigar los efectos de cualquier concentración en el acceso a la financiación. Por el contrario, la propiedad estatal de bancos y las restricciones regulatorias al préstamo pueden agravar los efectos perjudiciales de una falta de competencia en el sector bancario. La participación extranjera en el sector bancario nacional podría asimismo reforzar la estabilidad y el desarrollo financiero, pues las entidades extranjeros podrán recurrir a sus mercados de origen en épocas de crisis en el país de acogida y valerse de su experiencia internacional para introducir innovaciones.

Donde se permite la participación de bancos extranjeros, los gobiernos suelen estar interesados en brindarles acceso a los mercados de depósitos locales para financiar sus operaciones, ya que, en caso de perturbaciones que afecten a su entidad matriz, los bancos que se financian a partir de fuentes internacionales propenden a reducir de manera más drástica el crédito que conceden que los bancos que se financian en el ámbito local. Con todo, la presencia de bancos extranjeros puede entrañar una serie de costes en determinadas circunstancias, en especial en el caso de países de bajos ingresos o con un entramado institucional débil. Si los bancos extranjeros se centran únicamente en captar a los clientes más prometedores, ello podría empeorar la calidad de la inversión crediticia potencial que se dejaría a las entidades bancarias nacionales, disuadiéndolas así de conceder nuevos préstamos. En último término, esto podría frenar la concesión general de crédito si el ofrecido por los bancos extranjeros llega a verse contrarrestado por la reducción del crédito concedido por los bancos nacionales. No obstante, en numerosos casos, la presencia de bancos extranjeros se ha relacionado con un mayor acceso a la financiación, también para las PYME y procedente tanto de bancos nacionales como extranjeros, lo cual podría elevar la insistencia de dichas entidades con el sector al afrontar una mayor competencia en los segmentos superiores del mercado.

Preguntas y principios clave

1. ¿Ha establecido el gobierno un entorno macroeconómico y empresarial, así como una infraestructura de políticas, operativa y legal para el sector financiero que coadyuven a la financiación de la inversión?
2. ¿De qué procesos se vale el gobierno para evaluar la capacidad del sector financiero, en particular la calidad de su marco regulatorio, para apoyar de manera eficaz el desarrollo empresarial?
3. ¿Qué leyes y reglamentos en vigor protegen los derechos de los prestatarios y de los acreedores? ¿Se concilian adecuadamente ambos tipos de derechos?
4. ¿Existe un sistema de registro que apoye la constitución en garantía de todo tipo de bienes, incluidos los mobiliarios, ampliando así el acceso de las empresas a fuentes de financiación externa?
5. ¿Qué leyes en materia de protección de datos e informes de crédito han sido adoptadas para facilitar el flujo de información crediticia y reforzar la estabilidad del sector financiero, mejorando así el entorno de inversión?
6. ¿Prevén las leyes y reglamentos en vigor un régimen concursal eficiente y procedimientos de recuperación de créditos?
7. ¿Qué medidas se aplican para garantizar que los partícipes del sector financiero y los mercados de capitales se atengan a estrictos estándares de gobierno corporativo?
8. ¿De qué modo garantiza el Estado que las leyes y reglamentos reguladores de la inversión y de los inversores a largo plazo y su aplicación y ejecución sean claras, transparentes y fácilmente accesibles y no impongan cargas innecesarias?
9. ¿Existe en la economía un acceso adecuado a la financiación bancaria, en particular para PYME?
10. ¿En qué medida disponen las empresas, incluidas las que operan en los mercados internacionales, de herramientas financieras —incluidos seguros— para atenuar los riesgos financieros y de otro tipo relacionados con su actividad?
11. ¿En qué medida se dispone de capital riesgo para apoyar a las empresas en las fases más tempranas de su crecimiento y a la inversión privada? ¿Qué medidas se han adoptado para ampliar la variedad de fuentes de financiación a disposición de las empresas, más allá de la que tradicionalmente ofrecen las entidades bancarias, en concreto en lo que respecta al desarrollo de mercados de deuda de empresas y de renta variable, y al acceso de las PYME a instrumentos de financiación no bancaria?
12. ¿Qué medidas ha tomado el gobierno para fortalecer la competencia en el sector financiero, en especial con vistas a facilitar la participación de entidades extranjeras y hacer más eficiente la intermediación financiera?

Preguntas complementarias

Entorno propicio para la financiación de la inversión

Entorno macroeconómico y empresarial

- ¿Ofrece el entorno macroeconómico las condiciones necesarias para el desarrollo de un sector financiero y de unos mercados de capitales capaces de sostener la inversión privada? ¿Es estable y está exento de desequilibrios el entorno macroeconómico, no presentando el sector financiero vulnerabilidades?
- ¿Qué políticas de crecimiento ha adoptado el gobierno para apoyar la creación de empresas, así como su desarrollo y su inversión? ¿Qué calidad ofrece el entorno empresarial? ¿Es propicio a la inversión y a la financiación a largo plazo? ¿Son los mercados financieros abiertos y competitivos? ¿Existen restricciones (concretamente, límites máximos) a la inversión en fondos propios y la propiedad extranjeras en el sector financiero?

Marco de acción para la financiación de la inversión

- ¿De qué forma respalda el marco de políticas y regulatorio del sector financiero el desarrollo del sistema financiero a fin de posibilitar el desarrollo empresarial, la innovación y un crecimiento económico sostenible?
- ¿Dispone el gobierno de un plan de desarrollo del sector financiero que guíe sus progresos y mejore su estabilidad, eficiencia y capacidad de financiar inversiones? ¿Cuáles son las principales reformas del sector financiero que se han acometido para impulsar el acceso a la financiación y promover una intermediación financiera más eficiente? ¿Se tiene previsto adoptar nuevas reformas de políticas?
- ¿En qué medida se llevan a cabo evaluaciones de impacto regulatorio para estimar las consecuencias que la regulación tiene para el entorno de financiación de las actividades empresariales?
- ¿De qué forma garantiza el marco que las instituciones financieras y los mercados de capitales se atengan el principio de comportamiento empresarial responsable, en especial a la responsabilidad de llevar a cabo actuaciones y procedimientos adecuados de diligencia debida basados en el riesgo para evitar y mitigar los posibles efectos perjudiciales que pudieran derivarse de sus propias actividades o de sus relaciones comerciales? ¿Hasta qué punto animan estas medidas a las instituciones financieras a tener presente los principios medioambientales y sociales en su proceso de toma de decisiones, tanto por el lado de la inversión como por el de las compras y el empleo? (Véase la sección Políticas dirigidas a posibilitar un comportamiento responsable de las empresas.)
- Cuando se disponga de una financiación compatible con los preceptos del Islam, ¿qué políticas se han aplicado para desarrollar el sector?

Infraestructura financiera

- ¿Qué esfuerzos ha realizado el gobierno para establecer una infraestructura financiera eficiente y robusta (sistema de pagos, negociación, liquidación y compensación)?

Marco legal

- ¿Qué leyes y mecanismos existen para garantizar la agilidad de los procedimientos concursales y de reestructuración de empresas, así como una ejecución y protección eficientes, respectivamente, de los derechos de los acreedores y los derechos de los deudores? ¿Prevén las disposiciones legales procedimientos extrajudiciales de embargo y enajenación de bienes? ¿Contempla el marco regulatorio la existencia de organismos de ejecución públicos o privados? ¿Existen órganos jurisdiccionales especializados en Derecho mercantil? De no ser así, ¿han recibido los jueces formación específica que les permita conocer de pleitos mercantiles complejos? (Véase la sección Política de inversión.)
- ¿Pueden ejecutarse los contratos financieros a un coste bajo y con la mínima demora? ¿Es el sistema de ejecución contractual fácilmente accesible para todos los inversores, tanto nacionales como extranjeros? ¿Son ambas situaciones comparables con las de otras jurisdicciones de la región o las de otros países que se encuentren en la misma fase de desarrollo?
- ¿Ha adoptado el gobierno medidas encaminadas al establecimiento progresivo de métodos oportunos, seguros y eficaces para el registro de la propiedad de tierras u otros activos materiales?
- ¿Existe un registro centralizado de garantías que permita proceder a la inscripción e informar de modo eficiente a todas las partes de cuantos derechos de crédito puedan tenerse sobre propiedades y ser susceptibles de entrar en conflicto con los derechos de terceros, incluidos bienes mobiliarios, como cuentas a cobrar, existencias y producción agrícola? ¿Ha instaurado el gobierno un registro de garantías telemático o electrónico que facilite las inscripciones y las consultas?
- ¿Existe una ley sobre financiación garantizada que prevea normas claras en materia de prelación a fin de asegurar que los derechos de crédito sobre bienes mobiliarios sean reconocibles, previsibles y cuantificables?
- ¿Ha sancionado el gobierno leyes eficaces en materia de protección de datos e informes de crédito para favorecer el flujo de información crediticia y facilitar así el acceso a la financiación? ¿Existen registros públicos o agencias privadas que proporcionen información crediticia fidedigna? ¿Regula la ley el derecho de los deudores a acceder oportunamente a su propia información crediticia, así como mecanismos de

	reclamación o de resolución de conflictos para exigir la rectificación de aquellos datos que consideren incorrectos? • Las disposiciones legales y reglamentarias reguladoras de la inversión y los inversores a largo plazo, ¿son claras, transparentes, fácilmente accesibles y no imponen cargas innecesarias? • ¿Qué medidas se aplican para garantizar que los partícipes del sector financiero y los mercados de capitales se atengan a estrictos estándares de gobierno corporativo?
Acceso a financiación bancaria	• En comparación con los mercados de capitales, ¿en qué medida proporcionan las entidades bancarias financiación a las empresas? ¿Qué obstáculos existen, en su caso, para acceder a la financiación bancaria? • ¿Existen reglamentos o incentivos, como regímenes de garantía, orientados a incrementar la financiación que las entidades bancarias conceden a las PYME? ¿Cumplen dichas iniciativas sus objetivos de política? ¿Comprometen de algún modo la estabilidad del sector bancario? • ¿Existen programas o iniciativas en marcha para fortalecer las capacidades gerenciales y financieras de emprendedores y PYME y facilitar el acceso a financiación? ¿Ha desplegado el gobierno iniciativas para potenciar las habilidades financieras y empresariales de los emprendedores? ¿Con qué resultados? • ¿En qué medida fomenta el gobierno una mayor cultura financiera y recurre a programas de formación específicos que complementen la protección de los consumidores y las reformas regulatorias orientadas a promover la inclusión financiera y la sensibilización del consumidor?
Mitigación de riesgos y seguros	• ¿Qué nivel de desarrollo presentan los mercados de seguros, en concreto los dirigidos a entidades mercantiles? ¿En qué medida proporcionan esos mercados cobertura frente a los principales riesgos a los que se enfrentan las empresas (p. ej., de cosas, interrupción de la actividad o de crédito comercial)? • ¿Cómo gestionan las empresas los riesgos relacionados con las cadenas nacionales y mundiales de suministro y con el comercio internacional? ¿Qué papel desempeñan, en su caso, las empresas públicas y el sector asegurador en la mitigación de estos riesgos? • (De resultar pertinente) ¿Ha adoptado el gobierno políticas encaminadas al desarrollo de un sector del seguro compatible con los preceptos del Islam?
Acceso a capital riesgo, a financiación en los mercados de capitales y al mercado de control empresarial	• ¿Qué papel tiene el sector del capital riesgo privado (a saber, el capital riesgo puro, la financiación mezzanine y el capital inversión) en la financiación de empresas de crecimiento? ¿Ha tratado el gobierno de potenciar el papel del capital riesgo privado en la financiación del crecimiento? • ¿En qué medida dotan los mercados de capitales a la economía de un mecanismo de intermediación financiera? ¿Qué funciones cumplen los mercados bursátil y de deuda de empresas? ¿Existen instrumentos de deuda denominados en moneda local con vencimientos a largo plazo? ¿Está desarrollándose una cultura del crédito basada en la valoración y la gestión del riesgo? ¿Existe un mercado secundario suficiente para refinanciar deuda y negociar valores de renta variable? ¿Qué novedades se esperan en este sentido? ¿Qué políticas principales se han aplicado para apoyar el desarrollo de los mercados de capitales? ¿Qué retos se presentan? • ¿Pueden los inversores emitir deuda en el mercado local para financiar inversiones como grandes proyectos de infraestructuras? • ¿Qué medidas se han tomado, en su caso, para facilitar el acceso de las PYME a los mercados de capitales, en concreto a través de mercados bursátiles específicos y de renta fija de PYME? • ¿Qué naturaleza presentan las normas por las que se rigen las ofertas públicas de adquisición en los mercados de valores? ¿Permiten estas normas un mercado eficiente en cuanto a control corporativo y disciplina del mercado? ¿Qué nivel de actividad registra el mercado de fusiones y adquisiciones de empresas cotizadas? ¿Está el sistema financiero suficientemente desarrollado para absorber la actividad de adquisiciones? • Los estados financieros que formulan las empresas, cotizadas o no, ¿se ajustan a estrictas normas de contabilidad y de auditoría internacionalmente aceptadas? • ¿Existe una base inversora diversificada para los valores negociados en los mercados de capitales? ¿Predomina una determinada clase de inversores (bancos, fondos de pensiones, compañías aseguradoras, bancos centrales, etc.)? • ¿Qué medidas se han adoptado para garantizar unos marcos legales y regulatorios bien diseñados para los diferentes tipos de inversores institucionales? ¿A qué tipos de inversores institucionales se dirigen? ¿Existen restricciones regulatorias directas a la inversión institucional? De ser así, ¿a qué objetivo declarado responden? • ¿Ha desplegado el gobierno políticas o estrategias específicas para animar a los inversores institucionales a destinar más recursos a proyectos de inversión a largo plazo? • ¿Qué obstáculos existen, en su caso, a la participación de inversores institucionales en la financiación de PYME (p. ej., deuda, fondos propios o capital inversión)? • ¿Ha establecido el gobierno marcos en apoyo de los proveedores de servicios externos de los que se requiere, como actuarios, auditores, depositarios, fiduciarios, etc.?

	• ¿Resultan la emisión y la admisión a cotización de valores especialmente complejas, costosas y engorrosas? ¿Qué medidas se han adoptado para simplificar sus procedimientos y facilitar el acceso a los mercados? ¿Pueden las empresas captar fondos recurriendo a otros canales de emisión, como las colocaciones privadas, con requisitos menos estrictos? • (De resultar pertinente) Cuando se disponga de una financiación compatible con los preceptos del Islam, ¿qué medidas se han aplicado para fomentar el desarrollo de unos mercados de capitales compatibles con dicho credo, de instrumentos tanto de deuda como de renta variable?
Eficiencia del sistema financiero	• ¿Qué políticas se han aplicado para asegurar un nivel adecuado de competencia en el sector financiero? ¿En qué situación se encuentran el sector bancario y el resto de sectores financieros cuando se les compara con los de economías análogas? • ¿Se administra a las entidades financieras extranjeras (sucursales o filiales) un trato similar al que reciben las entidades de capital nacional a cualesquiera respectos del sistema regulador? Descríbase cualquier discriminación que exista (véase la sección Política de inversión). • ¿Existen barreras de jure o de facto a la entrada de instituciones financieras extranjeras, incluidos inversores institucionales (p. ej., limitaciones a la entrada de capital extranjero, restricciones a la apertura de sucursales o a la constitución de filiales, limitaciones al volumen de activos o al número de proveedores de servicios)? ¿Qué cuotas de mercado relevantes tienen las instituciones financieras de capital extranjero? • De existir controles al flujo de capitales y al cambio de divisas, ¿son previsibles y estables? • ¿Se revisan periódicamente tales restricciones para evaluar su coste respecto de la finalidad pública pretendida? • Cuando el gobierno controle o sea el titular de instituciones financieras radicadas en el país, ¿de qué cuota de mercado disfrutan esas entidades? ¿Cuál se considera que es el efecto que dicha titularidad o control públicos produce en el sector? • ¿Existen restricciones específicas a la entrada de entidades nacionales (p. ej., requisitos de dar servicio a determinadas zonas geográficas o segmentos del mercado)? • (De resultar pertinente) De haberse adoptado políticas en apoyo del desarrollo de un sector bancario compatible con los preceptos del Islam, ¿cómo garantiza el gobierno un adecuado nivel de competencia en el sector y entre los subsectores bancarios compatible y no compatible con dicho credo?

Recursos adicionales

Sitios web

OCDE, Mercados financieros, *www.oecd.org/finance/financial-markets/.*

OCDE, Mercados de seguros, *www.oecd.org/finance/insurance/.*

OCDE, Mercados de bonos y gestión de la deuda pública, *www.oecd.org/finance/public-debt/local-currency-bond-markets.htm.*

OCDE, Pensiones e inversiones a largo plazo, *www.oecd.org/finance/private-pensions/.*

Comité de Supervisión Bancaria de Basilea, *www.bis.org/bcbs/index.htm.*

G20/OCDE Task Force on Institutional Investors and Long-Term Financing, *www.oecd.org/finance/principles-long-term-investment-financing-institutional-investors.htm.*

Asociación Internacional de Supervisores de Seguros, *http://iaisweb.org/index.cfm?event=showHomePage.*

Organización Internacional de Comisiones de Valores, *www.iosco.org/.*

USAID Financial Sector Knowledge Sharing, *http://egateg.usaidallnet.gov/fsshare.*

Banco Mundial, Financial Sector Development, *http://web.worldbank.org/WBSITE/EXTERNAL/TOPICS/EXTFINANCIALSECTOR/0,,menuPK:282892~pagePK:149018~piPK:149093~theSitePK:282885,00.html.*

Instrumentos y herramientas de la OCDE

G20/OCDE (2014), *Checklist on Long-Term Investment Financing Strategies and Institutional Investors,* OCDE París, *www.oecd.org/daf/fin/private-pensions/G20-OECD%20Checklist%20on%20Long-term%20Investment%20Financing%20Strategies.pdf.*

G20/OCDE (2013), *High-Level Principles for Long-Term Investment Financing by Institutional Investors,* OCDE, París. *www.oecd.org/daf/fin/private-pensions/G20-OECD-Principles-LTI-Financing.pdf.*

G20/OCDE (2011), *High-Level Principles on Financial Consumer Protection,* OCDE París. *www.oecd.org/daf/fin/financial-markets/48892010.pdf.*

OCDE (2011), OECD Guidelines on Insurer Governance, Publicaciones de la OCDE, París. DOI: *http://dx.doi.org/10.1787/9789264129320-en.*

OCDE (2010), *Policy Framework for Effective and Efficient Financial Regulation and High-Level Checklist,* OCDE París, *www.oecd.org/finance/financial-markets/44362818.pdf.*

OCDE (2009), *Buenas prácticas para la concienciación y educación financieras relacionada con el crédito,* OCDE París. *www.oecd.org/daf/fin/financial-education/46193051.pdf.*

OCDE (2009), *OECD Recommendation on Core Principles of Occupational Pension Regulation*, OCDE París, *www.oecd.org/pensions/private-pensions/33619987.pdf.*

OCDE (2004), *Principios de gobierno corporativo,* OCDE París, *www.oecd.org/daf/ca/corporategovernanceprinciples/31557724.pdf.*

OCDE/FMI/ BERD /Banco Mundial (2013), *Local Currency Bond Markets: A Diagnostic Framework. www.imf.org/external/np/pp/eng/2013/070913.pdf.*

OCDE/INFE (2012), *Principios de Alto Nivel sobre Estrategias Nacionales de Educación Financiera,* OCDE París. *www.oecd.org/finance/financial-education/OECD_INFE_High_Level_Principles_National_Strategies_Financial_Education_APEC.pdf.*

Referencias, herramientas, directrices y manuales

ADB-OCDE (2014), *ADB-OECD Study on Enhancing Financial Accessibility for SMEs,* Publicaciones de la OCDE, París. *www.adb.org/sites/default/files/publication/41747/adb-oecd-study-enhancing-financial-accessibility-smes.pdf.*

FMI (1999), *Código de buenas prácticas de transparencia en las políticas monetarias y financieras: declaración de principios,* FMI, Washington D.C. *www.imf.org/external/np/mae/mft/code/spa/code2s.pdf.*

OCDE (2014), *Financiamiento de PYMES y emprendedores 2014: un Marcador de la* OCDE, Publicaciones de la OCDE, París. *DOI*: *http://dx.doi.org/10.1787/6cde5871-es.*

Banco Mundial (2014), *Informe sobre el desarrollo financiero mundial 2014: Inclusión financiera,* Banco Mundial, Washington, DC. *http://siteresources.worldbank.org/EXTGLOBALFINREPORT/Resources/8816096-1361888425203/9062080-1364927957721/GFDR-2014_Complete_Report.pdf.*

Banco Mundial-FMI (2005), *Programa de Evaluación del Sector Financiero,* Banco Mundial, Washington D.C. *https://openknowledge.worldbank.org/bitstream/handle/10986/7259/337970rev0Final0Assessment01PUBLIC1.pdf?sequence=1.*

Estadísticas e indicadores

OCDE, *Corporate Governance Factbook 2014, www.oecd.org/daf/ca/CorporateGovernanceFactbook.pdf.*

OCDE, *Índice de restricción reglamentaria de la inversión directa extranjera, www.oecd.org/investment/fdiindex.htm.*

OCDE, Estadísticas financieras, *Finance, http://stats.oecd.org/.*

FMI, Indicadores sobre solvencia financiera, *http://data.imf.org/?sk=9F855EAE-C765-405E-9C9A-A9DC2C1FEE47.*

Banco Mundial, Indicadores sobre inclusión financiera e infraestructuras, *www.worldbank.org/en/topic/financialinclusion.*

11. Gobernanza pública

La política regulatoria tiene por objeto el proceso de elaboración, actualización, aplicación y ejecución de la normativa. Una regulación que fomente el dinamismo, la innovación y la competitividad de los mercados potencia el rendimiento económico. Mediante la reforma regulatoria se persigue incrementar la eficiencia y la eficacia, así como alcanzar con el tiempo un mayor equilibrio entre políticas sociales y económicas. Los principales aspectos sobre gobernanza que se examinan en el presente documento son la calidad de la regulación, la transparencia, la apertura y la integridad. Una actuación efectiva en estos ámbitos fomentará la inversión y reducirá los costes de la actividad empresarial. En la sección *Políticas y prácticas transversales* se tratan otros aspectos más generales.

La calidad de la regulación influye de forma significativa en el clima empresarial e inversor. Una regulación deficientemente articulada o que se aplique de forma dubitativa puede ralentizar la capacidad de respuesta de las empresas, desviar recursos de inversiones productivas, obstaculizar la entrada en el mercado, reducir la creación de empleo y, en general, desincentivar la iniciativa empresarial. No hay nada que contribuya más a reforzar la confianza de los inversores en la regulación que su previsibilidad y la comprobación de que las normas logran sus objetivos. La calidad de los servicios públicos, que se ve determinada por la regulación interna de la administración pública y la regulación aplicable a los proveedores del sector privado, repercute significativamente en el clima inversor. Desde el punto de vista del inversor, la política regulatoria debe ofrecer sólidas indicaciones y referencias acerca de la actuación de las autoridades, dando a conocer qué pueden esperar los inversores del Estado en materia de regulación.

Marco regulador

A medida que se intensifique la apertura e interconexión de los mercados, aumentará probablemente la necesidad de contar con unas instituciones y marcos reguladores bien estructurados, si bien se incrementarán también los retos que afrontan los organismos reguladores. Desde la perspectiva de los inversores, el elemento más importante de la calidad de la regulación consiste en que disponga de objetivos y marcos de aplicación claros que garanticen que, si se aplica, sus ventajas económicas, sociales y medioambientales justificarán los costos, se tendrán en cuenta los efectos distributivos y se maximizarán los beneficios netos. La política regulatoria debe establecer principios que ofrezcan indicaciones y referencias sólidas acerca de la actuación de las autoridades, dando a conocer claramente qué pueden esperar los inversores del Estado en materia de regulación. En el pasado, con frecuencia la regulación se ha destinado a sectores concretos y, en ocasiones, su coordinación entre los distintos ministerios del gobierno ha sido inadecuada, incrementándose con ello la complejidad del entorno regulador. Avanzar hacia un enfoque más integral, gestionado a menudo desde el núcleo del gobierno, contribuye a reducir la posibilidad de que existan normas contradictorias o duplicadas, así como a esclarecer las aportaciones de las regulaciones en distintas materias a la consecución de determinados objetivos generales como, por ejemplo, la competitividad y la reducción de la burocracia. La *Recomendación del Consejo sobre política y gobernanza regulatoria* de la OCDE (2012) ofrece un marco detallado para definir una política regulatoria integrada y común a todo el gobierno.

Simplificación administrativa

La simplificación administrativa persigue reducir y racionalizar los trámites y la burocracia de los organismos públicos –cuyo componente más visible suele ser el relacionado con la solicitud de permisos y licencias–, por lo que incide directamente en el coste y la eficiencia de las inversiones. En numerosos países, las cargas administrativas impuestas a las empresas son significativas, especialmente en el caso de las PYME. A menudo la economía informal se deriva de cargas administrativas que las empresas, sobre todo las pequeñas, no pueden soportar. Un nivel adecuado de regulación, cuyo diseño tenga en cuenta los costes de cumplimiento normativo (mediante un análisis del impacto regulatorio), puede contribuir a eliminar los incentivos a la economía informal, en beneficio de gobiernos, trabajadores e inversores. Conviene tomar en consideración el efecto acumulativo de todas las regulaciones, no sólo las de reciente promulgación. Los gobiernos utilizan cada vez más las tecnologías de la información y las comunicaciones para reducir cargas administrativas y burocracia. Una burocracia excesiva aumenta los costes para las empresas, puede obstaculizar la entrada en el mercado, disminuye las fuerzas competitivas (véase también la sección *Política de competencia*) y reduce los incentivos para innovar. Además genera incertidumbre, lo que puede lastrar la planificación empresarial y menoscabar la capacidad de las empresas de reaccionar con prontitud a las nuevas oportunidades del mercado. Por último, desincentiva las nuevas inversiones, tanto nacionales como extranjeras, y debilita el rendimiento económico.

En el marco del esfuerzo permanente por reducir los obstáculos normativos y racionalizar la regulación, deben llevarse a cabo programas de revisión sistemática del volumen de regulación significativa que tengan metas claramente definidas, tomando en consideración costes y beneficios, a fin de garantizar que la regulación está actualizada, que sus costes son justificados, rentables y coherentes, y que logra los resultados previstos.

Evaluación del impacto regulatorio

Mediante la evaluación del impacto regulatorio se examinan y cuantifican las ventajas, los costes y los efectos probables de nuevas regulaciones o de sus modificaciones. Dichos análisis proporcionan a los responsables de adoptar las decisiones datos cuantitativos y un marco para valorar las opciones de que disponen, así como las posibles consecuencias económicas, sociales y medioambientales de sus decisiones. Una comprensión deficiente de los problemas que se plantean o de los efectos colaterales de las medidas gubernamentales puede perjudicar las iniciativas regulatorias con consecuencias indeseadas y conducir al fracaso de la normativa. Los análisis de impacto regulatorio permiten identificar claramente problemas que requieren la actuación de los poderes públicos y garantizar que ésta se halla debidamente justificada y resulta adecuada desde el punto de vista económico, social y medioambiental. El proceso de tales análisis prevé un enfoque sistemático para evaluar los efectos de la regulación propuesta y contribuye a fundamentar la toma de decisiones regulatorias. Dicho proceso ofrece un instrumento potencialmente útil para valorar el impacto de la regulación sobre las decisiones de inversión, y puede contribuir a identificar y evitar regulaciones que impongan restricciones innecesarias o que desincentiven la inversión. En *Introductory Handbook for Undertaking Regulatory Impact Analysis* de la OCDE de 2009 se describen los pasos fundamentales para establecer un enfoque basado en el análisis del impacto regulatorio de cara a la formulación de regulaciones. Dado que numerosos gobiernos se enfrentan a los retos de recuperar o mantener la confianza de la ciudadanía y de ofrecer más servicios y de mayor calidad con menos recursos, los análisis del impacto regulatorio deben darse a conocer, en la medida de lo posible, junto con los proyectos de regulación. Constituye una buena práctica la utilización de los análisis del impacto regulatorio en el marco del proceso de consulta.

Cumplimiento y aplicación de la regulación

Los gobiernos deben garantizar la existencia de mecanismos e instituciones para aplicar la regulación y promover su observancia. Una aplicación inadecuada y desigual tiende a menoscabar la previsibilidad del marco regulador para los inversores. En principio, la regulación debe aplicarse por igual a todos los agentes económicos. Tradicionalmente, se ha prestado una atención insuficiente a analizar las posibilidades de perfeccionar el modo de aplicación y ejecución de la regulación. La regulación no podrá resultar eficaz sin mecanismos de aplicación apropiados. Las inspecciones constituyen una de las formas más importantes de velar por el cumplimiento de la regulación y asegurar su observancia. En el sistema general de gobernanza regulatoria, deben integrarse claramente mecanismos adecuados de planificación de inspecciones, definición de objetivos y comunicación, así como sistemas para prevenir la corrupción y fomentar conductas éticas. Los *Principios de mejores prácticas en política reglamentaria: aplicación normativa e inspecciones* que la OCDE publicó en 2014 ofrecen un marco para las iniciativas destinadas a mejorar el cumplimiento de la normativa a través de inspecciones, haciéndolas más eficaces y eficientes, así como menos gravosas para la parte inspeccionada y, al mismo tiempo, menos costosas para los gobiernos. Tales principios abordan el diseño de las políticas, las instituciones y los instrumentos para promover un cumplimiento efectivo, así como el proceso de reforma de los servicios de inspección para lograr los resultados deseados.

Gobernanza y estructura institucional

Los organismos reguladores independientes desempeñan una función cada vez más importante en la consecución de objetivos económicos y sociales, al tiempo que se les encomienda regular situaciones cada vez más complejas en diversos sectores, incluido los de suministros públicos. Su actividad afecta de forma importante a la regulación económica de los sectores que supervisan y contribuye a condicionar la inversión en capital, los flujos de ingresos y la rentabilidad de la inversión que los inversores pueden esperar. Los organismos reguladores desempeñan también una función esencial a la hora de implicar a los ciudadanos y empresas en las decisiones regulatorias. El Estado debe elaborar una política coherente que abarque las funciones de los organismos reguladores y los mecanismos de coordinación con las entidades pertinentes a fin de inspirar confianza en que las decisiones regulatorias se toman de forma objetiva, imparcial y coherente, sin conflictos de intereses, arbitrariedad o influencia indebida. Debe exhortarse a los organismos reguladores a que cooperen con las partes interesadas con vistas a un funcionamiento efectivo del mercado, actuando al mismo tiempo como árbitro imparcial entre los participantes del mercado, en interés de los consumidores. Han de existir sistemas para controlar la legalidad y la equidad del procedimiento regulador y de las decisiones adoptadas por los organismos con potestades sancionatorias, con el fin de garantizar la transparencia y fomentar la confianza. Las empresas y la sociedad civil han de poder acceder fácilmente a dichos sistemas a un coste razonable. El informe *OECD Best Practice Principles for the Governance of Regulators* puede ayudar a los responsables de formular políticas a estructurar los mecanismos de gobernanza de los organismos reguladores para alcanzar estos objetivos.

Coherencia de la regulación entre distintos niveles de gobierno y jurisdicciones

El mundo está cada vez más globalizado y ofrece a los inversores grandes oportunidades, como pone de manifiesto el aumento de los flujos internacionales de inversión y de la actividad económica de las empresas multinacionales. Sin embargo, el mundo no es uniforme. Cada país dispone de normas y reglas específicas diferentes. Si bien las normas y reglas específicas pueden responder a preferencias concretas, estas divergencias pueden en ocasiones imponer costes innecesarios a las empresas. La necesidad de una coherencia regulatoria en los distintos niveles de gobierno y a escala internacional se está convirtiendo en un aspecto de especial importancia para las empresas que realizan su actividad en varios países. Cuando resulte oportuno, ha de fomentarse la coherencia regulatoria a través de mecanismos de coordinación entre los niveles de gobierno supranacional, nacional e subnacional. Las ventajas que aporta una regulación de alta calidad en un nivel del gobierno pueden verse mermadas o incluso anuladas por la existencia de regulaciones de menor calidad en niveles inferiores del gobierno. Para eliminar divergencias regulatorias innecesarias que generan cargas adicionales para los inversores y con el fin de afrontar los retos globales relativos a riesgos sistémicos, al medio ambiente y a la salud y seguridad de las personas, los gobiernos deben perfeccionar la articulación de las regulaciones transfronterizas y garantizar mayores niveles de aplicación y ejecución de éstas en las diferentes jurisdicciones. A fin de orientar a los países acerca de la forma de garantizar la coordinación entre normas y regulaciones nacionales e internacionales, la OCDE ha elaborado una tipología de mecanismos de cooperación internacional en materia reguladora y trabaja en la actualidad en un documento orientativo específico (que se publicará próximamente con el título *Best-Practice Principles on International Regulatory Cooperation*).

Transparencia de los gobiernos

La transición a gobiernos transparentes supone un importante incentivo para que las administraciones públicas mejoren su desempeño. Tanto los ciudadanos como las empresas pueden valorar en mayor medida los resultados de las políticas públicas, formular comentarios sobre un desempeño deficiente y exigir mejoras a los poderes públicos. Este planteamiento se está convirtiendo, con el tiempo, en un importante catalizador del impulso reformista y la modernización del sector público. La implicación de la ciudadanía trasciende mucho más allá de los ámbitos de la prestación de servicios, las consultas sobre la ejecución conjunta y el control ciudadano. Por medio de plataformas de Internet, datos y herramientas informáticas de uso sencillo, los gobiernos pueden promover un «ecosistema» en el que distintos actores participen en la ejecución de las políticas públicas y la evaluación de sus resultados. Un proceso abierto e inclusivo de formulación de políticas puede mejorar los resultados de éstas al ayudar a los gobiernos a comprender mejor las cambiantes necesidades de la ciudadanía y a aprovechar la información, las ideas y los recursos de que disponen las empresas. En los

OECD Principles on Digital Governance se reconoce que la tecnología actual puede favorecer políticas eficaces y propiciar gobiernos más abiertos, transparentes, innovadores, participativos y fiables. Sin embargo, numerosos gobiernos aún no consideran la tecnología como un medio colaborativo con el que dar forma a sus resultados de gobernanza pública. La prioridad de los *Principios* consiste en promover una transición fundamental desde enfoques centrados en el ciudadano (en los que el gobierno se anticipa a las necesidades de los ciudadanos y las empresas) a enfoques impulsados por el ciudadano (en cuyo marco ciudadanos y empresas formulan y definen sus necesidades en colaboración con el gobierno).

Reflejar este concepto en la práctica sigue suponiendo un reto. Los gobiernos han de invertir para integrar la formulación abierta e inclusiva de políticas en su núcleo de actuación, para fortalecer las capacidades de los funcionarios públicos y para instaurar una cultura política y administrativa que favorezca tal objetivo. Evaluar la calidad de procesos abiertos e inclusivos de elaboración de políticas y sus repercusiones constituye un nuevo reto para la mayoría de los gobiernos. La versión actualizada de *Principios rectores para la elaboración abierta e inclusiva de políticas* incluye diez recomendaciones dirigidas a respaldar las actuaciones de los poderes públicos. Por ejemplo, los derechos de información, consulta y participación pública en la formulación de políticas y la prestación de servicios deben basarse firmemente en la legislación o en las políticas. Es preciso definir claramente la obligación de los gobiernos de responder a los ciudadanos. Para hacer valer estos derechos es esencial contar con mecanismos independientes de supervisión. Y se necesitan recursos financieros, humanos y técnicos adecuados para que la información, la consulta y la participación de la ciudadanía sean eficaces. Los funcionarios públicos han de disponer de habilidades, sistemas de orientación y formación adecuados, así como de una cultura organizativa que promueva el uso tanto de herramientas tradicionales como telemáticas. Estas directrices ofrecen un marco sencillo para que los países valoren sus esfuerzos en pos de una mayor transparencia.

Integridad pública

La integridad es un factor crucial para un clima inversor favorable. Los datos comparativos indican que existe un vínculo entre el grado de confianza en los políticos, tanto por parte de la comunidad empresarial como de la ciudadanía, y la percepción de la corrupción. Disponer de herramientas y mecanismos en esta materia, dirigidos a prevenir la corrupción y fomentar la ejemplaridad de las conductas, contribuye a reforzar la credibilidad y legitimidad de la toma de decisiones. Pueden utilizarse instrumentos normativos destinados a ámbitos de alto riesgo, en la intersección entre los sectores público y privado —en particular, la gestión eficaz de los conflictos de intereses y la adecuada regulación de los grupos de presión y de la financiación de las formaciones políticas—, a fin de limitar influencias indebidas en las políticas y establecer salvaguardas para proteger el interés general.

Una política eficaz en materia de conflictos de intereses es esencial para la estructura política, administrativa y jurídica de la vida pública. Las *Líneas directrices de la OCDE para la gestión de los conflictos de intereses en el servicio público* ofrecen un enfoque moderno de la regulación de los conflictos de intereses, con el objetivo de alcanzar un equilibrio adecuado:

- identificando los riesgos para la integridad de los organismos y los funcionarios públicos;

- prohibiendo formas específicas inaceptables de intereses privados;
- concienciando a organismos públicos y funcionarios individuales sobre las circunstancias en que pueden surgir conflictos; y
- velando por que se instauren procedimientos eficaces para detectar, comunicar y gestionar situaciones que planteen conflictos de intereses, y promoviendo su adecuada resolución.

Recuadro 11.1. Experiencia de los países de la OCDE en la gestión de conflictos de intereses

La mayor parte de los países de la OCDE disponen de políticas para gestionar los conflictos de intereses, según la *Encuesta de la OCDE sobre conflictos de intereses* (2012). En el ámbito institucional, el 76% de los países de la OCDE cuentan con una función central que se encarga de elaborar y mantener políticas, normas o procedimientos de gestión de conflictos de intereses. La mayoría de los países de la OCDE atribuyen gran importancia a promover el conocimiento y la divulgación de las políticas relativas a situaciones que pudieran plantear conflictos de intereses. Por ejemplo, en el 97% de los países de la OCDE la política sobre conflictos de intereses se comunica a los funcionarios al incorporarse a su cargo o cuando asumen un nuevo puesto. Persisten algunas limitaciones. Si bien la divulgación de intereses privados de los funcionarios públicos es práctica habitual, en la mayoría de los países de la OCDE tan sólo se publica información parcial. Esto se debe, en parte, a la importancia que se atribuye a las cuestiones relativas a la privacidad. En lo referente a la aplicación efectiva, únicamente el 24% de los países de la OCDE utilizan herramientas de diagnóstico como, por ejemplo, sondeos, datos estadísticos y análisis de costes y beneficios para controlar la eficacia en la gestión de conflictos de intereses. La medición del cumplimiento sigue constituyendo un reto. Aunque en la mayor parte de los países de la OCDE se prevén sanciones en caso de infracción de las normas en materia de conflictos de intereses, no existen datos sobre el modo en que se imponen dichas sanciones.

Fuente: Encuesta de la OCDE sobre conflictos de intereses (2012)

El fenómeno de las «puertas giratorias», consistente en un incremento del trasvase del personal entre los sectores público y privado, también ha suscitado preocupaciones en torno a los requisitos aplicables antes y después del empleo público, y sus repercusiones negativas sobre la confianza en el sector público. Ante estas irregularidades (es decir, el uso indebido de información privilegiada, y el aprovechamiento indebido del cargo y de los contactos), un creciente número de países han modernizado sus sistemas para prevenir y gestionar con eficacia los conflictos de intereses que puedan surgir tanto antes como después del desempeño de un cargo público. Al objeto de alcanzar un equilibrio entre los intereses en conflicto, numerosos países han adoptado normas o principios para garantizar la integridad de los funcionarios públicos tanto cuando están en ejercicio como cuando cesan en su cargo. Por ejemplo, en muchos países se prevén períodos de restricción en los cuales los funcionarios públicos han de limitar su interacción con su antigua organización durante un determinado plazo. Los *Principios post empleo público* y el *Marco de buenas prácticas post empleo público* de la OCDE pueden servir de referencia para los responsables de formular las políticas a fin de valorar los marcos que regulan, en la actualidad o en el futuro, la situación de los funcionarios públicos después de cesar en su actividad.

En los procesos de toma de decisiones de las democracias modernas, es práctica habitual la existencia de grupos de presión que defienden intereses privados y pretenden influir en las decisiones gubernamentales, la legislación o la adjudicación de contratos. Dichos grupos de presión pueden contribuir a que se adopten decisiones acertadas y a que los gobiernos comprendan mejor determinadas materias, al facilitar, en el marco de procesos abiertos de consulta, ideas y datos valiosos. Sin embargo, en los casos en que el proceso carezca de transparencia y responsabilidad, la actuación de dichos grupos también puede traducirse en la obtención de ventajas indebidas para intereses específicos defendidos enérgicamente. Los *Principios de la OCDE para la transparencia y la integridad de los grupos de presión* (2010) ofrecen orientaciones a los responsables de la toma de decisiones sobre la forma de favorecer una gobernanza adecuada en lo que respecta a los grupos de presión.

Contratación pública

La contratación pública es una actividad económica y gubernamental de importancia. Implica un volumen significativo de fondos y se utiliza para prestar servicios públicos a los ciudadanos, así como para conseguir objetivos de política tales como, por ejemplo, la creación de puestos de trabajo, el desarrollo de PYME, la sostenibilidad medioambiental y la innovación. La contratación pública representa, de media, el 30% del gasto público general y el 13% del PIB de los países Miembros de la OCDE, lo que supuso aproximadamente 4,3 billones de euros en 2012. Más de la mitad del gasto total general en contratación pública de los países Miembros de la OCDE corresponde al ámbito subnacional (en promedio, un 55%).

Por otra parte, la contratación pública es un ámbito de alto riesgo por la estrecha interacción entre las esferas pública y privada y debido a que el fraude, la corrupción y el despilfarro de los recursos en la contratación pública menoscaban la capacidad del gobierno para servir adecuadamente a la ciudadanía. Por estos motivos, es importante alcanzar un alto nivel de eficiencia, eficacia y economía, así como establecer mecanismos para garantizar la integridad y la rendición de cuentas en los procesos de contratación. De este modo, se evitará el uso inadecuado de fondos y se reforzará la confianza de los ciudadanos en el gobierno. Asimismo, es importante salvaguardar la función estratégica de la contratación pública, mediante mecanismos idóneos de planificación, diseño y ejecución. Un sistema eficaz de contratación pública cubre necesidades públicas, ofrece satisfacción a los usuarios, logra un uso rentable de los recursos de una manera equitativa, abierta, competitiva y transparente, garantizando una igualdad de trato a todas las empresas, y es objeto de evaluaciones y mediciones periódicas de cara a su mejora.

La *Recomendación de la OCDE sobre contratación pública* reafirma el carácter estratégico de la función de contratación pública. La *Recomendación* ofrece orientaciones claras y efectivas sobre la forma de instaurar un sistema de contratación pública basado en instrumentos y técnicas vanguardistas, a fin de asignar los fondos públicos de manera sostenible y eficiente. Al mismo tiempo, constituirá un instrumento eficaz para abordar los retos que plantea la gobernanza de los grandes proyectos de inversión como, por ejemplo, las obras públicas, los sistemas de tecnologías digitales complejas y los grandes eventos.

Transposición a la legislación nacional de normas internacionales para prevenir la corrupción y reforzar la integridad

Las normas para combatir la corrupción y fomentar la integridad abarcan medidas preventivas y sancionadoras. Los gobiernos deben promulgar disposiciones, principalmente en el ámbito del Derecho penal, pero también en la legislación civil y administrativa, con objeto de prevenir y sancionar la corrupción de los funcionarios públicos nacionales. Los gobiernos deben asimismo impulsar la adopción de medidas modernas contra la corrupción e instar a las empresas a invertir en sistemas de cumplimiento normativo a fin de crear unas condiciones de igualdad en la lucha contra la corrupción.

En el curso de la última década, numerosos gobiernos han establecido normas de conducta para tratar los conflictos entre los intereses privados de los funcionarios y sus deberes públicos. Los gobiernos se centraron inicialmente en las modalidades tradicionalmente usadas para ejercer influencia, como los obsequios o las invitaciones a funcionarios públicos, así como en sus relaciones personales y familiares. Debido al incremento de la cooperación entre los sectores público y privado, numerosos países han introducido también en los últimos años códigos de conducta dirigidos a abordar otras formas de conflictos de intereses como, por ejemplo, intereses empresariales (concretamente, en forma de asociaciones y participaciones en sociedades), la incorporación a otras organizaciones y la actividad posterior al desempeño de una función pública. Al objeto de hacer frente a los riesgos que los conflictos de intereses plantean a una buena gobernanza, la OCDE elaboró un marco para examinar y modernizar las políticas nacionales en esta materia, las *Líneas directrices para la gestión de los conflictos de intereses en el servicio público* (2003), así como un conjunto de herramientas para ayudar a los funcionarios públicos en su aplicación.

Aplicación y ejecución de leyes y reglamentos para combatir la corrupción

En la aplicación y ejecución de las leyes y los reglamentos para combatir la corrupción y reforzar la integridad intervienen numerosas instituciones públicas. La legislación ha de ser aplicada por organismos ejecutivos independientes libres de injerencias políticas. Podría resultar necesario formular directrices y medidas prácticas específicas para los diferentes organismos públicos (p. ej., en materia de rotación de personal o sesiones de formación o reuniones informativas específicas) para garantizar el cumplimiento de las normas en materia de lucha contra la corrupción y refuerzo de la integridad en aquellos ámbitos de la función pública especialmente expuestos a la corrupción. Los ámbitos específicos de riesgo son la ejecución de la ley, la contratación pública, el crédito a la exportación, la ayuda al desarrollo y las administraciones aduaneras y fiscales.

A menudo se elaboran códigos de conducta que recogen normas de conducta en un único documento conciso. Estos códigos han de ser proporcionados y divulgados adecuadamente a todos los funcionarios públicos. Los instrumentos de socialización tales como la formación y el asesoramiento permiten reforzar la sensibilización de los trabajadores y contribuyen a desarrollar sus habilidades para alcanzar los niveles de integridad que de ellos se espera en su labor diaria. Por otra parte, las políticas de gestión de recursos humanos han de establecer condiciones e incentivos idóneos para los funcionarios públicos, por ejemplo, basando la selección del personal y su promoción en el mérito y fijando retribuciones adecuadas, y deben tener en cuenta consideraciones éticas en el momento de la selección y la evaluación del rendimiento.

La obligación de denunciar presuntas irregularidades de los agentes públicos puede preverse en las disposiciones legales o en el reglamento de cada organización. La denuncia, es decir, el acto que comunicar sospechas acerca de conductas irregulares en el seno de una organización, es un elemento esencial de una buena gobernanza que garantice la transparencia y la rendición de cuentas. Una amplia gama de instituciones y procedimientos, como el defensor del pueblo, los interventores generales, los procedimientos de reclamación y los servicios de asistencia o atención telefónica, pueden permitir a los ciudadanos y funcionarios dar cuenta de las irregularidades. Su eficacia depende también de la confianza de la ciudadanía en que las personas que denuncien de buena fe recibirán protección adecuada contra posibles represalias.

La corrupción y demás conductas inapropiadas únicamente se podrán combatir de forma eficaz y sostenible si los ciudadanos y el sector privado aúnan sus fuerzas. Esto exige, en primer lugar, reforzar el diálogo entre los organismos públicos y los representantes del sector privado para determinar medidas e iniciativas conjuntas.

Mecanismos para valorar el desempeño en la lucha contra la corrupción

Es esencial llevar a cabo exámenes rigurosos e independientes que contribuyan a garantizar la aplicación de las disposiciones legales y reglamentarias en materia de integridad y lucha contra la corrupción. Por lo general, es el poder legislativo el que evalúa las actividades de los servicios públicos. Otros tipos habituales de evaluación son las investigaciones independientes externas que realizan el defensor del pueblo o el interventor general y el control judicial o ético específico. La supervisión del cumplimiento de la normativa puede basarse en controles internos, muy utilizados para detectar irregularidades individuales y fallos sistémicos; dichos controles pueden complementarse con exámenes independientes, en virtud de los cuales los funcionarios públicos rinden cuentas de su actuación, en última instancia, ante la ciudadanía.

La transparencia de las actividades gubernamentales se considera un instrumento para garantizar la rendición de cuentas y combatir la corrupción, así como para promover la participación democrática informando a los ciudadanos y buscando su participación. En los últimos años, el acceso público a información oficial ha mejorado significativamente, en especial gracias a la promulgación de leyes sobre libre acceso a la información, así como por el uso creciente de procedimientos electrónicos. Esto, unido a unos medios de comunicación cada vez más activos y unos grupos de interés cada vez mejor organizados, se ha traducido en un control ciudadano más exhaustivo de la conducta de los funcionarios públicos.

Iniciativas internacionales para combatir la corrupción

La corrupción no puede abordarse únicamente a nivel nacional. Tan sólo una acción concertada y coordinada a escala internacional puede contribuir significativamente a su erradicación. Los gobiernos han adoptado, por tanto, diversos instrumentos internacionales y regionales para combatir la corrupción. Si bien dichos instrumentos pueden tener una orientación distinta, se complementan y refuerzan entre sí y, en consecuencia, persiguen garantizar un enfoque integral que englobe medidas preventivas y disposiciones sancionadoras para luchar contra la corrupción nacional y en el extranjero. Asimismo, contienen disposiciones relativas a la asistencia jurídica mutua, que facilitan la detección, la investigación y la sanción de la corrupción.

La cooperación internacional también desempeña un importante papel en la lucha contra la corrupción. Por ejemplo, la *Convención de la OCDE para Combatir el Cohecho de Servidores Públicos Extranjeros en Transacciones Comerciales Internacionales* tiene por objeto erradicar el pago de cohechos a los funcionarios públicos de los países de acogida. Otras organizaciones intergubernamentales como las Naciones Unidas, el Banco Mundial, el Banco Asiático de Desarrollo y el Fondo Monetario Internacional también han establecido políticas para fomentar una buena gobernanza y sancionar la corrupción y otras prácticas irregulares. Asimismo, la OCDE ha facilitado al G20 un marco para el desarrollo de prácticas comunes orientadas a proteger a los denunciantes de prácticas ilícitas.

Preguntas y principios clave

Marco regulador

1. ¿Ha establecido el gobierno instituciones e instrumentos para garantizar la calidad y la coherencia de los procesos de regulación (p. ej., la articulación, supervisión y aplicación de las normas en todos los sectores)?
2. ¿Qué procedimientos aplica el gobierno para identificar y reducir las cargas reguladoras innecesarias, en concreto para los inversores?
3. ¿En qué medida se utilizan las evaluaciones del impacto regulatorio para valorar las repercusiones de la regulación entre los inversores?
4. ¿Se han instaurado los mecanismos necesarios para garantizar el cumplimiento y la aplicación de la regulación y para supervisar sus resultados?
5. ¿La estructura institucional y la gobernanza de los organismos reguladores favorece un marco regulatorio eficiente y propicio?
6. ¿Qué mecanismos existen para garantizar la coherencia de la regulación entre los diferentes niveles de gobierno, la aplicación transparente de la regulación y la claridad de las normas sobre la calidad de la regulación?

Integridad pública

7. ¿Cómo identifica el gobierno los riesgos para la integridad de los organismos y de los funcionarios públicos?
8. ¿El sistema de contratación pública está estructurado para asegurar el acceso adecuado, la competencia y la transparencia, logrando al mismo tiempo eficiencia y rentabilidad? ¿Ha analizado el gobierno las alternativas adecuadas y las repercusiones de llevar a cabo los proyectos de inversión aplicando las distintas soluciones disponibles?
9. ¿En qué medida se han adaptado las disposiciones nacionales legales y reglamentarias a las normas internacionales contra la corrupción y refuerzo de la integridad? ¿Ofrecen las disposiciones de Derecho penal, administrativo y civil un marco legislativo y reglamentario eficaz para luchar contra la corrupción y fomentar la integridad, reduciendo con ello la incertidumbre y mejorando las condiciones de negocio para todos los inversores?
10. ¿Las instituciones y los procedimientos garantizan una aplicación transparente, eficaz y coherente de las leyes y los reglamentos en materia de lucha contra la corrupción y refuerzo de la integridad en la función pública?

Preguntas complementarias

Marco regulador	• ¿Han definido los poderes públicos una política integral y común a todos los niveles de gobierno sobre la calidad de la regulación? • ¿Dicha política fija objetivos y marcos de aplicación claros que garanticen que las ventajas económicas, sociales y medioambientales de la regulación justifiquen el coste, se tengan en cuenta los efectos distributivos y se maximice el beneficio neto? • ¿Qué mecanismos e instituciones existen para supervisar activamente los procedimientos y objetivos de la política regulatoria? • ¿Qué mecanismos e instituciones respaldan y aplican la política regulatoria?

Simplificación administrativa	• ¿En qué medida se miden y cuantifican las cargas administrativas y regulatorias con que se encuentran los inversores? • ¿Evalúa el gobierno de manera sistemática el acervo de regulaciones significativas a la luz de objetivos bien definidos, tomando en consideración los costes y beneficios, a fin de garantizar que las normas están actualizadas, con unos costes justificados, son coherentes y efectivas en términos de costos, y logran los objetivos previstos? • ¿De qué manera actúa el gobierno a partir de los resultados de estas evaluaciones y la medición de las cargas administrativas y reguladoras con que se encuentran los inversores? • ¿Cómo utiliza el gobierno las tecnologías de información y comunicación para reducir las cargas administrativas, la burocracia y para simplificar la regulación?
Evaluaciones del impacto regulatorio	• ¿Se incluyen evaluaciones del impacto regulatorio en las primeras fases del procedimiento para formular nuevas propuestas de regulación? • ¿Definen claramente cuáles son los objetivos de las políticas y evalúan si es necesaria la regulación y cómo puede resultar más eficaz y eficiente para lograr dichos objetivos? • ¿Se toman en consideración otros medios aparte de la regulación y se ponderan las ventajas y desventajas de los distintos sistemas con el fin de determinar cuál es el mejor? • ¿Se hacen públicos oportunamente los resultados de las evaluaciones del impacto regulatorio?
Cumplimiento y aplicación de la regulación	• ¿Cómo se integra el diseño de políticas, instituciones y herramientas en la ejecución y promoción del cumplimiento efectivo? • ¿De qué forma se integran en el sistema regulatorio general la planificación, la definición de objetivos y la comunicación de inspecciones?
Gobernanza y estructura institucional	• ¿Cómo se garantiza, en la política sobre las funciones de los organismos reguladores y su coordinación con otros agentes y partes interesadas, que las decisiones regulatorias se adopten de forma objetiva, imparcial y coherente, sin conflictos de intereses, arbitrariedad o influencia indebida? • ¿Qué sistemas existen para controlar la legalidad y la equidad del procedimiento regulador y de las sanciones regulatorias? ¿Pueden acceder a estos sistemas las empresas y la sociedad civil a un coste razonable? • ¿Se elaboran periódicamente informes de los resultados de la política reguladora y los programas de reforma, las autoridades públicas encargadas de aplicar la regulación y el funcionamiento de los instrumentos reguladores (p. ej., las evaluaciones del impacto regulatorio, consultas públicas y evaluaciones de las regulaciones vigentes)?
Coherencia regulatoria entre niveles de gobierno y jurisdicciones	• ¿Qué mecanismos existen para fomentar la coordinación entre los niveles de gobierno supranacional, nacional e subnacional? • ¿De qué manera detecta el gobierno problemas regulatorios que afectan a todos estos niveles? • ¿Cómo se desarrollan la capacidad y la eficacia de la gestión de la regulación, en particular en el ámbito subnacional de gobierno?
Transparencia de los gobiernos	• ¿Qué sistemas se utilizan para garantizar que la regulación sirva a los intereses públicos y se fundamente en las necesidades legítimas de las partes interesadas y afectadas? • A fin de garantizar que las partes afectadas entiendan fácilmente sus derechos y obligaciones, ¿la regulación está redactada en forma clara y comprensible? • ¿Son suficientes los recursos financieros, humanos y técnicos para garantizar que una información pública efectiva? • ¿Ofrece el gobierno oportunidades de participar de manera justa y equitativa en la formulación de políticas y en la prestación de servicios? • Los derechos de los ciudadanos a ser informados y consultados con carácter previo, y a participar en la formulación de políticas, ¿se contemplan en la ley o en el marco de política? • ¿Existen mecanismos de supervisión independientes para la sanción de estos derechos?

Integridad pública	• ¿Existe una política de conflictos de intereses basada en estrategias y prácticas organizativas que facilite la detección de situaciones que pudieran plantear tales conflictos? • ¿Qué procedimientos se han establecido para identificar, gestionar y resolver las situaciones de conflictos de intereses? • ¿Ha prohibido el gobierno formas específicas inaceptables de interés privado? • ¿Cómo contribuye el gobierno a sensibilizar a los organismos públicos y los funcionarios sobre las circunstancias en que pueden surgir conflictos de intereses? • ¿Qué procedimientos existen para identificar, comunicar, gestionar y resolver adecuadamente situaciones de conflictos de intereses? • ¿Cómo garantiza el gobierno niveles suficientes de transparencia y rendición de cuentas en lo que respecta a los grupos de presión? • ¿De qué forma abordan las normas y las directrices relativas a grupos de presión los retos de gobernanza relacionados con las prácticas de dichos grupos? ¿Respetan dichas normas y directrices los contextos sociopolítico y administrativo, en particular los marcos generales de política y regulación? • ¿Son libres las organizaciones de la sociedad civil y los medios de comunicación para controlar la forma en que los funcionarios públicos desempeñan sus funciones? • ¿Existen mecanismos de protección para los denunciantes que permitan a los funcionarios públicos y ciudadanos comunicar irregularidades y denunciar presuntas conductas indebidas de los funcionarios públicos? • Dichas normas y directrices, ¿se revisan periódicamente y se ajustan en caso necesario?
Contratación pública	• ¿Qué mecanismos existen para cuantificar, evaluar y perfeccionar con regularidad el sistema de contratación pública a fin de garantizar que es eficiente y añade valor? • ¿De qué forma garantiza el gobierno la transparencia y la igualdad de condiciones en los procedimientos de contratación pública?
Aplicación, ejecución y revisión de leyes y reglamentos de lucha contra la corrupción	• ¿Se han adoptado y difundido normas de conducta para los funcionarios públicos? ¿Se facilitan, comunican y transmiten adecuadamente a todos los funcionarios? • ¿Qué medidas se utilizan en apoyo de los funcionarios públicos y para garantizar que se alcancen los niveles esperados en materia de conflictos de intereses, grupos de presión, puertas giratorias y otros problemas de alto riesgo? • ¿Existen directrices y medidas prácticas específicas para los diferentes organismos (p. ej., en materia de rotación de personal o sesiones de formación o reuniones informativas específicas) para garantizar el cumplimiento de las normas en materia de lucha contra la corrupción y refuerzo de la integridad en aquellos ámbitos del servicio público especialmente expuestos a la corrupción? • ¿Existen mecanismos para evaluar los resultados de las leyes y los reglamentos en materia de lucha contra la corrupción y refuerzo de la integridad? • ¿Fomenta el gobierno que el sector privado despliegue sistemas eficaces de cumplimiento de la normativa? • ¿Promueve el gobierno el diálogo entre los sectores público y privado sobre la forma de combatir la corrupción y otras conductas indebidas? • ¿Cómo se utilizan los mecanismos de evaluación de los resultados de las leyes y los reglamentos en materia de lucha contra la corrupción y refuerzo de la integridad de cara a su mejora?
Normas e iniciativas internacionales para luchar contra la corrupción y reforzar la integridad	• ¿Participa el gobierno en iniciativas internacionales destinadas a luchar contra la corrupción y mejorar la integridad del sector público? • Las iniciativas internacionales que tienen por objeto luchar contra la corrupción y mejorar la integridad del sector público, ¿valoran el grado en que el gobierno ha adoptado las normas internacionales pertinentes? • ¿Se publican las valoraciones del grado en que el gobierno ha adoptado las normas internacionales destinadas a combatir la corrupción y mejorar la integridad del sector público? • ¿Ha adoptado el gobierno efectivamente las recomendaciones derivadas de estas iniciativas?

Recursos adicionales

OCDE, Gobernanza pública, *www.oecd.org/governance/.*

FMI (1998), «Roads to Nowhere: How Corruption in Public Investment Hurts Growth», Economic Issues 12, FMI.

OCDE (2015, próxima publicación), *Regulatory Policy Outlook 2015*, Publicaciones de la OCDE, París.

OCDE (2014), *Regulatory Enforcement and Inspections*, OECD Best Practice Principles for Regulatory Policy, Publicaciones de la OCDE, París. DOI: *http://dx.doi.org/10.1787/9789264208117-en.*

OCDE (2014), *Best Practice Principles in Regulatory Policy: The Governance of Regulators,* OCDE, París. *www.oecd.org/gov/regulatory-policy/governance-regulators.htm.*

OCDE (2013), *International Regulatory Co-operation: Addressing Global Challenges*, Publicaciones de la OCDE, París. DOI: *http://dx.doi.org/10.1787/9789264200463-en.*

OCDE (2012), *Recomendación del Consejo sobre Política y Gobernanza Regulatoria, www.oecd.org/gov/regulatory-policy/Recommendation%20with%20cover%20SP.pdf*

OCDE (2010), *«Implementing the Post-Public Employment Principles: A good practice framework», en OCDE, Post-Public Employment: Good Practices for Preventing Conflict of Interest*, Publicaciones de la OCDE, París. *DOI: http://dx.doi.org/10.1787/9789264056701-7-en.*

OCDE (2010), *Principios de transparencia e integridad de los grupos de presión,* OCDE, París. *www.oecd.org/gov/ethics/oecdprinciplesfortransparencyandintegrityinlobbying.htm.*

OCDE (2009), *Focus on Citizens: Public Engagement for Better Policy and Services*, OECD Studies on Public Engagement, Publicaciones de la OCDE, París. DOI: *http://dx.doi.org/10.1787/9789264048874-en.*

OCDE (2005), Managing Conflict of Interest in the Public Sector: A Toolkit, Publicaciones de la OCDE, París. DOI: *http://dx.doi.org/10.1787/9789264018242-en.*

OCDE (1997*), Convención para combatir el cohecho de servidores públicos extranjeros en transacciones comerciales internacionales,* OCDE, París. *www.oecd.org/corruption/oecdantibriberyconvention.htm.*

Naciones Unidas (2005), *Convención de las Naciones Unidas contra la corrupción.*

Naciones Unidas, Programa Mundial contra la corrupción, Oficina de las Naciones Unidas contra la Droga y el Delito (UNODC), *www.unodc.org/unodc/corruption/.*

Banco Mundial, Public Sector Governance Programme.

12. Marco de inversión para un crecimiento ecológico

Es preciso incrementar significativamente la inversión orientada al crecimiento ecológico, con el fin de consolidar una senda de desarrollo sostenible y alcanzar los objetivos de las políticas en materia económica, social, ambiental y de desarrollo. Para lograr un desarrollo sostenible es preciso no superar el objetivo de cambio climático de dos grados (2 °C) [*] acordado por los gobiernos, adaptarse a los efectos del cambio climático, reducir la contaminación, promover la conservación y el uso sostenible de la biodiversidad y velar por que los servicios del ecosistema beneficien a todos. El crecimiento ecológico significa «promover el crecimiento y el desarrollo económicos garantizando, al mismo tiempo, que los activos naturales continúen proporcionando los recursos y servicios medioambientales de los que depende el bienestar del ser humano». Para ello, las economías deben favorecer una dinámica de crecimiento que impulse la inversión y la innovación en nuevas tecnologías, infraestructuras y servicios, que sustentarán un crecimiento más sostenible desde el punto de vista del consumo de recursos naturales, abordando a la vez la reducción de la pobreza y la igualdad social (OCDE, 2011a). Aparte de las medidas para integrar las consideraciones relacionadas con el crecimiento ecológico en la inversión en general, esta sección se centra en las oportunidades para incrementar las «inversiones ecológicas». Este tipo de inversiones incluye, entre otras, las siguientes:

- infraestructuras ecológicas y ecologización de las existentes (invertir, por ejemplo, en energías sostenibles, eficiencia energética y de los recursos, sistemas sostenibles de transporte y de edificación, saneamiento y suministro de agua y gestión de residuos, infraestructuras de apoyo —como redes inteligentes y sistemas de interconexión— e infraestructuras resilientes al clima, incluida la reconversión de las existentes);
- gestión sostenible de los recursos naturales y los servicios que ofrecen (p. ej., recursos pesqueros, masas forestales, turismo orientado a la fauna silvestre y la naturaleza, productividad del suelo, seguridad de los recursos hídricos y minerales); y
- actividades en el sector de bienes y servicios medioambientales y en los segmentos de las cadenas de valor ecológicas (p. ej., industrias tradicionales proveedoras de productos intermedios para la generación de energía solar fotovoltaica o eólica) y ecologización de las cadenas de valor existentes.

Estos tres tipos de inversiones ecológicas comparten numerosas características, si bien en última instancia son intrínsecamente diferentes. Los vehículos de inversión que se utilicen para cada una de ellas diferirán por lo general ampliamente, al igual que las

[*] En la Conferencia de las Partes en la Convención Marco de las Naciones Unidas sobre el Cambio Climático (CMNUCC) que se celebró en Doha en 2012, los gobiernos acordaron trabajar con celeridad para reducir considerablemente las emisiones de gases de efecto invernadero a escala mundial al objeto de limitar el calentamiento global medio a 2 °C por encima de los niveles preindustriales y conseguir que tales emisiones dejen de aumentar a nivel global lo antes posible.

barreras más relevantes a la inversión. Los instrumentos de política empleados para fomentar o regular estas inversiones también pueden diferir.

Dada la magnitud de las necesidades de inversión, para movilizar e incrementar las inversiones ecológicas es preciso recurrir a la inversión nacional e internacional, pública y privada. Sin embargo, los proyectos de infraestructuras ecológicas sufren a menudo graves restricciones debido a la existencia de barreras específicas a la inversión. Los principales obstáculos de política son, entre otros, los siguientes: escasa o nula determinación de los precios de las externalidades negativas, subvenciones que fomentan un uso ineficiente de los recursos, un entorno normativo y regulador errático, rigideces de la regulación y del mercado que favorecen la consolidación de tecnologías contaminantes en uso, falta de mecanismos que reflejen el valor de los servicios ecosistémicos para una gestión sostenible de los recursos naturales y toda una gama de distorsiones que afectan a las infraestructuras hidráulicas. Además de suprimir obstáculos, los gobiernos pueden apoyar la inversión del sector privado en crecimiento ecológico adoptando un entorno normativo y regulatorio específico previsible. Los poderes públicos pueden mitigar el riesgo regulatorio ofreciendo a los inversores más seguridad a través de la transparencia y de consultas exhaustivas con el sector privado al reformar políticas y redactar leyes y reglamentos. La administración pública también puede movilizar la financiación privada mediante intervenciones a escala nacional e internacional (p. ej., asegurando que la financiación pública internacional pueda potenciar la financiación privada o facilitando la participación del sector privado en infraestructuras ecológicas).

El marco de políticas relativas a la inversión ecológica es comparable en numerosos aspectos a un entorno favorable a la inversión en general. Sin embargo, unas políticas que propicien la inversión sin más no se traducirá de forma automática en un aumento sustancial de las inversiones ecológicas. Por consiguiente, contar con un marco de políticas para la inversión es una condición necesaria, pero no suficiente, para la inversión y el crecimiento ecológicos. Los responsables de formular las políticas tendrán asimismo que mejorar determinadas condiciones clave para este tipo de inversiones elaborando políticas y regulaciones que internalicen de forma sistemática los costes de las externalidades negativas (p. ej., asignando un precio a las emisiones de dióxido de carbono, aplicando peajes de hora punta en las ciudades o estableciendo regulaciones financieras que reconozcan y recompensen el desempeño medioambiental y social). La fijación de precios para las externalidades medioambientales debe realizarse de forma creíble, atendiendo a las circunstancias nacionales y a las posibles repercusiones sobre la competitividad. La elaboración de políticas de inversión ecológica exige asimismo aplicar técnicas de valoración medioambiental para garantizar que los análisis de costes y beneficios que realicen los poderes públicos tengan en cuenta el coste asociado al agotamiento de los recursos naturales y el deterioro del medio ambiente. El marco de políticas deberá transmitir un mensaje de coherencia a inversores, productores y consumidores para poner de relieve el valor que aporta un modelo ecológico para el desarrollo y crecimiento futuros frente a un modelo nocivo para el medio ambiente.

La inversión ecológica crea oportunidades para las economías en diferentes fases de desarrollo; por ejemplo, mejora la seguridad energética al reducir la dependencia de las importaciones de combustibles fósiles, disminuye la contaminación atmosférica local y los costes sanitarios conexos y estimula la innovación y la transferencia de tecnologías. Las economías en desarrollo pueden «saltarse» las tecnologías más anticuadas para evitar enquistarse en modelos de desarrollo intensivos en emisiones de carbono, al tiempo que responden a la creciente demanda de inversiones en infraestructuras de una forma más eficaz en costes. La inversión en crecimiento ecológico también puede contribuir a crear valor y empleo en los diferentes segmentos de las cadenas de valor. Los poderes públicos desempeñan una función fundamental en el diseño de sistemas para incentivar las inversiones ecológicas con objeto de potenciar tales ventajas e internalizar los costes de las externalidades medioambientales, así como los beneficios de la inversión ecológica. Las empresas también pueden desempeñar un papel importante en las inversiones ecológicas de diversas formas, concretamente contribuyendo a sensibilizar sobre los riesgos y oportunidades, ayudando a los consumidores reduzcan su huella ambiental, mejorando el rendimiento de otros partícipes a lo largo de las cadenas de suministro, adoptando decisiones transparentes y fundadas, y contribuyendo a propugnar soluciones sostenibles que puedan utilizarse en múltiples sectores.

En los últimos años ha resurgido el interés por las políticas selectivas orientadas a atraer inversiones en segmentos concretos de las cadenas de valor ecológicas, frente a aquellas que tienen como objetivo mejorar el clima de inversión general. Diversos gobiernos se inclinaron, durante la recuperación posterior a la crisis, por formular «políticas industriales ecológicas» destinadas a respaldar la producción nacional de bienes y servicios respetuosos con el medio ambiente. A este respecto, introdujeron requisitos sobre contenidos locales y subvenciones que distorsionan el comercio. Sin embargo, en un contexto caracterizado por el carácter global de las cadenas de valor, este tipo de políticas pueden lastrar la inversión ecológica internacional y la competitividad, aumentando el coste de los insumos para las actividades de transformación (OCDE, 2015c). Esto reviste una importancia decisiva en el caso particular de los países en desarrollo de pequeñas dimensiones con escasa demanda interna e infraestructuras auxiliares relativamente pobres. A menos que emprendan actividades que ofrezcan la posibilidad de llegar a competir en los mercados mundiales (un aspecto que resulta difícil de valorar ex ante), las políticas de este tipo podrían incrementar los costes de los bienes ecológicos que se adquieren en el país de que se trate. Por otra parte, las medidas nacionales de respaldo que discriminan entre los diferentes tipos de inversores no se complementan y pueden traducirse en flujos de inversión subóptimos a escala global.

Esta sección no propugna un enfoque único para todas las situaciones. Cada país debe elaborar su propia estrategia de inversión ecológica atendiendo a sus circunstancias, necesidades y prioridades específicas. Las formas de promover tal inversión dependerán del contexto normativo e institucional, del nivel de desarrollo y de las presiones medioambientales sobre los recursos naturales, así como de la voluntad política y del liderazgo para establecer prioridades. Pese a las circunstancias únicas de cada país, han de abordarse una serie de consideraciones comunes a todas las situaciones.

Esta sección tiene por objeto asistir a los gobiernos a identificar dichos elementos comunes con el fin de contribuir a movilizar la inversión orientada al crecimiento ecológico. Los aspectos fundamentales que los responsables de formular las políticas deben tener en cuenta son, entre otros, los siguientes:

- garantizar un compromiso firme de los poderes públicos, tanto a escala nacional como internacional, para favorecer el crecimiento ecológico e impulsar las inversiones privadas respetuosas con el medio ambiente;
- mejorar la coherencia de las medidas de promoción y facilitación de las inversiones, en concreto para coordinar el sistema general de incentivos y desincentivos a la inversión e ir eliminando los subsidios ineficientes a los combustibles fósiles, con el fin de respaldar el crecimiento ecológico como un medio para lograr un desarrollo sostenible;

- reformar políticas para permitir inversiones ecológicas, en concreto aplicando principios esenciales de la política de inversión como la no discriminación, la transparencia y la protección de la propiedad en ámbitos susceptibles de atraer este tipo de inversiones (p. ej., energías renovables, gestión de los recursos hídricos o sistemas de infraestructuras de transporte multimodal resilientes al clima);
- solucionar rigideces reglamentarias y del mercado que favorecen las tecnologías y prácticas tradicionales, que son intensivas en consumo de recursos y combustibles fósiles (p. ej., en los sectores del transporte, la electricidad y el agua) (véase la sección *Política de competencia*);
- proporcionar herramientas, instrumentos financieros y fondos públicos para facilitar el acceso a financiación y captar cofinanciación para proyectos ecológicos, en particular inversiones institucionales a largo plazo, al tiempo que se garantiza la optimización del uso de los fondos públicos;
- favorecer la coordinación y mejorar la gobernanza pública en los distintos niveles de gobierno, especialmente en el ámbito de las autoridades de gestión medioambiental y recursos naturales, energía e inversión;
- establecer políticas para fomentar conductas empresariales responsables con el medio ambiente y una amplia participación de las partes interesadas en el crecimiento ecológico, en particular en lo que respecta a estrategias de inversiones ecológicas; y
- afrontar otras cuestiones transversales como, por ejemplo, adoptar políticas para respaldar la efectiva participación del sector privado (tanto nacional como internacional) en proyectos de infraestructuras ecológicas, también a través de joint ventures o asociaciones público-privadas, y corregir las barreras existentes al comercio y la inversión internacionales en bienes, servicios y proyectos medioambientales.

Preguntas y principios clave

1. ¿Cuáles son las prioridades y los objetivos del país en materia de crecimiento ecológico y cómo se reflejan en el enfoque o los objetivos nacionales de desarrollo, en los planes de promoción, uso del suelo o infraestructuras y en las políticas nacionales, en concreto las relativas a la inversión en infraestructuras y el uso del suelo?
2. ¿Qué políticas, leyes, instrumentos de mercado y regulaciones existen (incluso de carácter específicamente sectorial) para fomentar la inversión privada en crecimiento ecológico y contribuir, al mismo tiempo, a la consecución de otros objetivos de política como, por ejemplo, la reducción de la pobreza?
3. ¿Ha prestado el gobierno apoyo transitorio a la inversión ecológica y la introducción de tecnologías y prácticas respetuosas con el medio ambiente (p. ej., a través de incentivos a la inversión con objetivos bien definidos y delimitados en el tiempo, innovación, instrumentos de financiación novedosos o una reforma de la normativa financiera que promueva las inversiones ecológicas)?
4. ¿Respeta el gobierno principios fundamentales de inversión como, p. ej., la protección del inversor y de los derechos de propiedad intelectual y la no discriminación, en ámbitos susceptibles de captar inversiones ecológicas?

5. ¿Garantizan las leyes de competencia y su aplicación la igualdad de condiciones entre los operadores tradicionales y los nuevos entrantes en el mercado de infraestructuras ecológicas?
6. ¿Cómo garantiza el gobierno la coherencia y concordancia de las políticas medioambientales, sectoriales, económicas y de inversión entre los distintos niveles de gobierno y los organismos públicos, que afectan a las inversiones ecológicas privadas?
7. ¿Qué medidas ha adoptado el gobierno para armonizar las políticas nacionales y subnacionales (incluidas las de ámbito municipal) que pudieran afectar a las inversiones ecológicas?
8. ¿Existe un marco jurídico claramente definido en materia de contratación pública, asociaciones público-privadas y otros mecanismos de cofinanciación en apoyo de las inversiones ecológicas?
9. ¿De qué forma consulta el gobierno al sector privado y a las demás partes interesadas locales con ocasión de la elaboración y ejecución de estrategias, planes, políticas y reglamentos pertinentes para las inversiones ecológicas? ¿Cuál es la función de las políticas en materia de ciencia y tecnología y de las instituciones de investigación y desarrollo en el fomento de dichas inversiones?
10. ¿Está corrigiendo el gobierno las barreras existentes al comercio internacional y cerciorándose de que las políticas en materia de inversión ecológica sean compatibles con las normas de la OMC? ¿De qué manera pueden utilizarse las normas del comercio internacional para promover tales políticas?

Preguntas complementarias

Perspectiva general de las oportunidades de inversión ecológica	• ¿Cuál es la dotación general de recursos del país (p. ej., recursos naturales, biodiversidad, mix energético, etc.)? • ¿Cuáles son los compromisos internacionales del país en apoyo del crecimiento ecológico, por ejemplo los objetivos de reducción de las emisiones de gases de efecto invernadero previstos en la Convención Marco de las Naciones Unidas sobre el Cambio Climático (CMNUCC) o los compromisos sobre biodiversidad previstos en el Convenio sobre la Diversidad Biológica? • ¿Qué restricciones o riesgos de escasez de recursos naturales existen (o podrían existir) que pudieran lastrar el desarrollo en el futuro? • ¿Cuáles considera el país que son sus principales retos y oportunidades con respecto al crecimiento ecológico en los distintos segmentos de las cadenas de valor ecológicas? ¿Cuáles son, a juicio del gobierno, los principales obstáculos para la inversión ecológica? ¿Ha identificado el país las necesidades de inversión para alcanzar sus objetivos de crecimiento ecológico? • ¿Alcanza el gobierno un equilibrio adecuado entre la necesidad de cumplir los objetivos medioambientales y la exigencia de cumplir los objetivos de las políticas de inversión? • ¿Ha identificado el gobierno las prioridades, en los distintos segmentos, para incrementar la participación del país en las cadenas de valor ecológicas globales (incluidos proyectos de extracción de materias primas, proyectos de transformación intermedia y proyectos de infraestructuras finales)? • ¿Tiene en cuenta el gobierno la contribución de las oportunidades de inversión y crecimiento ecológicos a los objetivos de reducción de la pobreza, a la igualdad y la integración social?

Compromiso del gobierno con el crecimiento ecológico	• ¿Ha adoptado el gobierno medidas para eliminar los subsidios ineficientes a los combustibles fósiles? ¿Se controlan periódicamente el nivel y la eficiencia de estos subsidios? • ¿Incluye el gobierno consideraciones medioambientales y de dotación de recursos naturales en sus planes nacionales de infraestructuras y/o desarrollo? En caso afirmativo, ¿de qué forma? En caso negativo, ¿está previsto que comience a incluirlos y cómo va a hacerse? • ¿Se han establecido políticas o leyes que aborden la inversión privada en las áreas identificadas como prioritarias para el crecimiento ecológico (p. ej., energías renovables, eficiencia energética, reforestación y recursos hídricos)? • ¿Qué ministerios y organismos participan en la elaboración y coordinación de las políticas de inversión de apoyo al crecimiento ecológico? ¿Cuáles son sus respectivas funciones? • Los acuerdos internacionales de inversión y libre comercio de los que el país es signatario, ¿tienen en cuenta cuestiones medioambientales? De ser así, especifíquense cuáles y de qué forma.
Promoción y facilitación de las inversiones: principales políticas e incentivos relacionados con la inversión ecológica	• ¿Ha adoptado el gobierno mecanismos de determinación de precios, tales como impuestos sobre las emisiones de dióxido de carbono u otras emisiones o impuestos sobre el suelo, para apoyar el crecimiento ecológico? ¿Qué otras medidas se han adoptado para corregir los fallos del mercado, por ejemplo, los que afectan sobre todo a sectores de infraestructuras ecológicas y al uso del suelo? • ¿Ha utilizado el gobierno un régimen de comercio de derechos de emisión como, por ejemplo, el Mecanismo de desarrollo limpio, a fin de alcanzar sus objetivos en materia de cambio climático o para estimular el desarrollo de sus sistemas nacionales, subnacionales y regionales de comercio de derechos de emisión? • ¿Qué incentivos existen (p. ej., subvenciones, exenciones fiscales y tarifas reguladas) para estimular la inversión privada y contribuir al logro de los objetivos de crecimiento ecológico? • ¿Están los incentivos limitados en el tiempo y sirven a objetivos bien definidos? (Véanse, en la sección *Política fiscal,* directrices específicas sobre incentivos fiscales.) • ¿Controla y evalúa adecuadamente el gobierno los objetivos, costes y resultados de sus políticas de apoyo a las inversiones ecológicas? ¿Qué tipos de referencia existen, en su caso, para cuantificar los resultados? • Con respecto a la eficacia y el control medioambientales, ¿cómo evalúa y controla el gobierno los costes y la eficacia medioambiental de los impuestos, subvenciones y demás incentivos vinculados a las inversiones ecológicas (*ex ante* y *ex post*)? • ¿Qué medidas está tomando el gobierno para incorporar las políticas de inversión ecológica a su marco estratégico nacional general de infraestructuras, energía, planificación territorial, medio ambiente y clima? • ¿Qué medidas ha adoptado el gobierno para fomentar el establecimiento de vínculos entre empresas ecológicas, en especial entre asociadas extranjeras y empresas locales? (Véase, en la sección *Promoción y facilitación de las inversiones,* un análisis exhaustivo de los vínculos de inversión.) • ¿Qué medidas ha desplegado el gobierno para abordar los retos específicos a los que se enfrentan las PYME a la hora de invertir en crecimiento ecológico? • ¿Considera el gobierno los efectos distributivos de los incentivos y desincentivos a la inversión ecológica (p. ej., asociando las reformas de las subvenciones a los combustibles fósiles con transferencias monetarias)? • A medida que maduran los mercados de nuevas tecnologías ecológicas, ¿garantiza el gobierno la actualización de los objetivos de las medidas de incentivo previstas en las políticas de transición para seguir abordando tecnologías que aún no resulten competitivas y, de este modo, evitar subvenciones ineficientes? • ¿Garantiza el gobierno que el respaldo normativo a corto plazo sea flexible y neutral desde el punto de vista tecnológico para evitar que los sectores ecológicos queden enquistados en infraestructuras y tecnologías ineficientes y obsoletas? • ¿Cómo evalúa el gobierno la eficacia en costes del apoyo que presta a las tecnologías y las actividades respetuosas con el medio ambiente en el seno de las cadenas de valor ecológicas?
Política de inversión y políticas propicias a la inversión ecológica	• ¿Vela el gobierno por que las disposiciones legales y reglamentarias que regulan las inversiones ecológicas no discriminen entre los diferentes tipos de inversores, sean del sector público o privado, nacionales o extranjeros? • ¿Qué medidas está tomando el gobierno para proteger los derechos de propiedad intelectual relacionados con tecnologías ecológicas? ¿Se aplican de manera eficaz las leyes y

reglamentos que protegen los derechos de propiedad intelectual relacionados con tecnologías ecológicas? ¿Qué medidas está tomando el gobierno para fomentar la innovación respetuosa con el medio ambiente, en el sector ecológico y en otros?

- ¿El sistema de ejecución contractual es eficaz y fácilmente accesible para todos los inversores en infraestructuras ecológicas?
- ¿Qué medidas está tomando el gobierno para facilitar el procedimiento de concesión de licencias a empresas para proyectos ecológicos?
- ¿Aborda el gobierno las medidas proteccionistas ecológicas (como las obligaciones de contenidos locales) que son impugnadas cada vez más mediante procedimientos de resolución de controversias entre Estados e inversores (ISDS, por sus siglas en inglés) y mediante demandas presentadas al amparo de tratados internacionales? ¿Controla el gobierno, a su vez, si los tratados de inversión interfieren con las políticas medioambientales?

Aspectos de competencia relacionados con la inversión ecológica

- ¿Han resuelto adecuadamente las autoridades de la competencia las prácticas contrarias a la competencia de empresas tradicionales, incluidas las de titularidad pública, que obstaculizan la inversión y el crecimiento ecológicos?
- ¿Disfrutan los inversores y productores privados de un acceso no discriminatorio a la financiación para llevar a cabo inversiones ecológicas?
- Las empresas públicas y privadas, ¿compiten en condiciones de igualdad en los mercados de energía? ¿Se ha contemplado la segregación —contable, funcional o estructural— entre la generación, la transmisión y la distribución de energías renovables como solución para fomentar la inversión por productores independientes de energía?

Política en materia de mercados e instrumentos financieros

- ¿Qué instrumentos y mecanismos financieros existen (p. ej., mecanismos para mitigar riesgos e impulsar la rentabilidad, préstamos preferentes, «bonos verdes», financiación pública medioambiental, fondos de inversión «ecológicos» de entidades bancarias privadas) a fin de estimular la inversión privada en crecimiento ecológico, en particular para atraer inversores institucionales a largo plazo?
- ¿Cómo tratan las entidades financieras públicas (p. ej., bancos nacionales de desarrollo, bancos de inversiones ecológicas, etc.) de movilizar e incrementar la financiación del sector privado?
- ¿Qué regulación financiera existe (como, por ejemplo, mercados de seguros funcionales que ofrezcan cobertura frente a catástrofes naturales) que pudieran incentivar inversiones que proporcionen beneficios de crecimiento ecológico? ¿Ha valorado debidamente el gobierno las consecuencias no deseadas que la regulación financiera podría tener sobre la inversión ecológica?

Gobernanza pública

- ¿Qué mecanismos existen para gestionar las reformas normativas entre los diferentes niveles de gobierno a fin de garantizar una aplicación coherente y transparente de las regulaciones y políticas formuladas para promover el crecimiento ecológico, y normas claras sobre calidad de la regulación (p. ej., comités directivos o de coordinación, mesas redondas, concesión de licencias medioambientales)?
- ¿Qué medidas está adoptando el gobierno para garantizar la independencia de los organismos reguladores (p. ej., en el mercado eléctrico)?
- ¿Se tienen en cuenta consideraciones medioambientales y de crecimiento ecológico, tales como los efectos a largo plazo sobre el cambio climático y la resiliencia al clima, en la contratación pública de proyectos de infraestructuras (como carreteras) y en los planes nacionales y subnacionales de infraestructuras?
- ¿Ha integrado plenamente el gobierno la planificación de infraestructuras ecológicas y la planificación del uso del suelo?
- ¿Ha tomado en consideración el gobierno el crecimiento ecológico en los planes de ordenación urbana y las políticas de urbanismo (p. ej., para desincentivar la expansión urbana o evitar que se ubiquen nuevas infraestructuras en zonas inundables)?
- ¿Se incluyen en las políticas de contratación pública cuestiones medioambientales y de crecimiento ecológico como, por ejemplo, la eficiencia en el uso de los recursos, la reducción de la contaminación y la resiliencia al clima? ¿Cómo se comunican estos criterios a los potenciales proveedores?

Fomento de conductas empresariales respetuosas con el medio ambiente e implicación de las partes interesadas en el crecimiento ecológico

- ¿Qué obligaciones existen en materia de evaluación del impacto ambiental y de valoración medioambiental estratégica? ¿Se aplican de manera adecuada?
- ¿Qué medidas ha adoptado el gobierno para fomentar una conducta empresarial responsable con el medio ambiente (p. ej., obligación de facilitar información sobre el desempeño medioambiental de la empresa, aplicación de sistemas de gestión ambiental, formación del personal en la materia, información a los consumidores, certificación, etiquetado, etc.)?
- ¿Cómo consulta el gobierno con otros sectores de la sociedad civil y cómo fomenta la

	sensibilización de la ciudadanía (en particular, los consumidores) sobre los objetivos de crecimiento ecológico y su implicación al respecto? • ¿Existen medidas que promuevan el fortalecimiento de competencias (tanto en el sector público como en el privado) y preparen a la mano de obra en ámbitos ligados a las inversiones ecológicas?
Cooperación regional	• ¿Ha recurrido el gobierno a iniciativas regionales e internacionales dirigidas a reforzar sus conocimientos para la promoción de inversiones ecológicas? • ¿Qué medidas está adoptando el gobierno para la integración regional de los mercados nacionales y subnacionales de infraestructuras?
Adopción y ejecución de modalidades público-privadas de crecimiento ecológico	• ¿Prevé el gobierno constituir asociaciones público-privadas a fin de movilizar la financiación y los conocimientos especializados del sector privado de cara al desarrollo y la gestión de infraestructuras ecológicas? ¿Se plantea otros tipos de colaboración entre las esferas pública y privada en estos ámbitos? • ¿Cuáles son las condiciones, herramientas y normas institucionales, legislativas y reglamentarias vigentes para garantizar la sostenibilidad financiera, la rendición de cuentas y la optimización del uso de los fondos en los proyectos ecológicos ejecutados mediante asociaciones público-privadas (p. ej., capacidad administrativa en el seno de las instituciones públicas relevantes, procedimientos de licitación, contratos basados en resultados, mecanismos de resolución de controversias, estimación *ex ante* de la asequibilidad de los proyectos, transparencia y divulgación plena de los pliegos de condiciones de las convocatorias o creación de unidades especializadas en asociaciones público-privadas)? • ¿Se redactan los contratos que rigen las asociaciones público-privadas de modo que permitan una flexibilidad suficiente y un nivel adecuado de distribución de riesgos? • ¿Se incorporan a las asociaciones público-privadas criterios de rendimiento medioambiental?
Política comercial	• ¿Con qué intensidad está el gobierno aumentando las oportunidades de inversión ecológica mediante acuerdos comerciales y la aplicación de los compromisos adquiridos en el marco de la OMC?
Gestión de la biodiversidad, el agua y los recursos naturales	• ¿Determina el gobierno precios para los recursos naturales con objeto de ofrecer incentivos económicos estables a las inversiones ecológicas (p. ej., incrementando la inversión en infraestructuras hidráulicas y en un tratamiento de los recursos naturales respetuoso con el medio ambiente)? • ¿Utiliza el gobierno mecanismos financieros innovadores con el fin de impulsar la financiación y la inversión destinadas a la biodiversidad como, por ejemplo, pagos por servicios del ecosistema, reformas fiscales favorables al medio ambiente y sistemas de compensación de la biodiversidad?

Recursos adicionales

Sitios web

OCDE, Financiamiento de las medidas de lucha contra el cambio climático, *www.oecd.org/env/cc/financing.htm.*

OCDE, Crecimiento verde y desarrollo sostenible, *www.oecd.org/greengrowth.*

OCDE, Inversión para el crecimiento verde, *www.oecd.org/investment/green.htm.*

Herramientas, directrices y manuales

Ang, G. y V. Marchal (2013), «Mobilising Private Investment in Sustainable Transport: The Case of Land-Based Passenger Transport Infrastructure», *documento de trabajo de la OCDE sobre medio ambiente*, núm. 56, Publicaciones de la OCDE, París. DOI: *http://dx.doi.org/10.1787/5k46hjm8jpmv-en.*

Corfee-Morlot, J., et al. (2012), «Towards a Green Investment Policy Framework: The Case of Low-Carbon, Climate-Resilient Infrastructure», *documento de trabajo de la*

OCDE sobre medio ambiente, núm. 48, Publicaciones de la OCDE, París DOI: *http://dx.doi.org/10.1787/5k8zth7s6s6d-en.*

Gordon, K. y J. Pohl (2011), «Environmental Concerns in International Investment Agreements: A Survey», *documento de trabajo de la OCDE sobre inversión internacional*, núm. 2011/01, Publicaciones de la OCDE, París. DOI: *http://dx.doi.org/10.1787/5kg9mq7scrjh-en.*

G20/OCDE (2012), «Policy Note on Pension Fund Financing for Green Infrastructure and Initiatives».

AIE (2014), *Energy Technology Perspectives 2014*, AIE, París. DOI: *http://dx.doi.org/10.1787/energy_tech-2014-en.*

AIE (2012), *Energy Technology Perspectives 2012: Pathways to a Clean Energy System*, Publicaciones de la OCDE, París. DOI: *http://dx.doi.org/10.1787/energy_tech-2012-en.*

AIE, OPEP, OCDE y Banco Mundial (2011), «Informe conjunto de la AIE, la OPEP, la OCDE y el Banco Mundial sobre subsidios a los combustibles fósiles y otros subsidios a la energía: An update of the G20 Pittsburgh and Toronto Commitments», Preparado para la reunión de Ministros de Finanzas y Gobernadores de Bancos Centrales del G20 y la Cumbre del G20, 2011.

Kaminker, C., et al. (2013), «Institutional Investors and Green Infrastructure Investments: Selected Case Studies», *documento de trabajo de la OCDE sobre finanzas, seguros y pensiones privadas*, núm. 35, Publicaciones de la OCDE, París. DOI: *http://dx.doi.org/10.1787/5k3xr8k6jb0n-en.*

Kaminker, C. y F. Stewart (2012), «The Role of Institutional Investors in Financing Clean Energy», *documento de trabajo de la OCDE sobre finanzas, seguros y pensiones privadas*, núm. 23, Publicaciones de la OCDE, París. DOI: *http://dx.doi.org/10.1787/5k9312v2116f-en.*

OCDE (2015, próxima publicación), Aligning Policies for the Transition to a Low-Carbon Economy, Publicaciones de la OCDE, París.

OCDE (2015a), *Mapping Channels to Mobilise Institutional Investment in Sustainable Energy*, Green Finance and Investment, Publicaciones de la OCDE, París. DOI: *http://dx.doi.org/10.1787/9789264224582-en.*

OCDE (2015b), *Policy Guidance for Investment in Clean Energy Infrastructure: Expanding Access to Clean Energy for Green Growth and Development*, Publicaciones de la OCDE, París. DOI: *http://dx.doi.org/10.1787/9789264212664-en.*

OCDE (2015c), *Overcoming Barriers to International Investment in Clean Energy*, Publicaciones de la OCDE, París.

OCDE (2013a), « How to unlock private investment in support of green growth?», documento previo al Foro de 2013 de crecimiento verde y desarrollo sostenible, 5-6 de diciembre de 2013, París.

OCDE (2013b), «Enabling Investment in Sustainable Energy Infrastructure», OECD Post-2015 Series.

OCDE (2011a), *Hacia el crecimiento verde*, Estudios sobre crecimiento verde, Publicaciones de la OCDE, París. DOI: *http://dx.doi.org/10.1787/9789264111318-sum-es.*

OCDE (2011b), «Annex 1. Harnessing freedom of investment for green growth», en OCDE, *Hacia el crecimiento verde*, Publicaciones de la OCDE, París. DOI: *http://dx.doi.org/10.1787/9789264111318-8-en.*

OCDE (2010), *Transition to a Low-Carbon Economy: Public Goals and Corporate Practices*, Publicaciones de la OCDE, París. DOI: *http://dx.doi.org/10.1787/9789264090231-en.*

OCDE (2009), *Private Sector Participation in Water Infrastructure: OECD Checklist for Public Action*, OECD Studies on Water, Publicaciones de la OCDE, París. DOI: *http://dx.doi.org/10.1787/9789264059221-en.*

OCDE (2006), Recommendation of the Council on Good Practices for Public Environmental Expenditure Management, Publicaciones de la OCDE, París.

Evaluaciones, estudios de caso / por países e indicadores

Francke, E. et al. (2012), «The Mobilisation of Private Investment for Low-carbon, Climate-Resilient Infrastructure: The Case of Metrobus Bus Rapid Transit System in Mexico City», estudio de caso elaborado por CTS EMBARQ México para la OCDE.

OCDE (2015, próxima publicación), *Inventory of Estimated Budgetary Support and Tax Expenditures for Fossil Fuels 2015,* Publicaciones de la OCDE, París.

OCDE (2014), *Indicadores de crecimiento verde 2014*, Estudios sobre crecimiento verde, Publicaciones de la OCDE, París. DOI: *http://dx.doi.org/10.1787/e-18152546203271667190-es.*

OCDE (2013c), *OECD Investment Policy Reviews: Malaysia 2013*, Publicaciones de la OCDE, París. DOI: *http://dx.doi.org/10.1787/9789264194588-en.*

OCDE (2013d), *OECD Investment Policy Reviews: Costa Rica 2013*, Publicaciones de la OCDE, París. DOI: *http://dx.doi.org/10.1787/9789264203952-en.*

OCDE (2013e), *OECD Investment Policy Reviews: Jordan 2013*, Publicaciones de la OCDE, París. DOI: *http://dx.doi.org/10.1787/9789264202276-en.*

OCDE (2013f), *Inventory of Estimated Budgetary Support and Tax Expenditures for Fossil Fuels 2013*, Publicaciones de la OCDE, París. DOI: *http://dx.doi.org/10.1787/9789264187610-en.*

OCDE (2012a), *OECD Investment Policy Reviews: Tunisia 2012*, Publicaciones de la OCDE, París. DOI: *http://dx.doi.org/10.1787/9789264179172-en.*

OCDE (2012b), *Exámenes de políticas de inversión: Colombia 2012,* Publicaciones de la OCDE, París. DOI: *http://dx.doi.org/10.1787/9789264167742-en.*

ORGANIZACIÓN DE COOPERACIÓN Y DE DESARROLLO ECONÓMICOS (OCDE)

La OCDE constituye un foro único en su género, donde los gobiernos trabajan conjuntamente para afrontar los retos económicos, sociales y medioambientales que plantea la globalización. La OCDE está a la vanguardia de los esfuerzos emprendidos para ayudar a los gobiernos a entender y responder a los cambios preocupaciones del mundo actual, como el gobierno corporativo, la economía de la información y los retos que genera el envejecimiento de la población. La Organización ofrece a los gobiernos un marco en el que pueden comparar sus experiencias políticas, buscar respuestas a problemas comunes, identificar buenas prácticas y trabajar en la coordinación de políticas nacionales e internacionales.

Los países miembros de la OCDE son: Alemania, Australia, Austria, Bélgica, Canadá, Chile, Corea, Dinamarca, Eslovenia, España, Estados Unidos de América, Estonia, Finlandia, Francia, Grecia, Hungría, Irlanda, Islandia, Israel, Italia, Japón, Luxemburgo, México, Noruega, Nueva Zelanda, Países Bajos, Polonia, Portugal, Reino Unido, República Checa, República Eslovaca, Suecia, Suiza y Turquía. La Comisión Europea participa en el trabajo de la OCDE.

Las publicaciones de la OCDE aseguran una amplia difusión de los trabajos de la Organización. Éstos incluyen los resultados de la compilación de estadísticas, los trabajos de investigación sobre temas económicos, sociales y medioambientales, así como las convenciones, directrices y los modelos desarrollados por los países miembros.

OECD PUBLISHING, 2, rue André-Pascal, 75775 PARIS CEDEX 16
(20 2014 04 4 P) ISBN 978-92-64-24689-8 – 2016

www.ingramcontent.com/pod-product-compliance
Lightning Source LLC
LaVergne TN
LVHW080656011026
849160LV00014B/1449